중국고대의
유생과 **정치**

중국고대의
유생과 정치

박건주 저

學古房

책을 펴며

  유생은 익숙한 용어이지만 좀 자세히 알려고 하면 쉽고도 어려워서 참 묘한 존재라는 생각이 든다. 아시아 대부분 지역이 유교문화권이거니와 유생은 수천 년 간 가장 영향력 있는 계층이었다. 유생이 처음 등장하고, 유생으로서의 전형적 면모가 거의 갖추어지며, 사회정치를 주도하는 계층으로 자리 잡게 되는 일련의 과정이 중국고대에서 이루어지고 있다. 유생은 이미 중국고대 이래 고대사회 문화의 거의 전반에 걸친 전통을 학습 교육 전승하며, 이를 현실 사회정치에서 구현하고자 노력하였다.

  본서에서는 유생의 다방면에 걸친 활약과 역할 및 그 성격과 의의에 대해 그 전반을 고찰하지는 못하였다. 주로 치인治人으로서의 측면에 집중되어 있어 제목을 '중국고대의 유생과 정치'로 하였다. 이밖에 학자, 교육자, 문인 내지 문예인 등의 측면에 대해서도 어느 정도 논급되었다.

  유생에게는 또한 심성 수양을 통해 성인聖人의 도를 이루고자 하는 도학道學의 행자로서의 면이 있다. 유가의 도맥道脈과 그 전승傳承(도통道統)이 맹자 이후에는 거의 단절되는 셈이고, 이후 불교의 영향을 받아 당말唐末에 성리학이 나오면서 재흥再興되게 되었다. 본서에서는 맹자 시기까지 계승된 도학자로서의 측면에 대해서는 다루지 못하였다.

  본서에서 논급하는 사항들은 유생의 방대한 활약상에 비해 일각의 소부분에 지나지 않는다. 그렇지만 유생이 구현하고자 노력한 치도治道와 그 이념은 오늘날의 정치사회에서도 모두가 명심하여야 할 소중한 가르침이다. 특히 현대의 지성인이 많이 놓치고 있는 부분들이 많다.

　본서는 동양학을 전공하는 학인 뿐 아니라 일반 사회정치인들에게 널리 읽혔으면 하는 글이다. 그간 발표한 유생 관련 글들을 모아 수정·보안하고 출판하게 되었다. 보다 진전된 연구들이 이어졌으면 하는 바람이다. 어려운 여건에도 불구하고 출간해 주신 도서출판 학고방 하운근 사장님과 어려운 편집에 힘써주신 명지현님을 비롯한 여러분께 감사드린다.

무등산 아래에서
2016년 1월
박 건 주

목 차

서 론

동양사상 유생은 사회문화 각 방면에서 지대한 역할을 하였다. 그중에서도 특히 정치와 교육 분야에서 주도적 역할을 해왔다. 그래서 동양인에게 유생은 대단히 익숙한 용어이지만 그 연원과 성향 및 그러한 역할을 펼치게 된 과정과 배경에 대해 아직 충분히 해명 내지 해설된 것은 아니다. 중국고대는, 유생이 그러한 역할을 펼칠 수 있는 위치를 확립해가는 기간이었으며, 또한 그 이념을 펼치는 모습이 완연해지고 있는 기간이었다. 유생은 이 기간에 하나의 정형화된 형태로 성립되면서 후대 유생의 지남指南이 되었다.

그런데 유생에는 크게 두 면으로 구분되는 성향이 있다. 하나는 형이하形而下의 방면으로 세속의 정치 경제 등 제반의 세속적 분야에 마땅한 바를 실현하고자 하는 측면이고, 또 다른 일면은 심성心性 수양을 통해 성인聖人의 길에 이르고자 하는 형이상形而上의 측면이다. 후자의 방면을 도道라 하고, 그 계승을 도통道統이라 하였다. 대체로 맹자孟子 때까지 유생은 양면이 함께 겸행兼行되었으나 맹자 이후에는 정치 경제 등 경세經世의 학學과 그 실천의 방면에만 치우치고, 후자의 방면은 대체로 거의 도외시되었다. 그리고 형이상의 자리는 불교가 대부분 차지하게 되었다. 당 후기 불교의 영향을 받은 일부 사대부(지식인)에 의해 중국의 경전에서 형이상의 공부에 대한 구절들을 새삼 발견하게 되어 이를 불교적 시각에서 해석하여 펼치게 되었다. 그 대표적 첫 사례가 곧 당 후기의 이고李翱(772-841)의 『復性書』이고, 이를 성리학의 원조로 삼는다. 여기에서 『중용』『대학』『易』의 구절들이 원용援用되어 불교식 해석이 펼쳐졌다. 『중용』『대학』은 본래 『禮記』의 한 편명篇名이었는데 이로부터 자주 이용되고 유명해지면서 독립의 서書로서 널리 읽히게 되었다. 이와 함께 수양의 내용을 포함하는 『논어』『맹자』도 성리학 유행과 함께 앞의 양서兩書와 합칭되어 사서四書로 칭해지게 되었다. 성리학과 양명학으로 이어지면서 송대 이래의 유생은 형이상의 공부에 대체로 열중하면서 또한 경세經世의 공부도 겸행하는 것이 보통이었다. 초기 성리학의 명사들은 대부분 양자를 함께 겸행하여 관리로 재직하면서 좋은 치적을 남기고 있다.

중국고대의 시대구분은 여러 이견이 있지만 대체로 삼국시기까지 (후3세기말)로 보는 것이 일반이다. 그래서 중국고대 시기에는 유생의 겸행兼行시기(맹자 시기까지)도 포함되지만 그 분야는 본서에서 제외된다. 그래서 중국고대의 유생이 지니는 전반의 면모를 반영한 연구는 되지 못한다. 유생의 주된 위상을 전통의 전승 수습 계승자, 치인治人, 교육자, 학자 지식인, 문인 내지 문예인으로 보는 시각에서 그 이념과 행태 및 성향을 살펴보고자 한다. 이러한 작업을 통하여 드러나는 유생의 여러 모습에서 중국고대에서 그들의 역할이 지니는 역사적 의의와 의미가 어느 정도 파악될 수 있을 것이다.

공자孔子(전551~전479)에 의하면 치인治人이란, 마땅히 그러한 여러 방면의 소양과 인격을 충분히 갖추어야 하는 것이었고, 군자君子는 곧 그러한 자를 지칭하는 것이었다. 그래서 제명題名을 『중국고대의 유생과 정치』로 하였다. 치인이 갖추어야 할 소양과 인격을 한마

디로 말한다면 현능賢能이었다. 제자백가諸子百家의 사상 학술이 다양하지만 그 공통되는 주장은 현능한 자가 치인이 되어야 한다는 것이었다. 육예六藝는 현능한 자를 육성하는 기본의 교과였다. 육예는 본래 유가儒家 만의 것이 아니었고, 제자백가가 공통으로 이를 학습하고 원용援用 내지 의거하고 있지만 공자 이후 전국시기로부터는 점차 그것이 거의 유가의 전유물이 되다시피 하였다. 그렇게 펼쳐진 연유와 배경을 살펴보는 일은 유생이라는 묘한 계층을 이해하는데 하나의 디딤돌이 될 수 있다.

유생의 연원을 그 직무 면에서 살펴보면, 전통의 문화전반과 사실史實을 암송하여 전하고, 천문을 살펴 기록하며, 이들을 학습, 교육하고, 제례祭禮 등 의식을 집전하며, 군주에게 대문待問 간언하는 직책 등에 거의 모두 관련되어 있다. 그 부류에 속한 주요 관직에 보씨保氏(유儒)·사史·악정樂正(악사樂師·악관樂官) 등이 있다. 이들은 대부분 주周의 중앙 지방 행정제도를 담고 있는 『주례』 소사도小司徒 사씨師氏 속해 있다. 또 유생의 '유儒'는 기우제祈雨祭를 뜻하는 우제雩祭와 관련이 깊다. '유儒'는 그 자형字形으로 해석하면 우雩(기우제)의 의식을 행하는 사람이다.

육예六藝에 의거하여 치인治人의 길을 제시한 공자는 유가儒家의 종조宗祖로 모셔지고 있다. 그는 전통의 지혜를 학습하고 이를 궁행 실천하여 현실에서 유가의 도를 구현하고자 하였다. 그에게 있어서 인격 수양을 통해 성인聖人의 길로 나아가는 것과 정치 경제 등 사회의 여러 문제를 인식하고 이를 개혁 해소하고자 하는 경세經世 방면의 노력이 별개의 것이 아니었다. 그는 전통을 중시하면서 또한 여기에만 고착하지 아니하고, 현실의 사정에 따라 개혁을 추진하기도 하였다. 이러한 모습은 그 보다 160년 정도 선배인 관중管仲(? ~ 전

11

645)과 닮아 있다. 관중이 춘추 제齊에서 펼친 정치 이념과 개혁은 공자에게 상당한 영향을 준 것으로 보인다. 관중을 법가의 종조로 보는 입장도 있고, 공자도 춘추 노魯에서 법가류法家類의 개혁을 펼친 바가 있다. 대체로 춘추기의 지성인 내지 정치인은 각 방면의 사상과 이념에 편집偏執하지 아니하고, 시의時宜에 따라 적절히 적용하였다. 반면 전국 이후 제자백가로 분기分岐됨으로부터 어느 한 가지만 붙잡고 거기에만 고집하는 경향이 많게 되었다. 관중과 공자의 대비, 관중에 대한 공자의 평가를 통해 유생의 본모습을 살펴볼 수 있고, 후대의 유생이 어떠한 모습으로 변해 간 것인가를 알아 볼 수 있다. 아울러 인의예락仁義禮樂과 법이 상호 어떻게 상통되어 자리하고 있는가 하는 점도 유생의 정체성을 이해하는데 필요한 과제에 들어간다. 이러한 시각에서 위의 몇 가지 과제를 제1장 「관중과 공자」에서 살펴본다.

한漢 건국 이래 지배층은 대부분 무장출신이었고, 황로黃老사상에 크게 치우쳐 있었고, 그에 따라 무위無爲정치의 이념이 정계를 주도하였다. 유생이 치인治人을 대표하는 계층으로서 자리 잡게 되는 것은 대체로 전한 무제 때부터이다. 무제는 유가와 법가를 병용하면서 유생을 적극 임용하였다. 그리고 그가 유생 출신에게 맡긴 주된 임무는 간언諫言이었다. 그리하여 즉위 하면서 곧바로 극간지사極諫之士를 추거推擧하여 올릴 것을 명하였다. 그리하여 간언 내지 언관言官에 속한 여러 관서가 시설되고 많은 원수員數가 갖추어졌다. 그에 속한 관직에 간의대부諫議大夫·집사중執事中·간대부諫大夫·박사博士·의랑議郞 등이 있었고, 대부분 유생 출신으로 채워졌다. 이 중에 간의대부는 무제 때 초치初置된 것이지만 나머지는 모두 전국진戰國秦 이래 시설되어 오던 것이다. 즉 간언을 중시하여 그 전문 관직은 둔 것은 본래『周禮』등 경전의 기록에 의거한 것으로 새로울 바 없는 것이었고, 유가 만이 아니라 제가諸家가 공통으로 간언의 중요성을 강조한 바가 있었다. 그렇지만 이후 간언의 소임은 대부분 유생이 차지하였다. 이렇게 된 배경을 살펴볼 필요가 있다. 간언과 관련하여 유생의 주요한 한 특장과 단면을 해명할 수 있다. 후대 유생이 의론 議論과 상소上疏 등을 열심히 펼치면서 정쟁을 곧잘 일으키고 있다. 유생은 간언의 활동을 자신들의 본분으로 여겼고, 그것은 자신들의 존립 터전이기도 하였다. 유생의 정치 비판의 바탕에는 춘추대의春秋 大義가 자리 잡고 있는 것이지만 그 춘추대의 또한 여타 학파도 자신들의 정론政論을 펼칠 때 의거하는 것이었다. 그런데 전한 무제기를 거치면서 춘추대의를 내세우고 간언의 정신을 펼치는 것이 유생의 특장인 것처럼 되어 갔다. 아울러 무제기로부터 정상적인 교육기관 으로서 기능하게 된 태학太學을 통하여 처음에는 수 백 명에서 전한 말에는 1만 명, 후한 말에는 3만 명에 이르는 태학생 원수員數를 갖게 되었다. 그리고 그 박사博士들은 주로 간언과 언관 계통을 거치는 것이 보통이 되었다. 유생의 정치계 장악은 실로 간언과 태학생의 증대에 의한 바가 크다. 관계官界는 크게 유생 문학 출신과 행정 법률의 세칙細則에 밝아 그 실무에 능숙한 문법리文法吏(문리文吏, 도필리刀筆吏)로 양분되는데 양자의 성향이 크게 달랐다. 양자의 대비를 통해 유생의 독특한 성격이 드러나는 면이 있다. 위의 사항들에 대해서는 제2장「중국고대의 유생儒生과 언관言官」에서 다룬다.

중국고대에서 춘추시기까지 문무文武는 사대부 공통의 필수 수학 修學 과목이었다. 현賢의 덕목에 용력勇力 등 힘이 강한 것도 포함되었다. 그런데 대체로 전국시기 이후부터 사대부사회에서 숭문천무崇文賤武의 경향이 형성되기 시작하였다. 그 중에서도 유생들은 특히 그 경향이 심하였다. 한무제기 이후 전반적으로 유가가 주도하는 사회가 되면서 사대부 내지 지배층에 숭문천무의 경향이 더욱 일반화되다 시피 하였다. 이러한 모습은 유생의 주된 특성 가운데 일면이 되고 있다. 그렇다면 문무文武 겸수兼修에서 숭문천무에로의 전환은 어떠한 사정과 배경에서 일어난 것일까. 그러한 경향이 유생의 관계官界진출에 어떠한 영향을 주었을까. 유생이 선호한 그 文의 내용은 어떠한 것인가. 『후한서』에 문원열전文苑列傳이 처음 시설되고, 여기에 시부詩賦 문장에 능한 수십명의 인물들이 입전되고 있다. 후대 유생들이 시부를 즐겨 짓고 이를 서로 음영吟詠하며 교유하는 모습도 유생이 지니는 전형적인 일면이다. 수당隋唐시기부터는 과거시험에서 제일류第一流는 주로 시부로 평과되는 진사과였다. 일찍이 공자도 시詩를 중시한 바가 있고, 당시 전해지고 있던 3천여 편의 시가 단절될까 염려하여 그 중에 3백여 편을 골라 제자들에게 가르치는 교재로 삼았다. 그리하여 6경 가운데 『시경』이 스승 제자로 이어지면서 현대까지 전해질 수 있게 되었다. 그러나 시부 짓는 것을 능사能事로 하는 후대 유생의 모습이 공자가 바랐던 것은 아니었을 것 같다. 어떻든 숭문천무 현상의 심화에 후한에서부터 뚜렷해지고 있는 시부에의 탐미眈美 경향도 상당한 영향을 준 것으로 보인다. 이러한 몇 가지 시각에서 문무겸수에서 숭문천무에로의 전화 과정과 시부 등 문예 방면으로 취향되는 현상 및 그 의미에 대해 제3장 「중국고대 문무사文武史 서설序說」에서 살펴본다.

유생의 여러 성향 가운데 또 대단히 학구적이라는 면모가 있다. 거의 문화 전반에 대해 대단히 박식하다. 그래서 사관史官의 특장과 비슷한 면이 많다. 유생은 학자이면서 동시에 정치 지향형이라면 사관은 순수한 학자형이라 할 수 있다. 그래서 사관은 사관에 머무는 경우가 많지만 유생은 여러 방면의 관직에 두루 임용된다. 유생은 보통 현실의 정치에 민감하게 반응하는 편이지만 그 때문에 정쟁政爭의 소용돌이에 빠지게 되기 쉽다. 한편으로는 그러한 정치계의 와중에서도 학자로서의 순수한 자세를 잃지 아니하고 학문을 연찬하는 가운데 정치에 참여하는 이들이 있다. 그 대표적 인물이라 할 수 있고, 또한 후대에 큰 영향을 준 인물에 유흠劉歆(전50~후23)이 있다. 그의 6세조가 한고조 유방劉邦의 동부이모제同父異母弟로 황족皇族의 가계家系에 속한다. 그의 부父 유향劉向은 대학자로 『說苑』·『新序』·『列女傳』·『列仙傳』·『世說』·『五經要義』 등의 명저를 저술하였다. 유흠은, 금문학今文學이 중앙 정계와 학계를 지배하고 있던 시기에 고문학古文學의 중요성을 크게 현창하였다. 특히 고문경전古文經傳의 대표라 할『左傳』을『춘추』공부의 핵심 자료로 부상浮上시킴으로써 춘추시기 관련 내용을 가장 많이 전하는 서書로써 오늘날까지 춘추기 연구의 주된 자료로 활용되고 있다. 그는 부친 유향劉向의 업業을 이어 궁중 비서각에 먼지로 뒤덮여 있는 수십만 권의 고서古書들을 대교對校 정리 편정編定 분류하는 작업에 매진하였다. 그리하여 1천 여 년 간 이루어진 문화적 성과물이 부자 이대二代의 노고에 의해 고증考證 감정勘定 정리 편정 분류 작업과 함께 총괄되면서 최초의 대목록집이 이루어졌다. 그 성과물이『七略』이다. 그 구성은 먼저 전서全書의 서록敍錄으로서 <輯略>이 있고, 내용별로 <六藝略>·<諸子略>·<詩賦略>·<兵書略>·<術數略>·<方技略>으로 분류되었다. 그리하여 총 6略 38種 596家13269卷이 이 목록집에 등재 되었다. 이러한 7略형식의 분류와 목록집은 후대 하나의 전형이 되어 여러 후속의 성과물이 나오게 되었다. <七略>은 이후 실전失傳되었지만 후한 초에 반고班固가『후한서』예문지藝文志를 저술하면서 그 내용을 일부분 옮겨 수록하게 되어 그 일부의 성과가 전해지고 있다. 아울러 그가 당시 교감한 고서는 총 33090권에 이른다. 또한 그는 천문학자로서 원주율을 3.1547로 계산하였고('유흠율劉歆率'), 태초력太初曆을 개편하여 『三統曆譜』를 지었다.

그런데 유흠이 고문경전을 현창하고, 왕망과 가까이 어울린 사실에 의거하여 후대에 자주 왕망에 기댄 위학자僞學者로서 매도되곤 하였다. 특히 청말淸末 이래 의고학파疑古學派가 대두되어 고전 기록의 사실성을 거의 부정하는 학설을 연이어 발표하였다. 그 중심인물인 고힐강顧頡剛은 『古事辨』 잡지를 통해 특히 유흠이 『좌전』 등을 위조하였다고 주장하였다. 의고학파의 주장은 곧이어 갑골문甲骨文, 금문金文, 간독문서簡牘文書 등이 연이어 발견되면서 대부분 지나친 억단臆斷임이 입증된 셈이지만, 『좌전』 등 고문경전에 대한 위조설僞造說은, 그에 대한 몇몇 반박의 연구가 있었긴 하나 아직 충분히 극복되어 있지는 않은 듯 하다. 현재 춘추사 연구 학계가 가장 기본자료로 넓게 활용하고 있는 『좌전』의 신빙성을 크게 침해하고 있는 위조설에 대해 보다 명확한 반박의 글들이 발표되어야 한다고 생각한다. 이러한 취지에서 유흠위조설劉歆僞造說을 비판하면서 유생이며 순수한 학자로서의 유흠의 면모를 제4장 「『左傳』 위작설僞作說 문제에 대한 일고一考」에서 살펴본다.

유가儒家의 통치이념에는 현대 사회복지 정책과 거의 완전히 일치하는 내용이 있다. 그것이 6경의 도처에 자세히 기술되어 있어 이를 유가의 것으로만 여길 수 없으나 후대 유생이 정치를 주도하는 사회에서 통치자들과 치인으로서의 유생은 이 이념을 대단히 소중히 생각하여 그 실현을 위해 분주히 노력한 바가 있다. 빈궁자·신체불구자·피재민·병환자·과부·유민·노약자 등 불우층에 대한 광범위한 구호의 시책이 시설되고 있다. 그 시책들에는 상당히 세밀한 운영지침이 포함되어 있다. 군주들은 즉위하기 이전부터 이러한 교육을 받고 성장하였고, 이를 자신의 통치기에 구현하여 이상적 군주가 되려는 포부를 지니게 된다. 그리하여 군주들은 거의 공통으로 이 방면에 상당한 노력을 경주하고 있다. 물론 이에 어긋나는 폭정을 행사한 군주도 많다. 단지 그 일탈의 배경과 요인은 여러 방면에서 고려되어야 할 것으로 여기에서는 논외로 한다. 그 사회보장 이념에 의하면 보민保民·애민愛民·애민哀民의 정신은 이상적 통치의 근간이었다. 그 중에서도 보민은 특히 불우 계층에 대한 보호인데 이를 이행하는 것이 국가 내지 통치자로서의 존립 당위성이고 근거였다. 통치자(군주)로서의 존립 당위성은 천天으로부터 그러한 역할을 하도록 통치권을 부여 받은 것이며(天命), 그러한 임무를 이행하지 못하면 이성異姓에게 천명天命이 옮겨진다고 하였다. 이것이 곧 맹자가 강조한 역성혁명易姓革命의 당위성이거니와 유생은 신하로서 군주에 충성하지만 동시에 항상 역성혁명의 당위성을 인지하고, 군주에게 과감히 의정議政하는 면이 있다. 그러나 현 왕조에 충성하는 의지가 보통 더 강한 모습을 보인다. 한편 사대부 유생이 반란을 주도하는 경우에는 이러한 혁명의 당위성이 제기되고 기능하였다. 특히 그 반란이 종교집단인 경우 그러한 당위성은 종교적 신앙으로 교조화敎條化되어 더욱 신성시 되고 그 파급력이 증대되었다. 그러한 대표적 사례로서 후한말 일어난 태평도太平道의 난(황건난)을 들 수 있다. 황건난黃巾亂(후184)은 민중도교로 칭해지는 태평도 집단에 의해 일어났다. 그 경전이 『태평경太平經』이다. 많은 부분이 실전되고 현재 유문遺文을 모은 집본輯本이 읽히고 있다. 여기에 자신들이 거병擧兵하지 않을 수 없는 이유를 들고 있는데 그 핵심 내용도 바로 국가의 존립 근거가 보민保民인에 이를 이행하지 못하면 혁명하게 되어 있다는 것이다. 중국고대 사회보장 제도의 원류와 전통 및 이를 구현하기 위한 통치자들의 노력, 역성혁명의 이념과 태평도 집단의 사회보장 시책 등에 대해 제5장 「진한秦漢의 사회보장제도와 태평도」에서 살펴본다.

대전란기에 처하여 유생 내지 사대부의 행태와 처신은 어떠할까 하는 과제가 있다. 크게 나누면 하나는, 농민반란군에 동참하여 이에 합세 가담하는 것이고, 또 하나는, 향리의 민과 종족 예속민 등을 규합하여 자위부대를 만들고, 반란군에 대항하며 향촌을 지키는 행태이다. 사대부 유생에 있어서 정반대의 이러한 행태가 어디에 연유하는 것일까. 또한 향민의 입장에서 어떠한 연유로 정반대의 행태를 보이게 되는 것일까. 유생 사대부는 어떠한 배경과 선전으로 주변의 세력을 규합하여 반란군에 동참하거나 대항하는 것일까. 그리고 유생 사대부는 새 정부의 건립에 어떠한 역할로 어떠한 형태로 참여하게 되는 것인가. 이러한 여러 과제 또한 유생을 이해하는데 필요한 사항들이다. 여기서는 왕망정권('新'왕조) 말기에 일어난 적미란赤眉亂의 과정에서 보이는 유생 사대부와 民의 행태를 분석하여 그에 관한 해답의 일면을 추구하고자 한다. 이 작업은 또한 적미난의 혼란 와중에서 유수劉秀(광무제)의 후한정부가 탄생할 수 있었던 연유와 후한정부의 성격을 이해하는데도 도움을 준다. 이에 대해서는 제6장 「적미난赤眉亂 시기의 사대부사회와 후한왕조」에서 살펴본다.

본서는 위의 여섯 분과로 나누어 고찰된다. 유생은 대단히 복잡하고 미묘한 계층이어서 이상의 몇 가지 방면에 대한 고찰로는 충분하지 못하다. 더구나 다루는 각 방면에서 세밀한 사항에까지 고찰 분석이 미치지 못한 분야가 상당히 많다. 즉 상당 부분이 대략적 언급에 그치고 있다. 다만 여기서 다루어지는 사항들이 유생을 이해하는 데 모두 기본적이고 중요한 위치를 차지하고 있다는 것은 분명하다. 그래서 더 진전된 고찰로 나아가는 디딤돌이 될 수 있다고 생각한다.

제 1 장

관중管仲과 공자孔子

서 언

관중管仲(? ~ 전645)은 공자孔子(전551~전479)보다 160년 정도 선배이다. 양인兩人 모두 춘추시대를 대표하는 지성인이며 정치가였다. 관중에 대한 후인들의 일반적인 인식은 대체로 법가法家에 가까운 인물, 또는 법가의 비조鼻祖로까지 보기도 한다.[1] 반면 공자는 유가儒家의 비조로서 법가와는 엄연히 구분하고 있다. 그러나 양인에 대한 이러한 일반적이고 고정된 시각의 틀은 전국기에서 부터 사상과 학문이 제가諸家로 분리되어 전하게 되고, 제가는 더 나아가 각기 자설自說을 이념화하며 우열경쟁을 하기 시작한 이래 조성된 것이라고 생각한다. 사실 춘추기의 여러 지성인에게서는 자신을 제가의 어느 한 부류로 내세우거나 제가로 분류하여 사상이나 학문 정치를 논한 예를 보기 어렵다. 관중에게서 제가의 여러 면을 함께 볼 수 있고, 공자 또한 본고에서 논하는 바와 같이 관중과 상통하는 여러 면

---

1) 단지 전국 초 魏의 李悝가 諸國의 법을 모아 『法經』을 편찬한 까닭에
   그를 법가의 鼻祖로 보는 경향도 많다.

을 볼 수 있어 후대 유가의 고정관념으로는 이해가 쉽게 되지 않는다.

춘추기의 학學은 대체로 제가諸家를 함께 닦는 것이었고, 치인治人은 이를 어느 일면의 사상과 이념에만 편집偏執됨이 없이 정사政事에 임기응변하며 운용하였다. 그리고 그러한 대표적인 사례가 곧 관중管仲과 공자라고 본다. 후대 유법이가儒法二家가 뚜렷이 대조되고 있지만 춘추기의 정치인이나 지성인에게 있어서는 양 사상이 적재적소에 원용되고 있다. 또한 공자의 관중에 대한 평가는 칭찬을 아끼지 않고 있으며 매우 우호적이다. 그렇다면 관중을 법가의 비조鼻祖로 보는 시각은 아무래도 상당한 무리가 있지 않을까. 맹자를 비롯한 후대의 인물들은 관자의 사상과 행적을 패도覇道의 대명사로 칭하였고, 유가儒家의 왕도王道와 대비하여 비판하였다. 그러나 『管子』에서 보이는 왕도王道와 패도覇道의 이념이 그러한 것이었을까. 요컨대 관중은 왕도를 무시하거나 버리고 패도를 주창하거나 행한 것은 아니었다. 그는 분명히 패도보다는 왕도를 우월한 것으로 말하고 있고, 궁극으로 지향해야 할 것임을 천명하고 있다. 단지 시기와 여건에 따라서 양兩 도道를 적절히 구사하고 시행하여야 한다는 것이다.

대체로 관중을 법가의 비조로 보게 된 배경에는 후대 유가들의 편향된 시각에 의거한 면이 있다. 즉 일면 교조화敎條化된 왕도이념의 주창에 따른 영향이라 할 수 있다. 또 한 가지는 전국시대 법가의 대표인물이었던 상앙商鞅의 개혁에 일면 관중이 제齊에서 시행한 시책과 같은 류의 사항이 들어 있다는 점이다. 예컨대 시오연좌제什伍連坐制·경전체제耕戰體制(향촌조직의 군사조직화)를 비롯한 부국강병과 전제군주권 확립을 위한 일련의 조치들이 있다. 그러나 양자兩者

의 개혁 가운데는 상호 일치하는 사항보다는 오히려 일치하지 않는 부분이 더 많다. 그리고 부국강병과 전제군주권 확립을 위한 의도는 법가만의 것이 아니라 제가의 공통사안이고 공통 지향점이었다. 그러한 면은 공자의 개혁에서도 보인다.

관중과 공자는 춘추기의 양대兩大 지성인知性人이었고, 모두 정치가로서 개혁을 주도한 바가 있었다. 『관자』를 통해 공자를 더 잘 이해할 수 있고, 공자를 통해 관중을 더 이해할 수 있으며, 양자兩者 사이에 흐르는 일맥의 사상과 이념을 감지할 수 있다.

본고는 양자의 사상과 이념 및 개혁의 내용 등을 검토하여 일맥상통하는 사항을 지적하고, 제자백가로 분파되기 이전의 사상과 이념이 양인兩人에게 어떻게 융화되어 있는가를 살펴보고자 한다. 이를 통해 춘추기 지성인상의 성격을 알 수 있고, 분화된 제자백가의 주장에 의거한 후대인들의 편향되고 고정화된 인식의 오류도 지적할 수 있을 것으로 생각한다. 아울러 왕도와 패도·유가와 법가의 구분에 대한 보다 뚜렷한 식견을 얻고자 한다. 이러한 논점이 파악된다면 아울러 종래 문헌비판에 의해 그 활용이 크게 저조하였던 『관자』에 대한 새로운 식견이 얻어질 수 있을 것으로 기대한다.

종래 양자 개별의 사상과 활동, 또는 양자의 비교에 대한 연구는 매우 많다. 그러나 위와 같은 관점에서 양자의 상관성과 춘추기의 지식인상 및 『관자』에 대한 재인식, 儒·法의 문제를 살펴보고자 하는 논고는 찾아보기 어렵다.

Ⅰ.『관자』의 활용에 대한 문제

종래『관자』에 대한 문헌비판의 영향으로『관자』의 활용은 크게 제한되어 왔다. 관중에 대해 논하고자 하건대 불가불 그 주된 자료인『관자』에 의존하지 않을 수 없는데 이를 활용하기 이전에 먼저 이에 대한 여러 문헌비판의 성과를 바탕으로 나름대로의 입장을 제시하고자 한다.

주지하다시피『관자』는 제가諸家가 총망라되어 있는 듯 하여 후대 제가의 분류에 의거한 모가某家의 서書로 단언하기 어렵다.『관자』86편(금본今本은 10편 망실亡失)에 대해『漢書』藝文志는 도가의 서書로 분류하였고,2) 유흠 劉歆의『칠략七略』에는 「『관자』 十八篇在法家」라 하였으며,3)『隋書』經籍志는 법가法家로 분류하였고, 청대의『四庫全書總目提要』도 이에 따르고 있다. 청대로부터 근래까지 이루어진 문헌비판에서는 나근택羅根澤의 선구적 연구 이래로 대체로 각 편에 따라 성립시기와 작자를 달리 보아 춘추기에서 전한말 왕망시대까지에 걸쳐 있는 것으로 파악하고 있다.4) 전3세기에 가조假造

---

2) 단 弟子職 一篇은 儒家에 들어 있고, 몇 편은 兵法의 분류항목에 보인다.
3)『사기』권62管晏列傳 注引의 正義曰. 한편, 이 18편에 대해 여러 이설이 있다.
    劉向이 86편으로 編定하기 이전의『管子』원본 내지는 古本에 해당하는 것으로 보는 설(關鋒·林聿時, 「管仲遺著考」,『中國哲學史論文初集』, 科學出版社, 1959), 이 18편이란『隋書』經籍志나『舊唐書』經籍志에서 말한『관자』18권을 말한다고 보는 설(金谷 治,『管子の硏究』, 岩波書店, 1987, pp.39-40.), 이 1편의『관자』는 86편의『관자』외에 따로 있다는 것이 아니라 86편 가운데 兵法家의 書와 유사한 내용의 편수를 유흠이 들어 말한 것이라고 보는 설(李居洋, 「對考證『管子』的一点看法」,『管子硏究』第一輯, 濟南, 山東人民出版社, 1987.11, p.40) 등이 있다.

된 것으로 그 후에 또 허다한 상관되지 않는 재료들이 첨가되어 이루어졌다는 설(胡適),[5) 관중이나 어느 일인一人에 의해 이루어진 것이 아니고, 전국시기와 그 후의 여러 영쇄零碎한 저작들을 총집한 것이라는 설(郭沫若),[6) 전국시대 제齊의 직하학궁稷下學宮의 학보이며 그 사작寫作의 시기도 직하학궁稷下學宮에서 활동하던 시대(전국시대)라는 설(馮友蘭),[7) 여러 직하선생稷下先生의 의정과 강학작품講學作品을 종합한 것이라는 설(趙守正)이 있다.[8) 한편 제가의 잡집雜集으로 보기보다는 관중학파管仲學派라는 한 집단이 본래 지니고 있는 제齊의 풍부한 사상의 내용을 전승하거나 시대적 사정에 따라 영향을 받으면서 그 본래의 풍부한 면들을 연속해서 확장 집성해나간 것으로 보는 金谷 治의 설이 있다. 그에 의하면 직하稷下의 학學은 크게 유세遊說의 사士와 관중管仲을 숭모하는 제의 토착土着 학사學士의 두 집단에 의해 전개되었는데, 이 가운데 관중학파라 할 후자가[9) 각 시기별

---

4) 대표적 연구로는 羅根澤, 『『管子』探源』(中華書局, 1931/『羅根澤說諸子』, 上海古籍出版社, 2001.12에 재수록) ; 馬非百, 「論管子輕重篇新詮」(『管子輕重篇新詮』, 中華書局, 1979) ; 葉世昌, 「『管子』的著作年代兩議」, 앞의 『管子研究』第一輯 ; 牛力達, 「『管子』書各篇斷代瑣談」, 앞의 「관자연구」제1집 ; 李居洋, 「對考證『管子』的一点看法」, 위와 같음, 등이 있다.

5) 胡適, 『中國古代哲學史』(合肥, 安徽教育出版社, 1999, p.360/初本 ; 『中國古代哲學史大綱』, 上海商務印書館, 1919).

6) 郭沫若, 「宋鈃尹文遺著考」(1944년 脫稿, 『郭沫若全集 歷史篇1』, 北京, 人民出版社, 1982, pp.547-572). 또 이 글에서 『관자』의 心術과 內業 二篇은 宋鈃과 尹文의 遺著가 분명하다고 하였다.

7) 馮友蘭, 『中國哲學史新編』第一册(北京, 人民出版社, 1982.1 / 修訂本 1980 ; 초판1964.6). 관중이 齊에서 가장 유명하였기에 그 이름을 '學報'의 名으로 한 것이라 하였다. p.103.

8) 趙守正, 「『管子』斷代」(『管子研究』第一輯, 濟南, 山東人民出版社, 1987. 11).

9) 金谷 治는 종래 실태는 제시되지 아니하고 편의적으로 지칭하던 管仲學派의 실체가 곧 관중을 숭모하며 稷下의 學士로 활동한 齊의 土着의 學士라

로『관자管子』를 전승 저술하였다 하고, 직하의 학學 초기(환공 또는 위왕威王 초년으로부터 삼사십년간)에는 이 토착 학사의 집단이 주로 유학의 영향을 강하게 받아 경언經言의 제편諸篇을, 중기(선왕 초에서 혼왕 말년까지)에는 신도愼到나 전병田駢과 같은 타지 출신 유세遊說의 사士의 영향을 받아 외언外言의 제편諸篇과 幼官·心術·九守의 제편이 이루어졌으며, 말기(양왕襄王에서 제齊의 멸망까지)에는 통일의 분위기 속에서 관중의 학이 오히려 활발해져 임법任法과 명법明法 및 군신·치국·주합宙合등의 여러 편이 증보되었고, 마지막으로 한무제漢武帝 초기에 경중輕重의 제편이 이루어졌다고 하였다.[10] 그리고 이러한 여러 사상의 증보는 어디까지나 古『관자』이래로 전승해온 제齊의 사상적 전통에서 부연되어 나온 것이라고 보는 것이[11] 金谷 治 견해의 요점이다. 즉『관자』에는 일맥상전의 통일성이 있다는 것이다. 이러한 통일성의 면모는『관자』를 제학齊學과 노학魯學의 융합으로 보는 채덕귀蔡德貴의 견해에서도 부분적으로 인정된다.[12] 이거양李居洋은,『관자』가 비록 일인, 일시에 의해 이루어진 것은 아니지만, 그렇다고 해서 '대잡동사니'는 아니며 그 가운데는 관중의 유저遺著와 유설遺說이 들어 있고, 관중 사상의 기타 사료도 반영되어 있다고 하였다.[13] 이거양은『관자』가운데 경언經言9편은 관중이 직접 지은 것이며, 내언內言 9편은 관중의 언행과 일사逸事를 기록한 것으로『國語』齊語와 서로 좌증佐證되는 내용이며,『좌전』과『國語』『史記』의 관중 기사記事과 함께 믿고 의거할 수 있는 자

고 주장하였다. 金谷 治,『管子の研究』(岩波書店, 1987), pp.320-321.
10) 金谷 治, 앞의『管子の研究』, pp.301-327.
11) 金谷 治, 앞의『管子の研究』, pp.328-360.
12) 蔡德貴,「『管子』是齊學和魯學的融合」, 앞의『管子研究』第一輯.
13) 李居洋, 앞의 글.

료라고 하였다. 풍우란馮友蘭은 『관자』에는 관중의 친필 문장은 없지만 그 가운데는 관중 본인의 사상과 활동을 강講한 것이라 할 수 있는 것이 있다는 것은 『논어』가 공자의 친저親著는 아니지만 공구孔丘 본인의 사상과 활동의 주요자료가 되는 것과 마찬가지다 하고, 『관자』제편 가운데 내언內言의 대광大匡·중광中匡·소광小匡 3편이 『관자』 이해의 표준이 되는 『國語』齊語에 합치하는 까닭에 이 세 편을 신뢰하면서 제어齊語와 춘추삼전春秋三傳을 함께 의거하여 관중의 사상과 활동을 파악해야 한다고 하였다.[14] 『관자』에 대한 대표적 문헌비판가인 羅根澤이 「各 家의 학설을 보존한 것이 가장 많고, 매우 정심하게 설명하고 있어 진실로 先秦兩漢 各 家의 寶藏이다. 寶藏이 앞에 있는데도 쓸 줄을 모르니 어찌 크게 아깝다고 하지 않으리요!」라고[15] 지적한 바와 같이 적극 활용하는 자세가 필요하다 하겠다.

이제까지 문헌비판에서는 어느 한 집단이 본래 지니고 있던 풍부한 사상적 전통을 시대 사정에 따라 지속적으로 부연 확장해가면서 이루어진 것으로 보거나, 관중의 친설 내지는 그 전승을 이어 받은 편들을 부각시킨 견해도 있었으나 대체로 후대 제가가 전국戰國에서 진한秦漢에 걸쳐 자가自家의 설을 관중에 의탁依託하여 덧붙인 것으로 보는 견해의 영향력이 커서 『관자』를 제가의 잡집雜集 정도로 인식하고, 각 장별로 그 연원과 성립을 후대 제가에서 찾다 보니 『관자』와 관중의 관계는 극히 희미하게 되어버리고 말았다. 이러한 인식이 있게 된 것은 문헌비판가들이 거의 공통으로 지적하는 바와 같이 사실상 『관자』에 제가의 사상과 이념이 곳곳에 혼재되어 있기 때문이

---

14) 풍우란, 앞의 책, pp.103-4.
15) 羅根澤, 『『管子』探源』, 앞의 『羅根澤說諸子』, p.288.

지만, 이러한 시각은 누구나 『관자』를 통해 갖게 될 수 있는 것이다. 그리고 그 시각은 전국 이래 분기分岐되고 정형화된 제가의 모습에만 고정되어 춘추기 지성인이 제가 가운데 어느 일가에만 고집하지 아니하고 제가를 모두 포용하면서 시기와 여건에 따라 적절히 구사하였다는 사실을 망각한데서 나온 것이라고 본다.

여러 문헌비판에서 주장하는 근거는 전국에서 왕망기에 사용되는 자구字句나 용어가 나온다거나 제가의 주요 사상이나 학설과 상통하는 내용이 있는 까닭에 제가가 자설을 관중에 의탁한 것이라거나, 유향劉向의 정치적 의도라거나, 『염철론』 같은 후대의 전적에서 거의 같은 내용이 나온다거나 하는 등이다. 그러나 이러한 근거 또한 여러 문제점을 지니고 있다. 『관자』의 글 가운데 전국이나 그 이후에 기술된 부분이 있다 할지라도 이를 관중에 관한 사실과 전혀 무관한 것으로 도외시 할 수는 없다. 사실 『관자』에 보이는 관중의 대표적 시책과 정치사상 등은 『國語』 · 『左傳』 · 『史記』 등에서 그 실재성이 입증된다. 단지 『관자』는 동일 사항에 대해 더 상세한 내용을 전하고 있다. 물론 『관자』에는 거의 모든 제자諸子의 사상이 망라되어 있는 듯한 것도 사실이고, 현존의 자료로는 관중의 그러한 면의 일부 밖에 입증되지 않는다. 그렇다고 해서 『관자』의 전편全篇의 전체 내용을 모두 후대의 제가가 자설을 관중에 가탁한 것으로 볼 수는 없다. 『한서』藝文志에 당시(전한말 내지 후한초) 전해지고 있던 제가의 서書를 분류하여 易13家 294편, 詩6家 416권, 禮13家 555편, 樂6家 165편, 春秋23家 948편, 論語12家 229편, 孝經11家 59편, 小學10家 45편 (以上 六藝), 儒53家 836편, 道37家 993편, 陰陽21家 369편, 法10家 217편, 名7家 36편, 墨6家86편, 縱橫12家 107편, 雜20家 403편, 農9家 114편, 小說15家 1380편 (以上 諸子), 賦20家 361편, 賦21家 274편,

賦25家 136편, 雜賦12家 233편, 詩·賦106家 1318편, 兵權謀13家 259편, 兵形勢11家 92편, 陰陽16家 249편, 兵技巧13家 199편, 兵書 53家 790편, 天文21家 445권, 歷譜 18家 606권, 五行31家 652권, 蓍龜15家 401권, 雜占18家 313권, 形法6家 122권, 數術190家 2528 권, 醫經7家 216권, 醫方11家 274권, 房中8家 186권, 神僊10家 205 권, 方技36家 868권, 이상 총계 6略 38種 596家 13269卷이라 하였다. 『관자』86편은 여기에서 도가로 분류되어 있거니와 현전본도 86편이다. 후한 이전에 이미 이와 같이 제가의 서書가 독립하여 전하고 있었는데 왜 유독 『관자』에 집중적으로 제가가 자설自說을 가탁假託할 필요가 있었을까. 이를테면 羅根澤은 『관자』 제편諸篇 가운데 小稱제32는 전국시대 儒家의 作이고, 侈靡제35는 전국말기 음양가의 作이며, 水地제39는 漢初 醫家의 作이고, 正제43은 전국말 雜家의 作, 輕重篇(19篇)은 漢武帝와 昭帝時 理財學家의 作이라 하였고,[16] 馬非百은 輕重篇이 『염철론』을 초습抄襲한 것으로 왕망王莽의 경제정책을 지지하는 자에 의해 작성된 것이라 하였다.[17] 그런데 이들 제가諸家의 자서自書가 수십 종류 씩 독립하여 현전現傳하고 있는 상황에서 거의 같은 내용의 글을 『관자』에 가탁假託한다는 것은 좀 이상스러운 일이다. 특히 왕망시기에 『염철론』의 내용이 이미 널리 알려져 있는데 그 내용을 초습抄襲하여 이전에 전해오던 『관자』에 19편수에 이르는 큰 분량의 글(輕重篇)을 작성하여 새로 끼워 넣었다는 것은 납득하기 어렵다. 사마천은 일찍이 자신이 관씨管氏(『관자』)의 牧民·山高·乘馬·輕重·九府의 篇을 읽었었다 하였다.[18] 따라서 유

---

16) 앞의 『『管子』探源』 앞의 『羅根澤說諸子』, pp.288-291.
17) 앞의 馬非百, 『管子輕重篇新詮』 (中華書局, 1979), pp.29-87.
18) 『사기』권62管晏列傳의 論贊.

향劉向이 당시(성제시成帝時)에 현존하던 중외中外의『관자』서書 564편 가운데 중복된 부분을 제외하고 86편으로 편정編定하기 이전에 이미 경중편輕重篇은 전해지고 있었음을 알 수 있다. 이미 도처에서 읽히고 있던 각 편의 내용을 어찌 새로 같은 편명으로 해서 개작하거나 위조할 수 있었겠는가. 또한 이거양李居洋도 지적한 바와 같이 당시 교서校書는 각 부문별로 다수의 학자가 모여 공동작업하였고, 교서의 결과는 유향 일인一人의 의견만이 아니라 중인衆人이 의견을 모아야 하는 것이었으며, 교서校書의 대상이 되는 서책이 595家 13269권(실제로는 614家 12290권)에 이르는 방대한 분량이었던 까닭에,[19] 일인이 특별한 의도로 19편에 이르는 책을 새로 위조하여 낸다는 것은 거의 불가능한 일이었다.[20] 마비백馬非百이 유향의 조작으로 보는 주요 근거는 왕망의 경제정책과 경중편의 내용이 일치한다는 점, 그리고『염철론』의 일부 내용을 잇고 있다는 점, 왕망기에 쓰이게 되는 용어나 자구가 보인다는 점 등이나,[21] 왕망의 경제정책 자체가 고법古法에 의한 것으로 오히려 사마천이 읽었던 경중편의 기존 내용을 본받으려 한 것으로 보는 것이 타당할 것이며, 이미 익히 알려진『염철론』의 내용을 거의 그대로 초습抄襲할 필요는 없었을 것으로 보아야 할 것이다. 또한『염철론』에서 대부大夫(신재정책 집행자)의 경제정책의 논조 자체가 관중의 경제정책을 근거로 삼고 있어 경중편에는『염철론』이전에 이미 그러한 내용이 있었다고 보아야 할 것이다. 그리고 '천泉'과 같은 화폐의 용어나 자구字句의 사례들도 왕망 시기에 비로소 처음 보이는 것이라고 하기에는 많은 문제가 있다. 이전의

---

19) 앞에 소개한『한서』藝文志의 분류항목.
20) 李居洋, 앞의 글, p.39.
21) 앞의『管子輕重篇新詮』. pp.29-87.

글에 없었다고 하여 이전에는 전혀 쓰이지 않던 용어이고 자구라고 할 수는 없는 것이다. 또한 많은 편수篇數가 전사轉寫되며 전해지는 과정에서 용어와 자구가 잘못 혼입되거나 생략 또는 오기誤記되는 경우도 있었을 것이다.

요컨대 『관자』에는 분명히 관중管仲의 설이나 사상 활동이 아니고 후인에 의해 가탁되거나 다른 부류의 글들이 혼입된 부분도 있다고 본다. 그러나 전술한 바 일부 문헌비판가가 인정한 바와 같이 經言9편과 內言9편은 『國語』 齊語와 『춘추삼전』 및 『史記』 등에 기재된 관중의 기본 사상과 제齊에서의 개혁 및 구합제후九合諸侯의 성취 과정이 더 상세히 기재된 것일 뿐 별다른 내용이 아닌 까닭에 관중管仲의 사적事蹟이나 언행으로 인정해도 무방할 것이다. 본고에서 활용하는 『관자』도 거의 대부분 이 편들이다. 유흠劉歆이 『칠략七略』에서 말한 『관자』18편이란 이 경언9편과 내언9편을 가리켜 『관자』의 고본 또는 원본이라는 뜻으로 말한 것이었을 가능성도 있다.22) 또한 사마천이 읽은 편명篇名 가운데는 위의 18편에 들어가지 않는 경중輕重·구부九府도 있다. 그밖에 진위를 확인하기 어려운 편들도 일부분 가탁에 의한 부분이 있다하더라도 그 부분은 많지 않다고 본다. 『관자』의 출현이 춘추기는 아니다 하더라도 한비자韓非子가 활동하기 이전에 이미 유행하고 있었음이 인정되고,23) 후대인이 관중에 대해 전해오는 자료나 견문에 근거하여 편집하거나 증보할 수 있기 때문에 춘추시대가 아니고 전국시대에 나온 것이라 하여 이를 위작으로 볼 수는 없다. 가탁으로 논정하는 주요 근거가 『관자』를 잡가의 서書로 볼 수 있게 할 정도로 다양한 학설과 사상이 함께 들어 있다는 점인데 이러한 점이 그

---

22) 그 가능성은 關鋒·林聿時이 제기한 바가 있다. 앞의 「管仲遺著考」.
23) 『한비자』五蠹에 「藏商·管之法者家有之.」라 하였다.

근거가 될 수 없다고 생각한다. 앞에서도 언급한 바와 같이 춘추기의 지성인은 제가로 나누어지기 이전의 인물들로 대체로 제가의 파벌의식 없이 전해 오는 여러 사상과 이념 및 학설을 넓게 포용하고 두루 적재적소에 활용하였고, 이러한 점을 본고는 관중과 공자의 상통하는 사상과 활동 내역에서 살펴보고자 하는 것이다.

II. 공자의 관중에 대한 평가와 그 의미

공자는 관중에 대해 다음과 같이 말하였다.

> 「子路가 말하였다. "齊桓公은 公子糾를 죽였고, 召忽은 자결하였는데도 管仲은 죽지를 않았으니 仁하지 않다고 해야 하지 않겠습니까?"
> 孔子가 말하였다. "제환공은 兵車에 의지하지 아니하고 九合諸侯 하였으니 관중의 힘이었느니라. 그렇게 仁하도다, 그렇게 仁하도다!"」
> 『논어』憲問[24]

> 「어떤 사람이 子産에 대해 물으니 孔子가 말하였다. "지혜로운 분입니다."
> 子西에 대해 물으니 말하였다. "그렇고 그러합니다."
> 管仲에 대해 물으니 말하였다. "그 분 말인가. (제환공이)

---

[24] "路曰, '桓公殺公子糾, 召忽死之, 管仲不死, 曰未仁乎?'
子曰, '桓公九合諸侯不以兵車, 管仲之力也. 如其仁, 如其仁!'"

伯氏의 駢邑三百을 빼앗아 (采邑으로) 주었는데 (伯氏는) 蔬食하며 죽을 때까지 이를 원망하는 말을 하지 않았다.」

『논어』憲問25)

「공자가 말하였다. "晉文公은 詐僞가 있으며 不正하고, 齊桓公은 公正하며 詐僞가 없다.」

『논어』憲問26)

「子貢이 말하였다. "管仲은 仁者가 아니지 않습니까? 제 환공이 公子糾를 죽였는데도 (그는) 죽지 않았고, 또한 相 이 되었으니 말입니다."

孔子가 말하였다. "관중이 제환공의 相이 되어 제후를 覇하였고, 一匡天下하였으니 백성이 지금에 이르기까지 그 은덕을 받고 있다. 관중이 없었다면 우리들은 피발좌임(被 髮左袵)의 야만인 모습을 하고 있을 것이니 어찌 匹夫匹婦 의 小節과 같을 것인가. (외딴) 도랑에서 목메어 죽더라도 누가 알아줄 것인가?"」27)

그야말로 대단한 칭송이라 하지 아니할 수 없다. 단지『논어』八佾 에는「관중의 그릇은 작다.」라 하였고, 검약하지 못했으며 예를 몰 랐다는 비평이 있다. 또 사마천은 말하길,「관중은 세상에서 말하는

---

25) "或問子産, 子曰, '惠人也.'
　　問子西, 曰, '彼哉! 彼哉!'
　　問管仲, 曰, '人也. 奪伯氏駢邑三百, 飯疏食, 沒齒無怨言.'"
26) "子曰, '晉文公譎而不正, 齊桓公正而不譎.'"
27) "子貢曰, '管仲非仁者與? 桓公殺公子糾, 不能死, 又相之.'
　　子曰, '管仲相桓公覇諸侯, 一匡天下, 民到于今受其賜. 微管仲, 吾其被髮 左袵矣. 豈若匹夫匹婦之爲諒也.自經于溝瀆而莫之知也?'" (『논어』憲問)

현신이지만 공자가 그를 낮게 평하였다.」고[28] 하였다. 그러나 이 비평의 기준은 관중보다 더 큰 이상을 지니고 인덕을 이루었던 공자의 입장에서 나온 것이라고 생각해야 할 것이다. 위의 예문에서와 같이 관중도 큰 인물이고 큰 공업을 이룬 분이지만 공자 자신의 이상적 기준에서 보면 만족스럽지 못한 부분이 있어 소기小器라 한 것이고, 검약하지 못하고 예를 몰랐다는 비평 또한 마찬가지로 이해해야 할 것이다.

그런데 맹자는 이러한 공자의 관중에 대한 칭송의 태도와는 사뭇 다르다.

제의 선왕이 (맹자에게) 묻기를 "齊桓公과 晉文公의 사적을 들을 수 있는가?"하니, 맹자가 대답하길 "仲尼의 徒는 제환공과 진문공의 事를 無道한 것으로 보는 까닭에 후세에 이에 대해 전해 온 바가 없다."고 하였다.[29] 관중을 무시하는 맹자의 태도는 다음 글에서도도 분명하다.

「공손축이 맹자에게 묻기를, "선생님께서 제나라 요직에 오르시면 관중이나 晏子의 功業을 다시 이룰 수 있겠습니까?"하니 맹자가 답하였다. "--- 어떤 사람이 曾西에게 묻기를, '선생과 子路는 어느 편이 더 어진가?' 하니 증서가 황공해서 어쩔 줄 모르는 모습으로 말하길, '우리 선조부께서도 두려워하시던 분이다.'고 답하였으며, '그렇다면 선생과 관중은 어느 편이 어진가?'라 하니 증서가 성난 표정으로 불쾌해하면서, '당신은 무엇 때문에 나를 관중에게 비

---

28) 『사기』권62管晏列傳에 "管仲, 世所謂賢臣, 然孔子小之."
29) 『맹자』梁惠王上.

교하는가. 관중은 임금의 신임을 그토록 독차지하였고, 國
政을 맡은 것이 그토록 오래였지만 그 功業이 그처럼 보잘
것이 없었는데 자네는 어떻게 나를 그에게 비하려 하는가.'
라고 답하였다. 관중은 曾西도 본받으려 하지 않은 사람인
데 자네는 내가 그와 같은 사람이 되기를 원하는가.」

『맹자』공손축상

또 맹자는 패자覇者와 왕자王者를 구분하여 다음과 같이 말하고 있
다.

「武力으로 仁을 假하는 자가 패覇이다. 覇者가 되려면
(覇道를 이루는 데는) 반드시 大國이 있어야 한다. 덕으로
써 仁을 행하는 자는 王者이다. 王者가 되는 데는(王道를
이루는 데는) 大國을 요하지 않는다.」　　　　『맹자』공손축上

공자와 맹자의 관중에 대한 인식에는 상당한 차이가 있다.『관자』
에서 관중의 여러 면을 검토해보자.
공자는 관중의 구합제후九合諸侯가 병거兵車에 의지하지 아니한 까
닭에 참으로 인仁하다고 칭송하고 있다. 관중의 구합제후 과정에는
물론 무력의 사용이 있었다. 그런데도 공자가 이렇게 말한 것은 그
과정을 자세히 살펴보면 수긍할 수 있다.
제환공이 즉위 원년30) 관중을 불러 사직의 안정책을 묻자 대답하길,

---

30)『관자』본문은 '二年'이나 다음 문단에 二年의 일이 나오는 까닭에 元年의
　　오자이다.

「군주께서 霸業과 王業을 실행하신다면 사직은 안정될 것이고, 군주께서 패업과 왕업을 실행하지 않으신다면 사직은 안정되지 못할 것입니다.」[31]

고 하였다. 제환공은 자신으로서는 이 거창한 사업을 감히 이룰 수 없다고 함에 관중은 걸사乞死하며 신직臣職을 고사하고 문을 나섰다. 이에 제환공은 그를 불러 패업을 이루기 위해 노력하겠다고 하였다. 관중은 그때서야 군주의 패업 달성을 위해 상相의 직위에서 분발하겠다고 다짐하고 있다. 이 때 제환공이 왕업은 말하지 아니하고 패업霸業만을 말한 것은 왕업王業까지는 어려워 패업만을 약속한 것인지 아니면 양자를 합칭한 것인지 분명치 않다. 『관자』에서 양자는 거의 '패왕霸王'으로 기재되어 있다. 그런데 이후 전개되는 관중의 지도와 구합제후九合諸侯의 과정을 보면 우선 패업을 준비하고 이어 왕업王業에까지 나아가는 면모를 볼 수 있다. 『관자』에는 왕업과 패업에 대해 자주 비교 설명하고 있다. 왕업과 패업의 이념은 다음에 잘 나타나 있다.

「霸業과 王業의 형세는 天에 따르고 地에 則하며, 인심을 교화하고 시대 풍속을 올바르게 바꾸고, 천하를 새롭게 창립하며, 제후의 등급을 두어 布列시키고, 四海가 賓服하여 귀속해오게 하며, 천하를 때에 맞추어 匡正시키고, 대국의 범위를 축소시키고, 邪曲된 나라는 이를 바르게 이끌고, 강국의 힘을 줄이게 하고, 중요한 나라의 위치는 가볍게 한

---

31) 『관자』內言·大匡제18. 이하 『管子』인용은 모두 謝浩范·朱迎平, 『管子全譯』(貴州人民出版社, 1996)의 원문에 의거한다.

다. 동란의 나라를 병합하고, 포악한 군주는 멸하며, 그 죄의 우두머리를 사형에 처하며, 그 列位를 낮추어 그 민을 보호한 연후에야 그 나라의 왕이라 칭할 수 있다. 무릇 국가 자신을 부강하게 하는 것을 覇(業)라 칭하고, 겸하여 나라를 능히 匡正하게 함을 王(王業)이라 칭한다. --- (중략) --- . 무릇 이제까지 천하를 爭한 자는 위세로써 위난의 국가를 바꾸어주는(구해주는) 것이 패업과 왕업의 常事였다. 민을 다스리는 군주에게는 道가 있는 것이고, 패업과 왕업에는 마땅한 때가 있는 것이다. 나라의 내정을 닦고 나서 인근 나라가 無道하면 이 때가 바로 패업과 왕업이 실행되는 사정이 되는 것이다. --- (중략) ---. 무릇 先王이 王業을 이룬 까닭은 이웃 나라의 정치행태가 부당한 것에 의거한 것이었다. (이웃 나라의)정치행태가 부당함, 이것이 곧 我國이 (패업과 왕업을) 이루어갈 수 있는 所以가 되는 것이다.」

　　　　　　　　　　　　　　　『관자』內言·覇言제23

　자국을 부강하게 하는 것이 패업이고 겸하여 나라를 능히 광정匡正하게 함을 왕업이라 한다 하였다. 그리고 이 두 가지 사업은 인근 국가의 정치가 부당하고 무도함에 인하여 추진 실행된다. 이러한 논리는 실제 관중의 공업功業 과정에서 그대로 구현되고 있다(후술).

　「영토가 크고 나라가 부강하며, 백성이 많고 병력이 강한 것, 이것은 패업과 왕업을 이루는 근본이다. 그러나 이 것으로 인하여 危亡에 가까워지는 것이기도 하다. --- (중략) --- 무릇 영토가 비록 크더라도 그 힘으로 겸병하지 아니하고, 약탈하지 아니하며, 백성의 수가 많다 하여도 (이를 믿고) 나태하지 아니하며, 오만해하지 아니하고, 나라가 비록 부강하더라도 사치에 빠지지 아니하고 방종하지 아니하며, 병력이 비록 강하더라도 제후를 경멸하지 아니하고, 대중을 동원하여 用兵함에는 반드시 천하의 정치를 다스리기 위한 것이어야 하니, 이것이 천하를 바르게 하는 근본이고, 패업과 왕업의 바탕이다.」 『관자』外言·重令제15

국력은 패업과 왕업 성취의 바탕이지만 이를 주변 국가에 함부로 쓰는 것은 곧 멸망에 이르는 길이다. 약한 나라를 업신여기지 않으며, 용병은 단지 천하의 정치를 광정匡正케 하기 위해서만 써야 한다. 이것은 왕업만이 아니라 패업의 바탕이라고 하는 점에 유의해야 한다. 패업이라고 해서 왕업과는 달리 군사력만 증강시켜 인근 나라를 정벌해가는 것이 아니라는 뜻이다. 이러한 이념 또한 관중이 구합제후때 시행한 조치에 잘 드러나 있다(후술).

위 내용은 대체로 패업과 왕업의 공통사항이라 할 수 있다. 한편이 양자는 뚜렷이 구분되고 있다.

「왕업을 이루는 군주는 民을 기르고, 패업을 이루는 군주는 전사를 기르며, 쇠망의 길로 가는 군주는 귀인을 기르고, 멸망의 길을 가는 군주는 부녀와 주옥을 쌓는다.」[32]

『관자』外言·樞言제12

---

32) "王主積于民, 覇主積于將戰士, 衰主積于貴人, 亡主積于婦女珠玉. 故先王慎其所積."

「천하의 全民을 얻은 자는 王者이고, 그 반을 얻은 자는
覇者이다.」
『관자』內言・覇言제23

「一을 밝힌 者를 皇이라 하고, 道를 察한 자를 帝라 하
며, 德에 통한 자를 王이라 하고, 모의하여 병력을 얻어 승
리한 자를 覇라 한다. 까닭에 무릇 兵으로 이루는 覇業이란
道를 갖추지 못하고 德에 이른 것도 아니지만, 王業을 輔하
고 覇業을 이룬다. 현재의 용병은 이러하지를 못하니 병권
을 모르는 자이다.」
『管子』外言・兵法제17

　패업은 군사력에 의지하는 것이어서 덕과 도에 의한 공업功業은
아니지만 왕업을 보輔하는 것이다. 따라서 시세 여건에 따라 패업은
왕업을 위해 추진될 수 있다는 논리이다. 제환공은 즉위 초, 송 등
주변국 공벌을 위해 군사력 증강을 강력히 주장하고 수병修兵을 행
하기도 하였으나, 먼저 내정을 잘 가꾸어야 한다는 관중의 논리에
의해 제지制止되고 이어 수년에 걸쳐 유명한 관중의 각 방면에 걸친
내정 개혁이 전개된다. 삼국오비제參國五鄙制, 사농공상士農工商의 직
업신분별 구역 설정, 민상친책民相親策, 구죄舊罪의 방면放免, 수구종
修舊宗, 상속인을 세워주는 민식책民殖策, 형벌 감생減省 등의 애민책
愛民策, 부렴賦斂 삭감의 민부책民富策, 향鄕에서 현사賢士로 하여금
교육하게 하여 민이 예禮를 알도록 하는 교육사업, 영슈을 발하면 어
긋남 없이 시행토록 하는 민정책民正策, 누층적으로 향리를 편제하여
이를 군사훈련과 동원의 편제로 활용하는 졸오제卒伍制 및 민간행정
조직을 유사시 군사조직으로 활용하는 정책, 향리에서 義行・好學・
聰明・質仁・孝悌를 적극 추천하게 하여 임용하는 책策, 시오제什伍

制, 죄인에게 벌금을 내게 하여 이 자금으로 병기를 제조하는 제도, 노약자에게는 형벌을 가하지 아니하고, 죄인을 삼유三宥한 후에 단죄한다는 형법제도의 개혁, 상품교역의 활성화를 위해 관에서 검열만 하고 통관세는 징수하지 아니하며(關譏而不征), 상업세만 징수하고 상품세는 징수하지 아니하여 상업활동을 활발하게 유도하는 상업 관련 개혁(다음 장에서 상술함), 산림수택山林藪澤을 시기에 따라 금하기도 하고 개방하기도 하되 세금을 징수하지 않는 제도 등을 시행하였다. 이어 마지막으로 인근 국가와의 친선 유대책을 시행하여 주변 국가의 인심을 얻은 후에야 사방에 걸친 공벌을 단행하게 된다. 이리하여 동이東夷 서융西戎 남만南蠻 북적北狄과 중국의 제후국이 빈복하지 않음이 없었고, 「九合諸侯 一匡天下」의 업적을 이루게 되었다고 하였다.33) 그리고 위의 기술에 이어 다음 내용을 덧붙이고 있다.

> 「갑옷의 끈을 풀 일이 없게 되고, 兵器 상자를 열 필요가 없었으며, 활 넣는 포대기에는 활이 없고, 화살 넣는 포대기에는 화살이 없었으니, 전쟁이 종식되고 文道가 행해져 이로써 天子에 朝覲하게 되었다.」　　　『관자』內言·小匡제20

즉 이렇게 패업이 완수됨에 따라 왕업이 행해질 수 있게 되었다는 것이다.

또한 제후국에 대한 공벌에는 합당한 이유가 있어야 하는 것이었다. 후대와 같은 영토 확장과 생존경쟁을 위한 것은 아니었다. 관중

---

33) 이상의 개혁 내용은 『관자』內言의 諸篇에 상세하게 기술되어 있다.

은 제환공에게 다음과 같이 말하고 있다.

「지금부터 2년 동안에 (제후의) 適子로서 효행이 있다는
말이 들리지 아니하고, 그 弟를 慈愛한다는 말이 들리지 않
으며, 노인과 나라의 賢良을 공경한다는 말이 들리지 않는
경우의 세 가지 사항 가운데 하나도 들리는 일이 없으면 誅
罰해도 됩니다. 제후의 신하가 國事를 처리하며 3년 동안
잘한다는 말이 들리지 않으면 벌책해도 됩니다. 군주가 잘
못함에 大夫가 諫言하지 아니하고, 士·庶人이 선행함이 있
는데도 大夫가 천거하지 않으면 벌책할 수 있습니다.」

『관자』內言·大匡제18

이 밖에도 제후들을 회합하여 상호 맹서盟誓한 사항을 지키지 않
은 경우나 예법을 문란하게 하는 행위 등에 대한 징벌의 차원에서
공벌이 이루어진다. 구합제후九合諸侯 시時 패자霸者 제환공이 제후
들에게 슈한 사항은 다음과 같다(『관자』經言·幼官제8).

第一會 : 玄帝(北方之帝)의 命이 없으면 단 하루의 전쟁이라도 인
정하지 않는다.
第二會 : 孤兒와 노인을 養護하며, 오랫동안 병고에 시달리는 이들
을 돌보고, 홀아비와 과부를 돌보도록 한다.
第三會 : 田租는 백분의 5를 징수하고, 市賦는 백분의 2를 징수하
며, 關賦는 백분의 1을 징수하고, 농경과 紡績의 기구가
부족 되지 않도록 한다.
第四會 : 도로를 수리하고, 도량형을 통일시키며, 무게와 수량 단

위를 같게 하고, 藪澤의 사용을 시절에 따라 금한다.

第五會 : 춘추동하의 제사와 天壤山川에 대한 古來의 제사를 봉행
하되 반드시 시절에 맞추어 해야 한다.

第六會 : 각 제후국의 산물을 玄宮의 제사에 올리고, 四輔를 청하
여 上帝에 禮를 행한다.

第七會 : 관리로서 視·言·貌·聽(四體)의 儀가 무례한 자는 교화
를 어지럽힌 죄로 유배시킨다.

第八會 : 위의 네 가지 儀에 잘못됨이 없는 자에게는 玄宮에서 포
상한다.

第九會 : 각 제후국의 재물을 進貢 禮幣로 하여 國(天子國) 소유의
것으로 한다.

한편 맹자는 구합제후九合諸侯의 사업을 오명五命(五會의 命)으로
하여 하나 하나 설명하고, 천자天子는 토討하되 벌伐하지는 않는데
오패五覇는 제후들을 유인하여 다른 제후를 공벌한 것이니 삼왕三王
(夏의 禹, 商의 湯, 周의 文王)의 죄인이며, 지금의(전국시대의) 제후
는 오명五命의 금약을 지키지 않고 있기 때문에 오패五覇의 죄인이라
고 하였다.34)『좌전』에서 약간의 예외는 있지만 대체로 토와 벌을
구분하여 명기하고 있다.35) 여기서 말하는 토와 벌의 구분에 대해

---

34) "是故 天子 討而不伐, 諸侯 伐而不討. 五覇者 摟諸侯 以伐諸侯者也. 故曰,
五覇者 三王之罪人也. 五覇 桓公 爲盛 葵丘之會 諸侯束牲載書而不歃血.
初命曰, 誅不孝 無易樹子 無以妾爲妻. 再命曰, 尊賢育才 以彰有德. 三命
曰, 敬老慈幼 無忘賓旅. 四命曰, 士無世官 官事無攝 取士必得 無專殺大
夫. 五命曰, 無曲防 無遏糴 無有封而不告. 曰凡我同盟之人 旣盟之後 言歸于
好. 今之諸侯 皆犯此五禁. 故曰, 今之諸侯 五覇之罪人也." (『맹자』告子下)
35) 제후국끼리의 공격은 거의 예외 없이 '伐'이고, 覇者가 제후를 인솔하여

(조씨趙氏)주注는 「討는 上(天子)이 下(제후)를 討하는 것이고, 伐은 적국이 서로 정벌하는 것이다. 五覇는 억지로 제후를 끌어들여 다른 제후를 伐한 것으로 王命에 의한 것이 아니었으니 三王의 법에서는 罪人이 된다.」고 하였다. 이 해석에 의한다면 맹자의 주장에는 무리가 있다. 춘추 초기 제환공과 관중의 시기까지에는 그런대로 위와 같은 왕업王業과 패업霸業의 이념이 기능하고 있었다고 본다. 천자天子가 제후들이 종법의 질서를 지키지 아니하고 예법을 문란히 해도 이를 징벌할 힘을 갖지 못한 까닭에 천자를 대신하여 강력한 제후가 여러 제후와 뜻을 같이 하여 징벌할 수밖에 없는 사정이 있었다. 서로 적국이 되어 전쟁한 것과는 성격이 달랐다. 단지 제환공 이후 진문공晉文公의 패자霸者시대로부터는 상당히 다른 면으로 전개된다. 오패五覇의 말기까지도 제후의 회합을 통해 양업의 이념과 질서를 지키려고 하는 내용은 있었지만 그 패권 경쟁은 분명 적국 사이의 전쟁과 같았고, 이어 영토 확장과 멸국의 모습으로 전개되었다. 맹자의 비판은 곧 제환공 이후의 이러한 사실에 대한 것이라면 수긍할 수 있으나 관중의 이념과 패업의 실행 과정에 의한다면 적합하지 않

공격하는 경우는 「師諸侯以討鄭」의 예외는 있으나 거의 대부분 '伐'이다. 王이 공격의 주체이거나 제후가 공격하더라도 王命 위반을 징벌하기 위함일 경우는 '討'라 하고 있다. "왕명을 위배하여 朝覲하지 않음에 대해 討하였다. 以王命討不庭"(『좌전』隱公10년조), "齊人 鄭人이 郕에 들어가 왕명을 어긴 죄를 물어 '討'하였다."(위와 같음), "王이 戎의 難으로 인하여 王子帶를 討하였다." 단지 "王이 鄭伯의 政(王政을 맡은 卿士職)을 박탈하니 鄭伯이 朝覲하지 않았다. 가을에 王이 제후의 군대로 鄭을 '伐'하였다."(『좌전』桓公5년조)고 한 경우는 예외이다.
참고로 『좌전』庄公29년조에 "무릇 出兵時에 鐘鼓를 치며 공격함은 伐이라 하고, 없으면 侵이라 하며, 輕裝부대로 공격하는 것은 襲이라 한다."고 하였다.

은 것이 아닐까. 즉 오패五覇라고 해서 일률적으로 동일선상에서 평가할 수는 없다는 점을 지적하고 싶다.

관중은 정鄭을 벌하기 위해 몇몇 제후가 회맹하였을 때 제환공에게 말하길, "신臣이 듣건대, 이심二心을 갖은 국가를 초무招撫하는데는 예禮가 필요하고, 반역을 품은 제후에게는 덕德을 쓰는 것이 필요하니, 덕과 예에 위배하지 아니하면 복종하지 아니할 자가 없다."고 하니, 제환공이 이 말에 따라 예禮로써 제후를 대함으로써 제후들이 스스로 주왕에게 바치는 공헌을 제환공에게 올렸다거나,36) 「人爲로 善을 함은 非善이다. 까닭에 善이란 함이 없이 하는 것이다. 까닭에 先王이 善을 貴하게 여겼다(爲善者 非善也. 故善無以爲也. 故先王貴善).」(『관자』外言·樞言) 하고 있는 바와 같이 선왕先王(三王)의 이상적 이념을 지니고 있었고, 제환공 또한 양보의 덕과 인의仁義를 궁행한 군주였다. 제환공이 산융씨山戎氏를 정벌하러 가면서 연燕 땅을 지나게 되었는데 연군燕君이 국경 밖으로 나와 맞이하였다. 환공이 관중에게 묻기를 "제후가 서로 맞이하는데 출경出境해야 하는가?"하니 관중이 말하길, "천자가 아니면 출경해서는 안됩니다."고 하였다. 환공이 말하길, "그렇다면 연군燕君이 (齊를) 두려워하여 실례失禮한 것이니 과인이 부도不道하여 연군燕君으로 하여금 실례 하도록 한 것이로다."하고 연군이 출경出境하여 이른 땅을 연군燕君에게 할양하였다. 제후가 이 일을 전해 듣고 모두 제齊에 귀조歸朝하였다(『설원』권5貴德,『사기』권32齊太公世家 등). 또한 후대 유가가 강조하는 인의예지仁義禮智가 『관자』의 도처에서 공자나 맹자의 말과 거의 같은 의미로 설파되고 있다.37) 그 한 예를 든다.

---

36) 『좌전』僖公7년조.
37) 관중과 孔子의 仁사상이 상통하는 것임은 楊柳橋도 논구한 바 있다(「管子

「聲明君王이 힘써야 할 바는 本事(農事)에 있는 것이며, 無用의 事를 버리는 것이다. 이렇게 한 후에야 민을 부유하게 할 수 있으며, 賢人을 논하여 능한 자를 임용함으로써 민을 잘 다스리게 할 수 있다. 稅斂을 가볍게 하고 민을 가혹하게 대하지 않으며, 忠愛로서 대하면 민을 잘 다스릴 수 있다. 이 三事가 패업과 왕업을 이루는 事이다. 事에는 本이 있고, 仁義가 그 요체이다.」 『관자』外言·五輔

III. 관중의 개혁과 공자의 개혁

공자는 용사勇士였던 부친 숙량흘叔梁紇을 태어난 지 얼마 안 되어 여이고 빈천한 가운데 성장하였다. 일찍이 대부 계씨季氏의 식량창고를 담당하는 직책에 있으면서 계량計量을 잘하였고, 목축을 주관하는 직책을 맡은 바도 있었다. 젊은 시절 주周의 왕성에 가서 사관史官으로 있던 노자老子를 만나기도 하였으며, 제齊의 고소자高昭子의 가신으로 있으면서 제의 경공景公의 존경을 받았는데 경공이 봉지와 관직을 주고자 하였으나 안영晏嬰의 반대로 무산되었다. 공자는 자신이 쌓은 학문과 지성과 덕성을 사회에 펼 수 있는 관직을 얻고자 하는 마음이 상당히 간절하였다.[38] 그가 직접 정사政事를 맡게 된 것은 그의 나이 50세 되던 정공定公8년 때 중도中都라는 읍邑의 재宰가 되면서부터이다. 이 직책에 임한지 1년 만에 사방四方이 공자를 본받

與孔子仁學的思想體系」, 앞의 『管子研究』第一輯, pp.65-68).
38) 『사기』권47孔子世家.

았다고 한다. 그리고 곧이어 사공司空(건설장관)을 거쳐 대사구大司寇(법무장관)가 되었다. 그리고 정공定公13년에는 노魯의 국정을 삼분三分하여 분란을 일으키고 있던 삼환씨三桓氏를 제거하기 위해 군주인 정공에게 "신하는 병기兵器를 장藏하여서는 안되고, 대부의 도성都城의 높이는 백치百稚를 넘어서는 안 되게 되어 있습니다."하고 삼환씨三桓氏의 세 도성을 부수게 해줄 것을 진언하고 군사작전을 지휘하여 상당한 성과를 거둔 바가 있다.[39] 56세 되던 정공14년에는[40] 대사구大司寇로써 상相의 직책을 대리代理하게 되었다. 그의 집정 기간은 3개월 밖에 안 되지만 이 짧은 기간 동안에 노魯의 난적亂敵 대부大夫 소정묘少正卯를 처형하였고, 상인들은 값을 허위로 올리지 않았으며, 남녀는 길에서 따로 떨어져 걸었고, 길에 떨어진 물건을 줍는 이 없었으며, 사방의 객이 읍에 들어와서 관청의 허락을 구하지 않고 자유롭게 필요한 물품을 구하여 돌아갈 수 있게 되었다고 한다.[41] 3개월 밖에 집정하지 못한 것은 제에서 노가 공자의 힘으로 패자가 될 것을 두려워하여 이간책을 쓴 까닭이다. 제에서 보낸 미희들의 춤과 노래에 빠져 국사를 돌보지 않는 군주를 보고 그는 노를 떠나 천하를 주유하게 된다.

짧은 기간의 집정인지라 개혁의 내용이 간략하다 하겠지만 노보다 훨씬 더 강국이었던 제가 공자 집정하의 노가 패자가 될 것을 두려워한 까닭은 『사기』에 기재된 위의 몇 가지 사항만으로는 충분히

---

39) 『사기』권47孔子世家.
40) 후대의 여러 주석가와 논자들에 의하면 『사기』공자세가의 定公14년은 定公12년 또는 定公13년의 일이라고 한다. 定公14년에는 이미 공자가 魯를 떠났기 때문에 13년으로 보아야 할 것 같다. 그러나 13년에 三都를 공략한 사실이 있기 때문에 12년은 아닐 것이다.
41) 『사기』권47孔子世家.

설명하기에 부족할 것이다. 사마천은 관중의 방대한 개혁에 대해서 매우 간략한 언급밖에 하지 않고 있다.[42] 오히려 공자의 이 개혁 내용이 훨씬 더 많은 셈이다. 아마 관중의 개혁 내용은 당시 전하고 있던『管子』에 자세한 기록이 있었기 때문일 가능성이 크지만 그렇다 하더라도 너무 소략疏略에 치우쳤다는 것은 지적할 만하다.

그런데 상기 공자의 개혁 내지는 치적 사항은 관중의 그것과 거의 공통의 내용이다. 단지 소정묘少正卯 처형에 대해서는 고래古來로 그 사실성을 부정하는 견해도 있지만,[43] 부정할 만한 근거가 있는 것은 아니고, 「이러한 조치는 申·商·曹·馬의 陰賊殘忍한 術이다. ----, 君子란 不可하면 制止하는 정도였을 것이고, 少正卯가 진실로 사형에 처해져야 하였으면 본래 常刑이 있거늘 어찌 원수나 적이 서로 알력하는 것처럼 제일먼저 이 일을 擧事하려고 하였겠는가!」[44]라거나, 「少正卯를 사형시켰다는 말은 거의 荀況에서 시작되었다. ----. 荀況은 忍人이며, 오직 이로써 주창한 인물이다.」는[45] 등과 같이 후대 유가의 고정된 인식에서 공자의 그러한 행이 법가法家와 같은 류類라거나, 군자君子에 어울리지 않는다거나, 인인忍人인 순자荀子가

---

42)「其爲政也, 善因禍爲福, 轉敗而爲功. 貴輕重, 愼權衡.」『사기』권62管晏列傳.

43) 이 일에 대한 첫 기록은『荀子』宥坐와『尹文子』大道下이고, 이어『呂氏春秋』·『說苑』·『淮南子』氾論·『論衡』講瑞와 定賢 및『史記』등이 이를 채록하였다. 이 기사에 대해 金의 王若虛가『五經辨惑』에서 의혹을 제기한 이후 閻若璩(『四書釋地』), 崔述(『洙泗考信錄』, 陸瑞家(『誅少正卯辨』), 梁玉繩(『史記志疑』)등도 그 실재성을 부정하였다. 梁玉繩,『史記志疑』(中華書局, 1981), 卷三, pp.1123-4, 참조.

44) 王若虛의『五經辨惑』, 위의『史記志疑』, p. 1123.

45) 明 張時徹의『皇明文範』에 수록된 陸瑞家의『誅少正卯辨』下篇. 앞의『史記志疑』, pp. 1123-4.

창도唱導한 말이라 하고 있다. 즉 관중과 공자 등 춘추기 지성인들이 제자백가의 어느 일부분 만을 견지하는 분파주의 사상가나 정치가가 아니라 이들을 거의 모두 포용하고 시기와 여건에 따라 원용하고 견지하였음을 후대 유가가 인식하지 못한데서 나온 문헌비판이라고 생각한다. 분파된 전국시대부터 일파一派의 자설에 이념화와 교조화가 전개됨에 따라 정형화되고 치우친 공자상과 군자상이 이루어졌다. 이에 비추어 볼 때 공자가 소정묘少正卯를 집정하자마자 맨 먼저 처형시킨 것이 합당하지 아니하고 어울리지 않는 일로 인식되었던 것이다. 그러나 공자는 집정하기 전에도 삼환씨三桓氏의 도성에 대한 무력 공격을 이끈 일도 있었다는 사실을 고려해야 할 것이다. 사마천이 이 일을 기록한 것은 사실성을 인정하였기 때문일 것이다. 요컨대 소정묘 처형의 기사는 그 실재성이 명확히 부정될 만한 근거가 없는 한 쉽게 부정될 수는 없다고 생각한다. 그런데 이와 같은 엄벌주의는 관중에게서도 보인다.

「聖人이 厚賞을 시설한 것은 사치한 것이 아니며, 重禁을 세운 것은 사나운 것이 아니다. ----. 금벌이 가벼우면 邪人이 두려워하지 아니하고, -------. 民이란 威殺에 鎭服된 후에야 따른다. -------. 무릇 民이 탐욕의 행을 멋대로 행하고, 誅罰를 가볍게 여기며, 罪過가 발각되지 아니하면 음란이 키워지고, 곧 邪僻에 빠지게 된다. 愛人의 마음이 실은 민을 해치는 것이 된다. ---------. --- 군주의 治國의 道는 사악함을 진압하는 일보다 더 귀한 것이 없다. 사악함을 진압한 까닭에 君道가 서고, 君道가 선 후에야 下의 官民이 따른다. 下의 官民이 따르는 까닭에 敎가 세워지고 교화가 이

루어질 수 있다. 무릇 民心이 심복하지 아니하고 몸으로 따
르지 아니하면 예의에 의한 文敎가 이루어질 수 없는 것이
니 백성을 다스리는 군주는 살피지 않으면 안 된다.」

『관자』區言·正世

　　예의禮義와 덕德에 의해 백성을 교화하는 치도治道가 곧 유가의 문
교文敎이거니와 관중은 이 문교가 사악한 범법에 대한 엄벌 위령威令
의 시행에 의해 이루어질 수 있는 것이며, 애민愛民만에 의하면 그것
이 도리어 백성을 해칠 수 있는 것이라 하고 있다. 공자가 인의와 덕
에 의한 문교를 주창하면서도 삼환씨 공격이라든가 난국의 죄인 소
정묘를 처형한 것은 곧 관중의 그러한 뜻과 합치한다.
　　상인들이 값을 허위로 올리지 않게 되었다는 치적은 무언가 상품
교역이나 물품의 관소關所 통과와 검열, 상품세 또는 시세市稅의 징
수와 관련한 조치가 있었다는 것을 말해준다. 그런데 관중의 개혁
가운데 이와 관련한 개혁으로「關幾而不征, 市廛而不稅」(『管子』外
言·五輔, 同 內言에는「關幾而不征, 市正而不布」, 同 內言·霸形에
는「關譏而不征, 市書而不賦」)가 있다. 이 구절의 해석에는 다소 논
란이 있지만 앞의 구절은 대개 관소에서 상품의 검열만 하고 통관세
는 징수하지 않는다는 뜻으로 본다. 뒷 구절에 대해 장패륜張佩綸은
해석하길, "『周禮』에,「質人이 市의 書契를 살피는 것을 관장한다
(質人掌稽市之書契)」라 한 것이 '서書'를 말하고,「廛人은 布를 징수
하는 것을 관장한다」라 한 것이 '부賦'를 말한다. 이제 단지 질인質
人에게 서書하게만 하고, 전인廛人에게 부세賦稅하지 않도록 한 것이
다. 까닭에「書而不賦」라 하였다."고 하였다.[46] 요컨대 관關과 시市
에서 모두 상품교역에 대해 징세하지 않는다는 조치로 이해하고 있

다. 그러나 앞에 인용한 구합제후九合諸侯 가운데 제삼회第三會에서 시부는 백분의 2를 징수하며, 관부는 백분의 1을 징수토록 한다는 규정이 있기 때문에 전혀 징수하지 않은 것으로 보기는 어려울 것 같다. 또한 관중의 상공업책은 부국강병을 위한 재정확보책으로서의 성격도 지닌다. 『禮記』王制의 「市廛而不稅」에 대해 정현의 주注는 「廛은 市場의 邸舍이니 그 舍에 稅하고 그 물품에는 稅하지 않는 것」이라 하였다. 즉 상업세는 징수하되 상품세는 징수하지 않는다는 뜻으로 보았다. 정현鄭玄의 해석이 옳다고 본다. 요컨대 상인에 대한 기본세인 상업세만 징수하고 관세와 상품세를 징수하지 아니하고 물품에 대해서는 검열만 하니 상품 거래량에 따른 세증가의 부담이 덜어져 상업활동이 크게 번창하고 상인들은 구태여 값을 조작할 필요가 없게 된다. 제의 수도 임치臨淄의 인파로 넘쳐나는 시가지 표현은 그러한 조치의 결과일 것이다. 노에서 타지인들이 관서의 규제 없이 자유롭게 노의 성읍을 드나들며 필요한 물품을 가져갈 수 있게 되었다고 한 것도 자유로운 상품교역의 장場을 제공하기 위한 조치에 의한 것이라 하겠다. 『관자』경중편에서는 상품교역의 활성화를 위한 소위 경중이론輕重理論을 매우 소상하게 펼치고 있다. 상품은 어느 한 곳에 정체(重)되어 있으면 상품의 값어치도 떨어지고 이를 필요로 하는 민民의 입장에서도 싸게 구할 수 없게 된다. 그래서 상품은 널리 고루 활발하게 공급되어야 한다. 즉 경輕의 상태이다. 그러나 지나친 경의 상태는 자칫 상품값을 불안정하게 한다. 경중을 잘 조화시키는 것이 위정자의 재무능력이다. 민民의 생활안정도 여기에서 이루어진다. 이러한 조치하에서 길에 떨어진 물건을 줍는 이가 없었

---

46)『管子全譯』(貴州人民出版社, 1996. 6), p,342의 註.

다는 치적도 이루어진 것이 아닐까. 아울러 상인이 가격을 멋대로 조작함이 없었다는 것은 곧 이러한 조치가 공자에 의해 노에서도 이루어진 것이 아닐까.

　남녀가 따로 떨어져 길을 걷도록 한 공자의 조치는

> 「음탕하고 逸樂함을 금지하고, 남녀를 구별하면 私通 음
> 란함이 격절된다.」
> 『管子』短語·君臣下

> 「門戶를 閉하지 아니하고, 外內가 교통하게 되면 남녀의
> 別이 바르지 않게 된다.」
> 『管子』外言·八觀

라 한 관중의 조치와 상통한다. 관중은 삼국오비제參國五鄙制 등 자신이 추진하는 내정개혁의 사안들이 모두 성왕聖王(先王)이 예전에 시행토록 한 것이었다고 한다.

> 「관자가 대답하여 말하였다. "옛날에 聖王이 백성을 다
> 스림에 그 國鄕 지역을 셋으로 나누고 鄙 지역은 다섯으로
> 나누었고, 백성의 거주지를 (직업별 신분별로) 정하였으며,
> 백성의 職事를 조성하여 백성을 다스리는 기강으로 삼았
> 다.」[47]
> 『관자』內言·小匡

　물론 이는 춘추전국기 여러 개혁가들이 자신들의 개혁안을 말할 때 거의 공통으로 내세우는 말이다. 사실 고법古法이라 하는 『주례』에 관중이 시행한 누층적 향촌조직 등이 자세히 기술되어 있다. 또

---

47) "昔者聖王之治其民也, 參其國而伍其鄙, 定民之居, 成民之事, 以爲民紀."

옥사獄事의 판결과 관련한 그의 제도개혁도 상당부분『주례』에 있는 내용들이다. 그래서 그가 자신의 개혁안이 선왕先王의 고법古法에 의한 것이라 한 것이 사실에 가깝다. 공자는 주지하다시피 누구 못지 않게 선왕의 예법을 중시하였다. 그렇다면 관중 또한 상고尚古주의자인가. 그러나 그는

> 「무릇 국가를 통치하는데는 古道를 돈독히 함에 있지 아니하며, 當世를 治理하는데는 舊制를 정통함에 있지 아니하고, 패업과 왕업은 이미 제정되어 있는 법에 얽매이는데 있지 않다.」[48]
>
> 『관자』內言 · 霸言

라 하였으니 고법古法에만 묶여 있는 인물은 아니었다. 고법古法과 그 이념 정신을 따르되 현실의 여건에 따라 고법의 틀에 메이지 아니하였다.

공자도 이러한 면에서 상통한다. 정鄭의 자산子産의 뒤를 이어 대숙大叔이 집정하였는데 그는 불의에 참지 못하는 용맹함과 아울러 관대함을 지닌 인물이었다. 정국鄭國에 도적의 무리가 초부蕉符의 소택에 가득함에 도병徒兵을 동원하여 모두 죽였다. 이에 대해 공자는 말하였다.

> 「훌륭하도다! 정치가 관대하면 民은 태만해지고, (民이) 태만해지면 이를 맹렬하게 책벌해야 한다. 맹렬하게 다스리면 民이 심하게 傷害를 받게 되고, 심하게 상해를 받게

---

48) "夫搏國不在敦古, 理世不在善攻(故의 誤), 霸王不在成曲(典의 誤)."

되면 관대하게 다스린다. 관대하되 엄중함으로 조절하고, 엄중하되 관대함으로 조절하는 것이니, 정치는 이렇게 하여 조화를 이룬다.」49)

고 하였다. 양인은 애민과 자애를 말하고 있으나 사회정의를 위해서는 칼날 같은 시정의 행사를 추진하였다. 무력을 통한 삼환씨 공략이나 소정묘의 처형은 이러한 이념에서 나온 것이라 하겠다. 한편 공자는 대사구에 재직하면서 옥사의 판결에 다음과 같이 임하였다.

「孔子가 魯의 大司寇가 되었다. 옥송을 판결할 때는 반드시 衆人에게 판단(의견)을 구하였다. 많은 사람이 모여서 있게 되면 공자가 나아가 말하기를, "당신은 어떻게 해야 한다고 생각합니까?"하면, 그 사람이 어떻게 해야 한다고 답하였다. 또 (공자가 다른 사람에게) 말하기를, "당신은 어떻게 생각합니까?"하면 그 사람이 어떻게 해야 한다고 답하였다. 이렇게 두루 여러 사람에게 물어본 후에 공자는 또, "혹시 또 청취해야 할 다른 분의 의견이 있습니까?"하고 물었다. 공자의 지혜를 생각해 볼 때 어찌 꼭 某人의 의견을 청취하고 나서야 옥송의 판결근거를 알 수 있었겠는가. 이것은 공자의 공경함과 겸양함이었다. 文辭에 대해서는 무릇 능히 別人과 공동으로 의론하여 논정할 수 있는 것

---

49) 『좌전』昭公20년조에 "大叔爲政, 不忍猛而寬. 鄭國多盜, 取人于蕉符之澤. 大叔悔之曰, --------. 興徒兵以攻蕉符之盜, 盡殺之. 盜少之. 仲尼曰, "善哉! 政寬則民慢, 慢則糾之以猛. 猛則民殘, 殘則施之以寬. 寬以濟猛, 猛以濟寬, 政是以和."

이었기에 공자는 그러한 권력을 혼자 독점하지 않은 것이
다.」50)

오늘날 판관들이 다함께 귀감으로 삼아야 할 신형愼刑과 공경 겸
양의 정신이 잘 드러나 있다. 판결의 최고위직에 있으면서도 그 권
력을 독점하여 자신의 생각대로만 결정하지 아니하고, 공경과 겸양
의 자세로 여러 시민들에게 참여의 기회를 준다는 것이니 그야말로
이상적인 민주의 재판형태라 아니할 수 없다.

요컨대 공자가 관중을 칭송한 일은 양인의 언행과 정치 행적에 비
추어 볼 때 충분히 이해할 수 있는 것이라 하겠고, 특히 공자의 시정
에는 관중의 영향이 있었을 것으로 생각된다. 관중의 나라 제에서
공자가 집정하는 노가 곧 패자가 될 것으로 두려워한 것은 양인의
시정에 그만한 공통점이 있었기 때문이 아닐까. 유가의 사상에는 명
분名分과 실이 두 축을 이루고 있거니와 후대에는 명분에 갈수록 치
우치는 양상을 보이고 있다. 명분이 이름값이고 이념이며 체면이라
면, 실은 실리이고, 경세經世이다. 이 양자를 시기적절하게 운용하며
조화를 이루어야 하는 것이거니와 관중과 공자에게서는 명분과 실이
조화를 이루며 운용되고 있다.51)

맹자나 후대의 유가가 관중을 일률로 무력을 앞세운 패도의 인물
로 정형화시킨 것은 자신들이 주장하는 왕도에 대비시키기 위함이
다. 여기에서 왕도의 교조화 현상이 보인다. 관중의 패도覇道 정신이
흐려지고, 이미 정상正常의 패도가 아닌 약육강식의 침탈과 멸국이

---

50) 『說苑』권14至公.
51) 『管子』雜篇·九守제55에 "名과 實이 합당하면 훌륭하게 治될 수 있고,
합당하지 못하면 亂하게 된다(名實當則治, 不當則亂.)."

자행되는 상황에서 무력을 앞세우는 것은 모두 패도로 인식하여 무력을 도외시 한 왕도를 고집한 것이라고 본다.

Ⅳ. 인의예락과 법

인의예락仁義禮樂과 법法은 각기 유가와 법가가 주창하는 최고의 가치이다. 전한 소제昭帝 때의 염철논의에서 문학과 현량은 인의예락을 표방하고, 재정담당자인 어사대부 측은 법을 표방하며 대론하고 있다. 그러나 춘추기의 대표적 지성인 관중과 공자에게서는 앞에서도 언급하였지만 상당히 다른 면모를 보인다. 단지 다음 기사는 이와 관련하여 오해를 일으킬 수 있는 소지가 있어 약간 보충 설명하고자 한다.

『管子管子』區言·任法에 다음과 같이 설한다.

「소위 인의예락이란 모두 法에서 나온다. 이것이 先聖께서 民을 一和 할 수 있게 한 것이다. 『周書』에 "국법이 허물어져 하나로 되지 못하면 나라가 상서롭지 못하고, 民이 법에 따르지 않으면 (나라가) 상서롭지 못하게 된다. 나라에서 다시 법을 세워 民의 典範으로 삼으면 상서롭게 된다. 여러 신하들이 예의와 교훈을 지키지 않으면 상서롭지 못하고, 백관복무자가 法을 벗어나 다스린다면 상서롭지 못하다."고 하였다. 까닭에 말한다. 법이란 不可不 항상 있지 않으면 안되는 것이며, 존망과 治亂이 나오는 곳이며, 성군

이 천하의 大儀表로 삼는 까닭이다. 군신 상하가 모두 이에
의거하여 행하는 까닭에 법이라고 말한다.」52)

  법의 중요성을 설파한 것으로 인의예락도 법에서 나오는 것이라
하였다. 인의예락은 공자를 비롯한 유가가 특히 중시하는 가치이다.
그러나 인의예락은 공자 이전에 이미 여러 인물들이 자주 최상의 가
치로서 동감하고 있고 인물의 평가나 시정施政의 방향 등을 말할 때
그 준거로서 들고 있다. 인의예락의 뜻이 공자에 의해 상당부분 심
화되고 새로워진 부분도 없지는 않다 하겠으나, 공자 이전의 인의예
락 설명과 공자의 그것이 별로 다른 면이 없다.『관자』에 기술된 내
용 또한 그러하다. 단지 이 인용문에서 인의예락이 법에서 나온다
하였으니 법이 더 근본이고 지상至上의 것이라는 뜻을 담고 있다. 그
래서 법가의 논지에 가까운 것으로 보기 쉽다. 그런데 법가는 사실
별로 뚜렷한 독자의 사상체계나 이념을 지니고 있지 않은 학파이다.
호적胡適은 일찍이 법가에 대해 평하길, 공자의 정명론正名論이나 노
자의 천도론天道論, 묵가墨家의 법 이념 등이 모두 중국 법리학法理學
의 기본관념인 까닭에 중국고대에는 단지 법리학만 있었고, 법치의
학설만이 있었을 뿐 소위 '법가法家'라고 하는 것은 없었다고 하였
다. 그리고 중국법리학은 前3세기에 가장 발달하였고, 허다한 사람
들이 관중이나 상앙商鞅·신불해申不害와 같은 유명한 정치가에 부회

---

52) "所謂仁義禮樂者, 皆出于法, 此先聖之所以一民者也.『周書』曰, "國法法
(廢의 誤字)不一, 則有國者不祥. 民不道法, 則不祥. 國更立法以典民, 則
祥. 群臣不用禮儀教訓, 則不祥. 百官服事者離法而治, 則不祥." 故曰, 法者
不可(不可不)恒也, 存亡治亂之所從出, 聖君所以爲天下大儀也. 君臣上下
貴賤皆發焉, 故曰法."(『관자』區言))

附會하여 법치를 설하는 서書를 많이 만들어 내었는데 후인이 이를 알아보지 못하고 법치를 설한 서를 '법가'로 칭하게 된 것으로 이는 실은 잘못된 일이라고 하였다.[53] 사실 전국시대에도 특정집단으로서 '법가'의 단합된 활동성은 매우 미약하다. 그래서 전국시대 이후에는 하나의 독자적인 학단으로 계승되지 못하고 그들이 폈던 시책이나 주장은 통치상 위정자들이 공유하여 이용하는 것일 뿐, 법가로서 자처하고 활동하는 모습은 보이지 않는다. 사마천은 제자백가를 개별로 설명하면서 법가에 대해서는 다음과 같이 설명하고 있다.

「법가는 엄혹하고 은정을 베품이 적다. 그러나 군신상하의 分을 바르게 한 것은 변경할 수 없는 것이다.」

『사기』권130太史公自序

「법가는 親疎를 구별하지 아니하고, 귀천을 구별하지 아니하며, 오직 一律로 법에 의해서만 단행하니 親親尊尊의 恩이 단절된다. 一時의 計로서 행할 수는 있으나 오랫동안 쓸 수는 없다. 까닭에 말하길, "엄혹하되 은정이 적다."고 한 것이다. 군주를 높이고 신하를 낮추며, 職事를 명확히 분별하여 서로 넘어서는 일이 없도록 한 점은 비록 백가라 하여도 고칠 수 없는 것이다.」

『사기』권130太史公自序

이 법가 비평에 의하면 법가는 결국 일률로 시정을 엄혹하게 법에 의해서만 단행한다는 점에서 특별하다. 군주를 높이고 신하를 낮춘

---

53) 胡適, 『中國古代哲學史』(安徽敎育出版社, 1999), p.359 /初本 ; 『中國古代哲學史大綱』, 上海商務印書館, 1919).

다든가 직사職事를 명확히 구분하는 것은 사실 제가에서 공통으로 보이는 내용이다. 단지 이 부분에 크게 중점을 둔 탓에 사마천이 이를 들었을 것이다. 그런데 법의 집행에 친소親疎나 귀천貴賤에 의해 영향 받는다는 것은 잘못이고, 법의 적용에 친소와 귀천에 영향 받아서는 안 된다고 하는 것은 법가만이 아니라 제가 모두 공유하는 사항이다. 그래서 사마천의 비평은 그러한 뜻이 아니라고 보아야 한다. 즉 전국진戰國秦의 법에서 시오什伍의 상고제相告制와 연좌제連坐制 같은 제도의 시행을 말한 것이라고 본다. 상앙의 법에서 가장 혹독한 것이 곧 이 제도들이다. 이러한 체제에서는 친친존존親親尊尊의 정리情理가 크게 제어 받는다.

치인으로서 관중과 공자 또한 법을 중시하고 엄정히 적용해야 한다는 점에서 예외일 수 없다. 양자 모두 친소와 귀천의 구별을 강조하고 있고, 친친존존의 질서와 미덕을 제창하고 있다. 그래서 법가의 예와는 다르다. 인의예락이 법으로부터 나온다고 말한 것과 법가의 엄혹한 법치와는 다르다. 전자는 법에 의해 인의예락이 이루어진다는 말이니 인의예락을 중시하며 받들고 있으나 후자에게 인의예락은 실제 형세에 효용성이 적은 치도 일 뿐이다. 여러 전적에서 말하는 인의예락은 치도로서의 인의예락이다. 치인이 먼저 인의예락으로서 군자나 성인이 되고, 그 지성과 덕성으로 인의예락에 의하여 백성을 감화시켜야 한다는 것이 유가의 치도이념이다. 「식량이 足해야 예절을 안다」는 말과 같이 인의예락이 법으로부터 나온다는 것은 곧 법이 잘 갖추어지고 시행되어야 인의예락이 이루어질 수 있다는 말이다. 그래서 법의 사용도 결국 인의예락을 얻기 위함이다. 그러나 법가가 법을 사용함은 전제왕권과 부국강병을 이루는 것이지 인의예락을 얻기 위함은 아니다. 단지 중국고대의 지성인과 치인에게 인의예

지는 당연한 가치였다. 『商君書』斬令에

> 「성군이 治人함은 반드시 그 (민의) 마음을 얻는 까닭에
> 능히 힘을 쓸 수 있고, 힘은 강함을 생하고, 강함은 위엄을
> 생하고, 위엄은 덕을 생하니 덕은 힘에서 생기는 것이고,
> 성군 만이 이렇게 할 수 있다. 까닭에 능히 천하에 仁義를
> 述할 수 있다.」[54]

라 한 것도 상앙 또한 위의 관중의 말과 같이 인의를 소중한 가치로
여김이 있다 할 것이지만 『상군서』說民에 「예락은 淫佚의 징후이며,
慈仁은 過誤의 母이다.」라거나, 「현명한 자는 예법을 현실에 맞게
고치지만 不肖한 자는 古의 예법에 고집하여 구속된다」,[55] 「義로써
가르치면 민이 放縱하며, 민이 방종하면 혼란하게 된다.」 하고,[56] 『
한비자』解老에 「까닭에 (老子가)이르길, "무릇 禮란 忠信의 뜻이 경
박하다는 표현이니 亂의 기원이 된다."고 하였다.」고 [57] 한 것을 보
면 전국기 법가에게 인의예지는 어디까지나 당금의 현실에서는 거의
배척되어야 할 것이었다. 즉 그들에게도 인의예지는 당연한 가치이
긴 하나 이에 의거한 치인은 과오의 근원이 되는 것으로 주장하였다.
현재[今]를 중시하는 법가에 대해 일찍이 앙리 마스페로는 「법가에
게는 현재의 상황이 고대와 달라서 경전의 가르침이 더 이상 적용될
수 없기 때문에 경전이란 아무 소용도 없는 것이었다.」고 까지 해석

---

54) "聖君之治人也, 必得其心. 故能用力, 力生疆, 疆生威, 威生德, 德生於力,
聖君獨有之. 故能述仁義於天下."
55) 『商君書』更法第一에 "賢者更禮, 而不肖者拘焉."
56) 『商君書』開塞第七에 "以義敎則民縱, 民縱則亂."
57) "夫禮者, 忠信之薄也, 而亂之首乎!".

하였다.58)

한편 『관자』短語·君臣下에 「이 禮란 正民之道이다.」고 하였다. 즉 유가와 같은 예치를 말하고 있다. 예치禮治와 법치法治의 날카로운 구분과 대조는 공자시대까지는 거의 보이지 않는다. 법률 제도 등 인문 전장 제도의 모든 것이 넓은 의미의 예禮에 속한다. 그것은 단순히 제도나 법률이 아니라 천문天文의 질서에 상응 조화하는 차원에서 성인이 제정한 것인 까닭이다. 『주례』의 내용은 거의 모두 주周의 행정제도에 대한 것이지만 이를 예라 한 것은 그 제도가 천문의 질서에 상응하여 만든 것인 까닭이다. 예란 상호 만나는데서 구현되는 것이며, 사회신분질서가 유지되는 바탕이다. 예는 서로를 높이는 것이고, 서로 조화롭게 어울리는 것이다. 예로서 인간의 값이 높아진다. 상대를 함부로 하지 않는 것이 예이다. 또한 예는 국가와 사회가 신분에 따라 지켜야 할 것으로 요구하는 것인 까닭에 구속력을 갖는 것으로 그대로 법률로서 기능한다. 그래서 예법이라고도 한다. 이러한 예의 의미와 성격은 공자 이전부터 내려온 것이었다. 그런데 전국시대의 법가는 이 예에서 법法을 분화시켜 별개의 것으로 하고, 또한 대립시켰다. 전국기의 맹자를 비롯한 유가도 마찬가지였다. 물론 예와 법의 분화는 춘추 이전에 이미 이루어졌지만 그 법은 법도나 도에 가까운 것으로 인식하고 있어서59) 구태여 예와 대립시

---

58) 앙리 마스페로, 신하경·김태완 역, 『도교』, 까치, 1999. p.68.
59) 『관자』에는 여러 곳에서 法과 道가 倂記되고 있다. 또한 전513년에 晉의 趙鞅과 荀寅이 刑鼎을 주조하고, 范宣子가 제정한 刑書를 각인하여 넣었다. 이에 대해 孔子는 다음과 같이 비판하였다.

"仲尼가 말하였다. '晉이 멸망하게 될 일이로다. 그 국가의 법도를 잃어버렸으니! 무릇 晉國은 唐叔이 (周왕실로부터) 받아 온 법도를 지켜오며 이를 그 백성이 본받는 규범으로 하였고, 경대부는 자신의 位階에 따라

키지는 않았다.

유가와 대비되는 법가의 독자성을 상앙변법商鞅變法에 등장하는 여러 제도에서 찾기 쉬우나 실은 상앙변법이나 진률秦律의 내용은 거의 모두 법가만의 것이 아니고, 유가도 공유하거나 할 수 있는 것이었다. 물론 같은 류의 법령이라 하더라도 강온强穩의 차이는 있고, 이것이 유법이가儒法二家의 구분이 될 수는 있다. 그러나 이것으로 이가의 독자성을 나타내기는 부족하다. 전국시대부터 전한 소제기昭帝期의 염철논의鹽鐵論議에 이르기까지 유儒·법法의 대립과 논쟁이 이어져 양가의 구분과 대립점이 뚜렷해진 면이 있으나 춘추시대 관중이나 공자의 입장에서 보면 양측이 말하는 내용이 실은 모두 다른 학파로 갈리어진 것이 아니라 다양하게 갖추어진 반찬과 같아 필요에 따라 이 것 저 것 원용하는 것인데 그 가운데 한 면만 치우치게 붙잡고 있는 형상으로 보이지 않을까. 맹자가 관중을 보는 입장이 공자와 크게 다르다는 것은 곧 이미 이때의 유가가 일면에 치우친 상태였음을 말해주는 것으로 생각한다.

─────────────

이를 준수하여 왔다. 백성은 이를 바탕으로 귀한 신분들을 능히 존숭할 수 있었고, 귀한 신분은 이로써 능히 그 직책을 지킬 수 있었다. 귀천이 어긋나지 않는 것이 소위 법도이다. (晉)文公은 이에 의거하여 執秩(爵秩을 맡는 官)의 官을 설립하였으며, 被廬에서 법을 제정하여 맹주가 되었다. 지금 이 法度를 버리고 刑鼎을 만들게 되면 백성의 마음이 刑鼎에 있게 될 것이니, 어떻게 귀한 신분을 존숭할 수 있을 것이며, 귀한 신분은 어떻게 그 직책을 지켜나갈 수 있을 것인가! 貴賤에 질서가 없게 되면 어떻게 나라를 이룰 수 있겠는가. 또한 무릇 范宣子가 만든 刑法은 夷地를 검열하면서 제정한 것으로 晉으로서는 亂制인데 이것으로 법도를 삼는다면 어떻게 이것이 법이 될 수 있겠는가!'"(『좌전』昭公29년조)

여기에서 자주 등장하는 法度가 바로 본래의 法이다.

제 2 장
중국고대의 유생儒生과 언관言官

서 언

중국의 정치문화에서 뚜렷한 특징으로 부각되는 사항 가운데 하나가 군주에 대한 간언諫言의 중시이다. 죽음을 무릅쓴 충간忠諫의 사례들이 古史의 상당부분을 장식하고 있다. 이를테면 춘추시기 초 장왕이 높은 누각을 세우면서 천리 밖에서 돌을 운반하고 백리 밖에서 흙을 운반하는 등 백성의 고초가 너무 크자 대신들이 이를 간諫하다 처형된 자가 72인에 이르렀다.[1] 진시황 때 노독嫪毒의 반란을 진압하고, 관련자를 처형한 후, 로독과 음사淫事를 행한 모태후母太后를 옹雍의 부양궁에 옮기게 하면서 누구든 이를 간언諫言하는 자 있으면 처형하겠다고 공포하였는데도 27인이 태후의 환궁을 간언하다 사형에 처해졌다.[2] 또 여러 사서와 고전의 곳곳에서 하夏의 걸왕桀王이나 은殷의 주왕紂王, 진시황의 몰락이 충간을 무시한 때문이라 하고 있다. 그리고 훌륭한 군주가 갖추어야 할 덕목 가운데 하나가 충

---

1) 『說苑』卷9正諫.
2) 『說苑』권9正諫, 『사기』권6 秦始皇本紀9년조 및 同권85 呂不韋傳.

간을 받아들이는 것이었다.

또한 관리가 아닌 일반 서민 중에서도 간언에 나서고 있는 사례가 있는 것을 보면 하나의 국가에서 군주를 제외하고 관리를 포함한 모든 백성들은 군주를 상대로 직접 간언하는 것이 의무이며 권리라고 인식한 듯하다. 후대에까지 끊임없이 이어지는 상소의 현상은 바로 그러한 전통에서 나온 것이라 하겠다.

한편 고대 관제에는 전문적으로 간언을 주 임무로 하는 관서가 일찍이 설치되어 운용되고 있었다. 이를테면 『주례』소사도小司徒에 보이는 보씨保氏와 사간司諫이라든가 진한의 관제에서 보이는 諫議大夫·議郞·諫大夫·給事中·博士 등이 그 대표적 예이다. 간언을 주임무로 하는 관서를 '언관言官'으로 지칭하고 있는 것은 후대의 일이지만,3) 그 직책과 기능으로 보아 전·후대의 이들 관서를 똑같이 언관으로 불러도 무방할 것이다.

그런데 유가가 정치를 주도한 후에는 불굴의 간언정신을 강조하고 실제로 행동하고 있는 측은 대체로 유가儒家이지만, 그 이전에는 꼭 유가에 한정된 것이 아니었던 듯하다. 공자 이전에도 이미 간언정신을 강조하고 실행에 옮기고 있는 사례가 도처에 보인다. 사실 공자의 가르침 대부분은 선왕의 치도로서 예전부터 전해오던 것이었기 때문에 공자 이후의 유가사상(정신)이라 하더라도 그 연원은 대부분 공자 이전에서 찾아야 한다. 또한 공자 이후 한초 이전에 있어서도 간언중시와 실행은 유가만의 전유물이 아니었다. 실제로 유가라고 볼 수 없는 인물로서 간언정신을 강조하고 실행한 인물 또한 많기 때문이다. 그런데 한초에서부터 이 방면의 정치문화의 주도는

---

3) 『宋史』318王拱辰傳에 "言事官第自擧職,----", 『明史』245李應昇傳에 "(魏)廣微父允貞爲言官, -----."

대부분 유생에 의해서 이루어지고 있다. 한무제기漢武帝期로부터의
유생들의 진출 배경은 언관역할의 적임자로서 인정받은데 따른 것이
었다. 이에 따라 간언 이념의 강조와 실행은 유가 내지는 유생임을
나타내는 것이 된 듯한 양상을 보이게 된다.

고법古法의 치도治道에 바탕한 간언정신이 유가사상에 어떻게 관
련되는가. 간언과 대문待問 의논을 담당하는 언관의 유래는 어떠하
며, 유儒와 어떻게 관련되는가. 진한의 언관제도는 어떻게 구성되어
있는가. 그리고 언관에 유생이 임용되는 형태는 어떠한가. 한편 언관
에 임용되지 못하고 하급 실무직[掾史]에 자리한 이들은 유생으로서
어떠한 면모를 보이고 있는가. 본고는 이상의 논점을 중심으로 살펴
보고자 한다.

부분적으로 본고의 분야에 관련된 연구는 상당수 있으나 유생과
간언이념 및 언관을 함께 관련시켜 전론專論한 글을 찾아보기 어렵
다.

I. 유가사상과 간언의 이념

유가사상과 간언의 이념은 어떻게 관련되는 것인가.

유가儒家는 실로 여러 측면을 지니고 있어 한 두 가지 사항으로 정
의하기 어렵다. 『墨子』非儒(『史記』권47孔子世家에도 거의 같은 글
이 전함)에는 유가의 여러 측면에 대한 신랄한 비판이 기술되어 있
는데, 그 가운데 다음 기사는 상당히 풍부한 공자 내지는 유가의 내
역을 말해주고 있다.

「孔某(孔子)가 齊에 가서 景公을 만났다. 경공이 기뻐하며 尼溪(地名)에 封하고자 하여 晏子에게 말하였다. 晏子가 말하였다. "불가합니다. 무릇 儒者는 오만하며 자신의 견해에만 따르니 이로써 백성을 가르칠 수 없으며, 樂을 좋아하여 人事에 태만하니 이들에게 백성을 직접 다스리게 할 수 없고, 명을 받고 일의 수행을 게을리 하니 직책을 맡게 할 수 없습니다. 喪禮를 厚하게 하며 애통해함을 그치지 않으니 백성을 자애롭게 대하도록 할 수 없으며, 특별히 정한 복장을 하도록 하고 근엄한 얼굴표정을 강압하니 백성을 이끌도록 할 수 없습니다. 孔某(孔子)는 성대한 儀容을 修飾하여 세상을 기만하고, 弦歌鼓舞하며 무리를 모으며, 번거롭게 (堂에) 오르고 (계단에) 내려가는 (進退의) 동작으로 예의를 나타내며, 빠른 걸음과 돌아서는 예절 동작에 힘쓰는 것으로 대중에게 보입니다. 박학하나 세상의 일을 의론하게 할 수 없으며, 勞思하나 백성에게 도움을 주지 못하며, 老年에 이르도록 배워도 그 學을 다 배울 수 없고, (禮가 번잡하여) 壯年이 되어도 그 禮를 능히 제대로 행하지 못하며, 재물이 쌓여 있어도 그들이 말하는 樂을 충분히 행할 수 없습니다. 邪術을 번잡하게 修飾하여 지금의 군주를 미혹하게 하며, 聲樂을 성대히 하여 백성을 惑亂하게 합니다. ------」

안자晏子(안영晏嬰)의 비판에는 아무래도 과장이 있다고 보아야 하겠으나 여기에 묘사된 공자나 유가의 행태는 사실에 가까운 것으로 보아도 될 것이다. 이 내용을 요약하면 당시의 유가는 대체로 다음과 같은 행태를 보이고 있다.

① 자신들의 立志를 굽히지 않는다. 즉 고집이 세다.
② 人事나 職事에 태만할 정도로 樂을 좋아한다.
③ 상례를 너무 厚하게 하며 애통해 함이 지나치다.
④ 근엄한 복장과 표정 및 특별한 정장차림을 강요한다.
⑤ 弦歌鼓舞하며 무리를 모은다.
⑥ 번거로운 예의 동작을 힘써 행한다.
⑦ 박학다식하다.
⑧ 지켜야 할 禮가 너무 번중하다.
⑨ 행해야 할 樂을 다 하자면 재화가 크게 소요되고, 너무 盛大하다.

한편 묵자는 유자儒者의 주장 몇 가지를 들고 그에 대해 각각 논리적 비판을 하고 있는데 유가의 대표적 이념이자 주장이라 할 수 있는 것이어서 여기에 인용한다.

⑩ 군자는 반드시 古言에 服한 연후에야 仁을 수양할 수 있다.[4]
⑪ 군자는 古言(先賢의 설)에 따르되 作하지 않는다.[5]
⑫ 군자는 전투에서 이겨도 도망가는 자를 추격하지 않으며, 함정을 파거나 화살을 쏘지 아니하고, 도망치는 戰車의 바퀴에 기름을 칠해주어 잘 굴러가도록 도와준다.[6]

---

4) 『묵자』非儒에 "儒者曰, '君子必服古言然後仁.'" '服古言'을 '古言服'의 오기로 보아 "반드시 古言을 설하고, 古服을 입어야--"로 해석하는 경우도 있다(王煥鑣, 『墨子校釋』, 浙江文藝出版社, 1984, pp.314-5).
5) 『묵자』非儒에 "又曰, '君子循而不作.'"
6) 『묵자』非儒에 "又曰, '君子勝不逐奔, 揜函弗射, 施則助之胥車.'"

⑩ - ⑪은 금슥 보다는 고古를 이상으로 하는 유가의 이념으로 후대에 뚜렷이 이어지는 측면이다. 단지 ⑫는 과장이 들어 있는 듯한 내용이나 군자가 인仁을 이루기 위해 지녀야 할 수양의 정신 내지는 자세를 말한 것이고, 『서경』『예기』등 유가 경전에 인애仁愛와 애민哀愍의 정신이 강조되고 있는 것을 보면 실제로 이러한 설을 한 바가 있었다고 보여진다.

⑬ 또 儒者는 詩·書·禮·樂·易·春秋의 六藝를 항상 傳習하고 중요시 하였다.

「저 詩書禮樂에 대해서는 鄒魯之士·縉紳先生이 능히 크게 밝았다」[7]
『장자』권33天下

「무릇 儒者는 六藝로써 法(근본)을 삼는다. 육예의 經傳은 천만수의 글자에 이르러, 累世에 걸쳐 그 學을 배워도 능히 통할 수 없으며 當年에 그 禮를 명백히 궁구 할 수 없다.」
『史記』권130太史公自序

「古의 儒者는 六藝의 文에 박학하였다. 육예란, 王敎의 典籍이며, 先聖이 이로써 天道를 밝히고 인륜을 올바로 하는 바가 되며, 至治에 이르게 하는 成法이다.『한서』권88儒林傳

⑭ 묵자의 비판에 의하면 儒者의 諫言 자세는 적극적인 것이 아니었다.

---

7) "其在於詩書禮樂者, 鄒魯之士縉紳先生, 多能明之."

「(儒者는) 또 말한다. "君子는 종과 같아 이를 치면 소리
가 울리고, 치지 않으면 울리지 않는다. (묵자는) 이에 대응
하여 말한다. "무릇 仁人은 군주를 충성을 다하여 받들고,
양친에 대해서는 효를 다하여 모셔야 하며, (군주가) 善에
힘쓰면 칭송하고, 잘못이 있으면 諫해야 한다. 이것이 人臣
의 도리이다. 지금 종을 치면 소리가 울리고, 치지 않으면
울리지 않는다 하였는데, 자신의 智謀를 감추고 힘써 함을
게을리 하여, 평안히 냉담하는 자세로 군주의 질문을 기다
리다가 나중에 대답하니, 비록 君親의 (大害나) 大利의 일이
있어도 묻지 않으면 말하지 않는다.-----"」[8]   『묵자』非儒

묵자의 비판이 유자의 전체모습은 아니고 예외도 있을 것이나 대
체로 유자는 간언에 다소 소극적인 태도를 보이는 면도 있었던 것으
로 보인다. 또한 간언의 정신은 유가만의 것이 아니라 모든 학파에
공통하는 정신이었음을 알 수 있다.

그런데 유자의 소극적 간언자세는 간언을 꺼리는 자세가 아니라
지혜롭게 간언한다는 뜻으로 이해된다. 다음 기사는 그 점을 말해주
고 있다.

「까닭에 諫言에는 다섯 가지가 있다. 一은 正諫, 二는 降
諫, 三은 忠諫, 四는 당간(戇諫, 외고집하는 간언), 五는 諷
諫이다. 孔子는 말하였다. "나는 (다섯 가지 諫 가운데) 저

---

8) "又曰, '君子若鐘, 擊之則鳴, 弗擊不鳴.' 應之曰, '夫仁人事上竭忠, 事親得
   孝, 務善則美, 有過則諫. 此爲人臣之道也. 今擊之則鳴, 弗擊不鳴, 隱知豫
   力, 恬漠待問而後對, 雖有君親之大利, 弗問不言.'"

諷諫에 따르겠다." 무릇 諫하지 않으면 군주가 위태롭고, 고집을 세워 강하게 諫하면 자신의 몸이 위태롭다. 군주가 위태롭게 되는 것 보다는 자신이 위태롭게 되는 것이 차라리 낳지만, 자신의 몸이 위태롭게 되고도 끝내 諫言이 쓰여지지 않는다면 諫言 또한 아무 쓸모 없게 된다. 지혜로운 이는 군주의 그때그때의 심정을 헤아려 그 緩急을 잘 조절해서 마땅한 처신을 하여, 위로는 감히 군주를 위태롭게 하지 아니하고, 아래로는 자신을 위태롭게 하지 않도록 해야 한다.」9)   『說苑』권9正諫

위의 글에서 공자가 한 말 아래의 글은 유향劉向이 공자가 택하겠다고 한 풍간諷諫의 뜻을 해설한 것이다. 간언의 용납 가능성을 잘 따져보고 군주의 사정에 따라 완급을 조절하며, 군주와 자신을 위태롭게 할 수도 있는 고간固諫(당간戇諫)을 피해야 한다는 것으로 소극적인 자세라 하겠으나 간언을 소홀히 해야 한다거나 그 중요성을 부정하는 뜻은 아니다.

⑮ 또 儒는 六藝 六儀 등의 문물제도와 예법에 대한 넓은 지식을 갖춘 자로서 國子에게 道德을 훈도하고 諫言에도 임하는 職官의 명칭이었다. 『周禮』天官大宰에 邦國의 백성을 이롭게 다스리는 아홉 가지 방책 가운데 네 번째로 「儒以道得民」이라 하였다. 賈疏는 이를

---

9) "是故諫有五. 一曰正諫, 二曰降諫, 三曰忠諫, 四曰戇諫, 五曰諷諫. 孔子曰, '吾其從諷諫矣乎.' 夫不諫則危君, 固諫則危身, 與其危君寧危身, 危身而終不用, 卽諫亦無功矣. 智者度君權時, 調其緩急, 而處其宜, 上不敢危君, 下不以危身."

다음과 같이 해설하고 있다.

> 「제후의 師氏 아래에 또 하나의 保氏의 관을 설치하는데
> 천자에 직속된 保氏와 다르고, 이름이 같은 까닭에 '儒'라
> 칭한다. 國子를 長養하는데 있어서 도덕으로 하는 까닭에
> 民을 얻는다. 民도 또한 學子라고 한다.」[10]

여기서의 유儒는 제후국諸侯國의 사씨師氏 속관屬官이며, 그 직책
은 천자天子 직속의 보씨保氏와 같다. 단지 동명同名을 피하기 위해
보씨保氏 대신에 '유儒'라고 하였다. 그 직책은 국자國子에게 도덕의
교육을 가르쳐 훈도하는 것이다.

그 상관인 사씨師氏의 직책에 대해서 『주례』小司徒 師氏에 다음
과 같이 기술하고 있다.

> 「師氏는 善道로써 왕에게 告하며, 세 가지 덕으로써 國
> 子를 가르친다. 一은, 지극한 덕으로써 도의 근본으로 삼고,
> 二는 힘쓰는 덕으로써 행의 근본을 삼으며, 三은 효행의 덕
> 으로써 악을 거역할 줄 알도록 가르친다. 세 가지 행은, 효
> 행으로써 부모를 모시고, , 二, 友行으로써 현량을 존숭토
> 록 하며, 三, 順行으로써 師長을 모시도록 한다. 虎門의 左
> 에 거처하며, 王朝를 관장한다. 國中의 잘못된 일을 맡아
> 國의 자제를 가르친다. 國의 모든 貴遊子弟들이 (師氏에게)
> 배우도록 한다. 뭇 제사와 빈객이 회동하는 자리, 喪紀와

---

10) "諸侯師氏之下, 又置一保氏之官, 不如天子保氏同名, 故號曰儒. 長養國
　　子, 以道德故, 云以得民. 民亦謂學子也."

軍旅의 자리에 왕이 거동하면 이를 수종한다. (왕이) 정사를 의론하고 다스릴 때도 또한 그와 같이 한다. 그 속관으로 하여금 四夷의 예속민을 이끌도록 하여 각기 그 兵隊로써 왕문 밖을 지키며 또한 (왕의 행차 때) 길을 치운다.」11)

이와 같이 사씨는 평시에는 왕을 선도善道로써 간諫하고 국자를 덕으로써 훈도하며, 제례와 전시에 왕을 시종하여 질문에 응한다. 또한 사이四夷의 예민隷民을 이끌고 왕문을 수위하고 행차 때 호종한다. 또 (『예기』)文王世子에는 「師란, 事로써 교육하되 여러 덕을 논하는 자이다.」라 하였다.

또 보씨의 직책에 대해서는 『주례』소사도小司徒 보씨保氏에 이른다.

「保氏는 왕의 잘못을 간언하는 일을 맡고, 國子들을 도로써 양육하며, 이들을 교육함은 6藝로써 한다. 一은 五禮, 二는 六樂, 三은 五射, 四는 五馭, 五는 六書, 六은 九數이다. 이어 六儀를 가르친다. 一은 祭祀之容, 二는 賓客之客, 三은 朝廷之容, 四는 喪紀之容, 五는 軍旅之容, 六은 車馬之容이다. 뭇 제사와 빈객의 회동, 喪紀와 軍旅에 왕이 거동하면 호종하며, (왕의) 政事 때도 또한 이와 같이 참여한다. 그 속관들은 왕궁의 문을 지키게 한다.」12)

---

11) "師氏掌以媺(鄭注：美也)詔王, 以三德敎國子, 一曰 至德以爲道本, 二曰 敏德以爲行本, 三曰 孝德以知逆惡敎. 三行, 一曰, 孝行以親父母, 二曰, 友行以尊賢良, 三曰, 順行以事師長. 居虎門之左, 司王朝. 掌國中失之事, 以敎國子弟. 凡國之貴遊子弟學焉. 凡祭祀賓客會同喪紀軍旅, 王擧則從. 聽治亦如之. 使其屬帥四夷之隷, 各以其兵服守王之門外且蹕."
12) "保氏掌諫王惡, 而養國子以道乃敎之六藝, 一曰 五禮, 二曰 六樂, 三曰 五

라 하였다. 왕의 잘못을 간諫하는 일을 맡고, 국자에게 육예와 육의를 훈도하여 도道를 양養하게 한다. 천자의 보씨가 곧 제후의 직관으로서의 유儒이니 유는 본래 국자의 교육을 담당하는 학관이면서 고래古來의 문물제도 예법에 대한 풍부한 지식을 바탕으로 군주의 자문에 응하고 간언의 임무를 맡고 있다.

한편 간언의 임무는 이밖에도 같은 소사도小司徒 속관인 사간司諫에도 보인다. 『주례』소사도 사간에

> 「司諫은 만민의 덕을 모아서 벗들에게 권하는 일을 맡는
> 다. 행을 바르게 하고, 道藝로 강화시키며, 돌아다니며 물
> 어보고 관찰한다. 때로 그 덕행과 道藝를 기록해 두고, 그
> 능함과 나랏일을 맡길 수 있는 가를 판별토록 한다. 항리를
> 다스리는 것을 살펴보고 폐지하거나 설치한 것을 고하여
> 용서하거나 관대히 처벌토록 한다.」13)

라 하였다. 여러 지역을 돌아다니며 인물의 덕행과 도예道藝를 살펴서 그 내용을 글로 군주에게 보여 임관과 치국 및 조詔의 폐치廢置에 참고하도록 한다. 이러한 임무는 덕행과 도예를 갖춘 자여야 가능한 일이고, 따라서 위의 유와 같은 계통의 직관職官이다.

이러한 유는 곧 학문과 도예를 익히는 것이 학관에서 이루어지던

射, 四日 五馭, 五日 六書, 六日 九數. 乃教之六儀, 一日 祭祀之容, 二日 賓客之客, 三日 朝廷之容, 四日 喪紀之容, 五日 軍旅之容, 六日 車馬之容. 凡祭祀賓客會同喪紀軍旅, 王舉則從, 廳治亦如之. 使其屬守王闔."
13) "司諫掌糾萬民之德而勸之朋友. 正其行而强之道藝, 巡問而觀察之. 以時書其德行道藝, 辦其能而可任於國事者. 以攷鄉里之治, 以詔廢置, 以行赦宥."

때의 사정을 말하는 것으로 대체로 공자로부터 이러한 교육이 민간에서도 이루어지게 된 이후에는 직관으로서의 유儒 만이 아니라 민간에서 따르는 이들도 함께 유儒로 칭한 것으로 이해된다.

⑯ 한편 保氏 계통의 儒 외에 또 樂師(樂官) 계통의 儒가 있어 교육과 禮樂의 시행과 고문 및 諫言 관련의 직무를 맡고 있다.

백성의 비방을 철저히 감시하고 탄압하던 주周 여왕厲王에게 소공 김公이 간하길,

> 「治民者는 이를 펴서 알리도록 합니다. 이 까닭에 천자는 정사를 의론함에 공경 사대부로 하여금 올바로 간언하게 하며, 好學 博聞者로 하여금 獻詩하게 하고, 箴言으로 새겨듣고 樂師가 誦하도록 합니다.----」14)　　『呂氏春秋』권20 달울

이라 하였고, 그 注引 『周語』에

> 「公卿에서 사대부에 이르기까지 獻詩하게 하며, 고(瞽)는 獻曲하고, 史는 獻書하며, 師(樂師)는 잠언(箴言)하며, 수(瞍)는 賦하며, 몽(矇)은 誦하고, 百工은 간언하게 하는 것입니다.」15)

---

14) "治民者宣之使言. 是故天子聽政, 使公卿列士正諫, 好學博聞獻詩, 礦箴師誦.----"
15) "使公卿至於列士獻詩, 瞽獻曲, 史獻書, 師箴, 수賦, 矇誦, 百工諫."

라 하였다. 고고瞽, 몽矇, 수瞍 등은 맹인 등 신체불구자들인데 다른 일
은 못하기 때문에 사실史實 문물文物 전장典章 제도 시부詩賦 등을 암
송하고 있다가 필요한 때 이를 頌하는 임무를 맡도록 하였다. 또 가
산賈山은 한漢 문제文帝에게 다음과 같이 진언하고 있다.

> 「옛날 聖王之制에서, 史는 기록한 前事에서 過失의 행적
> 을 말하여 군왕을 경책하며, 樂工은 잠언을 誦하여 간하고,
> 고(瞽)는 시를 誦하여 諫하며, 공경은 比諫(빗대어 간언함)
> 하고, 士는 傳言하여 간하며, 庶人은 도로에서 비방하고,
> 상인은 市에서 의론하니 그러한 후에야 군주는 그 과실을
> 들을 수 있게 되는 것입니다.」16)   『한서』권51賈山傳

이 기사들을 대조해보면 공경 열사列士의 헌시獻詩로부터 백공百工
의 간諫에 이르기까지 모두 간언에 해당하는 것임을 알 수 있다. 여
기서의 백공은 악공樂工을 말한다. 즉 『史記』권24樂書에

> 「子貢이 師乙을 만나서 물었다. "賜(子貢의 名)가 聲歌
> 를 듣건대 각기 마땅한 바가 있습니다. 저와 같은 경우는
> 어떠한 歌를 창하는 것이 적합하겠습니까?" 師乙이 말하였
> 다. "乙은 미천한 (樂)工입니다. 어찌 질문한 바에 마땅한
> 답을 해 드릴만 하겠습니까?」17)

---

16) "古者聖王之制, 史在前書過失, 工誦箴諫, 瞽誦詩諫, 公卿比諫, 士傳言諫,
   庶人謗於道, 商旅議於市, 然後君得聞其過失也."
17) "子貢見師乙而問焉日, "賜聞聲歌各有宜也. 如賜者宜何歌也." 師乙日,
   "乙, 賤工也. 何足以問所宜.""

라 하였다. 또 사을師乙에서 사師는 악관樂官(악사樂師)을 가리킨다. 그리고 『國語』周語上에 「瞽와 史가 가르친다」라 하였고, 위소韋召의 주注에 「瞽, 樂師也.」라 하였다. 고瞽 몽矇은 모두 맹인인데 여러 자료에서 보통 사史와 더불어 합칭되고 있다. 문자가 없던 때에는 대체로 맹인이 사관史官이 되어 사실史實을 암송하여 전하였고, 문자가 생긴 후에는 맹인을 사관으로 할 수 없게 되었다. 『周禮』春官에 고몽瞽矇은 「諷誦詩 世尊系」를 맡는다고 하였다. 또 소사少史도 「尊系世, 辨昭穆」을 맡는다고 하였다. 세계世系는 고몽瞽矇인 사史가 암송하여 전한다. 위 기사에서 「史, 在前書過失」은 기록한 전사前事에서 사가 과실의 행적을 말하여 군왕을 경책한다는 뜻이다. 또 암송한 내용을 왕의 조정에서 정사를 의론할 때나 동족이 함께 모인 제사 등의 자리에서 음률에 맞추어 낭송하는 직관職官이 고몽瞽矇인 악사이다. 사잠師箴에서의 사는 물론 악사이다. 따라서 위 『周語』기사記事의 직관들은 모두 같은 부류이다. 그런데 이 악사의 직책은 상당히 광범위한 것이었다. 『예기』왕제에 기술한다.

> 「樂正은 四術을 숭상하고, 四敎를 세우며, 先王을 따르고, 詩書禮樂으로 士를 양성한다. 春秋에는 예락으로써 가르치고, 冬夏에는 詩書로써 가르친다. 王大子·王子·群后의 大子·卿大夫 元士의 適者, 國의 준재들을 선발하는 직무를 모두 맡는다. 무릇 入學은 나이로써 하고, 나아가 배우게 되면 小胥·大胥·小樂이 바르게 簡別하여 가르치며, 가르침을 이끄는 분을 따르지 않으면 大樂正에게 알리고, 大樂正은 왕에게 알린다.」[18]

악정樂正(악사樂師·악관樂官)은 시서예락의 교육을 맡고 있다. 또 상기한 『周語』에 「百工諫」이라 하였으니 백공百工 즉 악공樂工이 간언諫言을 맡는다. 따라서 ⑮의 儒(保氏保氏)와 거의 같은 직사職事이다. 이 악사가 바로 유의 기원이 된다는 연구가 있다.[19] 악에는 무舞가 따르고 모두 제사의식에 수반된다. '유儒'의 '수需'는 곧 기우제 또는 기우자祈雨者를 뜻하는 우雩에 통한다. 『說文解字』권11下에 「雩, 夏祭, 樂于赤帝, 以祈甘雨也. ----雩, 羽舞也.」라 하였고, 『爾雅』釋詁에 「舞, 號雩也.」라 하였다. 즉 우雩는 기우제에서 노래하며 무舞하는 것 내지는 그를 행하는 자를 말한다. 증석이 공자에게 묻기를, 늦봄에 우제雩祭를 지내는 것이 어떻습니까 하니 공자는 그에 찬성한다고 하였다. 왕충王充에 의하면 당시 노魯에서는 예禮에 정해진 춘추春秋 두 차례의 우제 가운데 추제秋祭만 시행하고 있었기 때문에 본래 예법대로 두 차례 시행해야 한다는 입장에서 그렇게 말한 것이라 한다.[20] 또 「무릇 雩[기우제]란, 예부터 있었다. 까닭에 『禮』에서 이르길, 雩祭는 가뭄에 비를 구하여 제사 올리는 것이다.」[21]라 하였다. 즉 우제도 예이다. 공자가 시서예락의 전수와 교육에 열중하였고, 악사도 그러하였다. 단지 양자의 차이점은, 공자는 그 직관職官에 봉직하고 있지 않은 민간인이었다는 점이다. 공자가 한때 관직에 봉직한 적이 있으나 악사 계통의 것은 아니었다. 결국 유는 시서예락詩

---

18) "樂正崇四術, 立四教, 順先王, 詩書禮樂以造士. 春秋教以禮樂, 冬夏教以詩書. 王大子·王子·群后之大子·卿大夫元士之適者·國之俊選皆造焉. 凡入學以齒, 將出學, 小胥·大胥·小樂正簡, 不帥教者以告于大樂正, 大樂正以告于王."
19) 閻步克,「樂師與"儒"之文化起源」(『北京大學學報 哲社科版』, 1995-5)
20) 『論衡』권45明雩.
21) 위와 같음.

書禮樂의 전수와 교육 및 간언을 맡는 官이라는 측면이 있다.

『詩』는 악가의 가사歌詞이다. 그 뜻은 다음과 같은 자공子貢과 악공 사을師乙의 대화에 잘 나타나 있다.

> 「부드러움과 올바름을 읊고자 하건대 마땅히 『頌』을 노래하고, 광대하되 고요하며, 트여서 명달하되 믿음이 있음을 읊고자 하건대 마땅히 『大雅』를 노래하며, 공경하고 검소하되 禮를 좋아함을 읊고자 하건대 마땅히 『小雅』를 노래한다. 정직 청렴하되 검양함을 읊고자 하건대 마땅히 『風』을 노래한다.-----」[22]   『사기』권24樂書

그밖에 『書』 『禮』 『樂』을 비롯하여 『國語』周語 등의 고전도 대체로 이들 고몽瞽矇인 악사가 암송해 오던 것이 어느 때 문자로 기록되어 전한 것이다. 따라서 이들 악사는 고사古史와 문물제도 및 예법·선왕의 道에 대해 가장 많은 지식을 갖추고 있는 자들이었다. 이들은 이러한 소양을 갖추었기에 자제들의 교육을 전담하고 있을 뿐 아니라 『左傳』과 『國語』에 자주 보이는 바와 같이 하급관직이면서도 정사政事의 의론에 직접 참여하고 있는 것이다. 후술하는 바와 같이 한漢에서도 박사博士·간의대부諫議大夫·의랑議郎 등 6백석百石 내외의 중위직中位職이 대문待問과 간언 및 옥사獄事를 비롯한 정사의 의론에 고관들과 함께 참여하고 있는 것은 그러한 전통에 의한 것이라 하겠다. 고古의 예법禮法을 중시하는 사회에서 사실 국가의 거의 모든 행사는 이들의 자문과 지도를 받지 않을 수 없었다. 행사의 준거

---

22) "柔而正者宜歌『頌』. 廣大而靜, 疏達而信者宜歌『大雅』. 恭儉而好禮者宜歌『小雅』. 正直淸廉而謙者宜歌『風』.------"

가 되는 고古의 예법과 고사古事 및 그 이념은 모두 육예(육경)에 있었고, 이를 숙지하고 교육하며 전승하는 이들이 바로 악사이고 사史이며 유儒였다고 하겠다.

그런데 이들이 단지 고법古法에 대한 지식을 사전처럼 지니고 전해주거나 악무樂舞를 펼치는 기능만 하는 것이 아니었다. 전기前記한 보씨保氏(유儒)나 악사의 직사職事에서 보듯이 그들이 전하고 펼치는 정신과 이념이 있었으니 바로 도처에서 언급되고 있는 도덕이다. 즉 육예를 전수하고 교육하는 뜻이 도덕의 함양에 있었다. 악무도 마찬가지이다. 우제도 단지 한해에 비를 구하기 위한 것만이 아니었다. 왕충은 공자가 춘春의 우제 복구에 찬동한 것은 예법에 따른다는 뜻 외에 음양의 조화를 이루는 뜻이 있기 때문이라 하였다.23) 사실 오경五經은 시서예락詩書禮樂의 의미 내지는 이념을 말하고 있는 내용이 그 요체이다. 또한 그 의미와 이념은 한두 가지로만 정의되고 있는 것이 아니라 각기 여러 측면에서 다양하게 설해지고 있다. 인심人心과 천리天理와 천문天文(자연천체현상)과 정치의 도道, 심성心性의 수양(군자君子 성인聖人에의 길), 윤리도덕의 뜻이 시서예락에 모두 어울려져 있다. 후대의 사마천은 예와 악의 의미와 이념에 대해 육경에 의거하여 종합정리하고 있는데 그 일부분을 인용한다.

「무른 흡이란 人心에서 나오는 것이다. 樂이란 윤리에 통하는 것이다. 이 까닭에 聲을 알되 흡을 모르면 금수이고, 흡을 알되 樂을 모르면 일반서민이다. 오직 君子만이 능히 樂을 안다. 이 까닭에 聲을 살펴서 흡을 알고, 흡을 살

---

23) 위와 같음.

펴서 樂을 알며, 樂을 살펴서 政治를 알아 治道가 갖추어지는 것이다. ……. 禮와 樂을 모두 얻음을 말하여 德이라 한다. 德이란 得이다. ……. 이 까닭에 선왕이 예락을 제정한 것은 口腹과 耳目의 욕심을 만족시키려고 한 것이 아니라 이로써 백성을 가르쳐 好惡를 조화하게 하여 人道의 올바름에 돌아가게 하고자 함이다.」 　　　『史記』권24樂書

「禮는 민심을 節(節制, 節度)하게 하고, 樂은 民聲을 和하게 하며, 정치로써 이를 행하고, 刑으로써 이를 막는다. 禮 樂 刑 政의 네 가지가 잘 이루어지면 잘못됨이 없으니 곧 王道가 갖추어지는 것이다.」 　　　上同

「樂이란 同和하게 함이요, 禮란 구별함이다. 同和가 되면 서로 친해지고, 구별이 있게 되면 서로 공경하게 된다. …….」 　　　上同

「樂은 內心에서 나오고, 禮는 밖에서 표출된다. 樂은 內心에서 나오니 고요하고, 禮는 밖에서 표출되니 文(文飾, 다양한 行儀, 制度文章)이다. ……. 읍양(揖讓 ; 文德)하여 천하를 다스린다 하는 것은 바로 禮樂을 말하는 것이다 …….」 　　　上同

「大樂과 天地는 同和하고, 大樂과 天地는 同節한다. 和한 까닭에 만물이 상실됨이 없고, 節한 까닭에 천지에 제사한다. 인간계에는 禮樂이 있고, 冥界에는 귀신이 있으니 이

와같이 하면 四海가 함께 愛敬하게 된다. ……」　　　上同

「樂이란 敦和함이니 神에 率하여 神에 따르며, 禮란 마땅한 바를 판별함이니 귀신에 居하여 地에 따른다. 까닭에 聖人이 樂을 만들어 天에 응하였고, 禮를 만들어 地에 配하였다. ……」　　　上同

「樂이란 德을 象하는 所以이고, 禮란 淫을 廢하는 所以이다. ……」　　　上同

「樂이란, 施(은덕을 보시함)이고, 禮란 보답함이다. ……」　　　上同

「樂이란, 情이 변함없음이요, 禮란 理가 변할 수 없음이다. ……」　　　上同

「樂이란, 黃鍾 大呂(樂律名)·弦歌(琴을 타며 노래함)·干과 揚(춤출 때 손에 드는 도구)을 말함이 아니니, 이것들은 樂의 末節이다. ……」　　　上同

「樂이란 성인이 즐겨함이니, 이로써 민심을 선하게 할 수 있는 까닭이다. 인심을 깊이 감화하고 풍속을 좋게 바꾸게 하는지라 先王이 그 樂官을 설치하였다. ……」　　　上同

「君子는 그 도 얻기를 즐겨하고, 小人은 그 欲 얻기를 즐겨한다. 道로써 欲을 제어하면 즐겁되 어지럽지 아니하고,

欲으로써 道를 잊으면 미혹하여 즐겁지 못하다. 이 까닭에 君子는 情에 反하여 그 志를 和하고, 樂을 넓힘으로써 그 가르침을 이루고, 樂이 행해지니 民이 正道에 향하게 되어 가이 德이 이루어짐을 볼 수 있다. ……」 上同

「君子가 말하였다. "예락은 잠시도 몸에서 떠나서는 안 된다. 樂을 추구하여 心을 다스리면 平易하고 정직하며 자애롭고 忠信하는 마음이 기름 번지듯 생겨나온다. 平易하고 정직하며 자애롭고 忠信하는 마음이 생겨나오면 즐겁고, 즐거우면 평안하고, 평안하면 長久(長壽)하며, 장수하면 天이 되고, 天이 되면 神이 된다(天과 神은 수양으로 성취되는 최고의 경지). 天의 경지가 되면 말을 안 해도 信이 이루어지며, 神의 경지에 이르면 화를 내지 않아도 위엄이 발휘된다. 樂을 추구함은 心을 다스림이요, 禮를 추구함은 몸을 다스림이다. ……. 까닭에 말한다. '禮樂의 道를 알아서 이를 擧하여 시행하면 천하를 다스리는 데에 어려움이 없다.'"」 上同

이렇게 예락禮樂은 각기 내內와 외外에서 상하서열 천지 음양 귀신 풍속(上下序列 天地 陰陽 鬼神 風俗)을 화和하게 하고 인심을 도덕과 선으로 이끄는 것인지라, 천하를 다스리는데 어려움이 없고 이상적인 정치가 자연히 이루어진다. 이것이 치도治道이고 왕도王道이다. 즉 치도는 치심治心[樂]과 치외행治外行[禮]에 그 근본이 있다. 『禮記』大學에서 수신 제가 치국 평천하(修身 齊家 治國 平天下)는 심정心正에 의해 이루어지고, 심정은 의意가 성誠함에 의해 이루어지며, 의

意의 성誠은 치지致知에 의해서, 치지는 격물格物에 의해서 이루어진다고 하였다. 또 바로 앞 문단에서는 「사물에는 本末이 있고, 事에는 終始가 있으니 선후가 되는 바를 알면 도에 가깝다.」고 하였다. 따라서 치지와 격물은, 고래古來의 주석에 의하면 시서예락 등을 통해 사물의 원리(본말本末과 종시終始)를 궁구하여 아는 것이다. 사물의 원리를 알면 화和하고 애경愛敬하는 마음이 되어 의意가 성誠하게 되며, 이로써 심心은 정正하게 되고 수신修身에서 평천하平天下까지 이루어진다. 이러한 심성수양은 천자나 귀족 등 치자治者만 해야 하는 것이 아니었다. 즉 동同『大學』에 「天子에서 서인에 이르기까지 똑같이 修身을 근본으로 한다.」고 하였다. 물론 실제로는 당시 시서예락의 교육은 귀족층에 한한 것이었지만, 이 대학大學의 도道는 인간 본연의 심성수양이었다. 따라서 인간이라면 누구나 이 길을 가야하고 가도록 이끌어야 하는 것이었다. 그래서『大學』의 삼대강령이라 칭해지는 맨 앞 구절에 「大學의 道는 明德을 밝힘에(明明德) 있고, 親民함에 있으며, 至善에 머무르게 하는데 있다.」고 하였다. 명덕明德이란 인간 본연의 성性이 그렇다는 것이다. 그러나 인심人心의 욕欲이 명덕을 가리고 있으니 이를 거두어 밝음을 드러내게 해야 한다. 이것이 명명덕明明德(명덕을 밝힘)이다. 친민親民이란 명명덕의 길을 민民에게 열어 이끌어서 이르도록 함이다. 이렇게 하여 지선至善이 이루어진다. 즉 지선至善은 어느 한 계층 만이 아니라 전민全民(만인萬人)이 모두 명덕을 밝힌 것을 말한다.

이것이 대학大學이니 이를 대학이라 함은 곧 학學에 차등이 있기 때문이다.『史記』권24樂書에 말한다.

「이 까닭에 선왕은 情性에 근거하고, 음률의 度數를 審

定하고, 예의를 제정하며 生氣(陰陽二 氣)를 和合하고, 五
常의 行을 지키고 따르며, ------. 이렇게 한 후에 學의 차등
을 세운다.」

　따라서 대학은 곧 최고등급의 학學이다. 아울러 인간 본연의 성性
을 밝히는 학學이니 어느 한 계층 만에 국한되는 것이 아니라 만인필
수의 학學이다. 따라서 이를 민民에게 교육하여 이르게 함, 즉 친민親
民은 교육의 목표이고, 당시 교육을 담당한 유儒[樂師·史·保氏]의
책무였다. 또한 그들은 만인萬人, 그 중에서도 특히 치자가 마땅히
따르지 않으면 안 될 행동규범과 정치의 방향을 자문에 응대하거나
제시함으로써 국가사회와 만인에 이로움을 주어야 한다는 책임감과
자부심을 지니고 있었다. 그래서 전술한 바와 같이 고위직이 아닌
유 계통의 직관에 간언의 임무가 정해져 있다.
　그런데 문자로 기록된 전적이 나오면서부터 유儒 계통의 직관에
의해서 전승되던 육예가 민간을 비롯한 비유자층非儒者層에도 전해
지게 되었다. 사실 육예에 대한 지식은 전국기에는 유가 만이 아니
라 거의 제자백가 전체가 지니고 있었다. 이를테면 시서예락을 제자
백가가 함께 자주 인용하고 있는 것이다. 유의 직관에 있지 않았던
민간인으로서의 공자는 자신을 유로 자처하였다. 그리고 자하子夏에
게 말하기를

　　「너는 君子儒가 되고 小人儒가 되지 말아라.」『논어』옹야

고 하였다. 여기서 ‘유儒’는 이미 학자를 뜻하는 말로 쓰이고 있
다.24) 전국시대로부터는 사실 직관명으로서의 유는 거의 보이지 않

는다. 그러나 그 직책까지 사라진 것은 아니다. 후술하는 진한의 관제에서도 유지되고 있음을 볼 수 있다. 한편 악관이나 사史의 직관명은 전승되고 있다. 요컨대 '유' 만이 직관의 틀을 벗어난 것이다. 민간의 유는 당연히 여러 직책 가운데 정부에서 봉행하는 예락행사를 집전하거나 지도할 수 없었다. 또한 학관學官으로서 국립학교에서 귀족자제들을 교육하는 일도 할 수 없었다. 또한 행사行事 언행言行의 기록전승의 일도 할 수 없었다. 이러한 일들은 악관과 사관의 소관이었다. 그러나 이제 악관과 사관의 직무는 『大學』과 『史記』樂書와 禮書에서 말하는 것과 같은 것이 되지 못하였다. 단순한 기능방면의 일에 종사하는 것이었다. 사마천은 사관으로써 이러한 사정을 개탄한 바 있다.

> 「文史星曆이 卜祝의 일과 별 차이가 없고, 항상 主上의
> 희롱하는 바 되어, 倡優와 같이 보니, 流俗이 경멸하는 바
> 되었다.」[25]   『한서』권62사마천전

문사성역文史星曆은 모두 사관의 직책이며 정치의 이념을 지도하는 품격 높은 직무이다. 그런데 이를 펼 기회를 주지 않아 복축卜祝의 일과 별 구분이 안 되는데다 황제가 창우倡優 정도로 대하니 모두들 경멸한다는 것이다. 이렇게 악사와 사史가 기능인으로서 밖에 대접받고 있지 않다. 여기에서 교육 담당자로서의 측면은 보이지 않는다. 그러나 도덕과 심성의 수양을 논하며 치도를 설파하고, 육예를 교육하는 일은 오히려 민간의 유가집단에서 펼치고 있다. 또한 이들

---

24) 『四書集註』는 이를 「儒, 學者之稱也.」라 하였다.
25) "文史星曆, 近乎卜祝之間, 固主上所戱弄, 倡優畜之, 流俗之所輕也."

은 항상 민간에만 있는 것이 아니다. 수시로 관직을 맡을 기회가 있다. 이들이 관직에 나아가게 되는 것은 대개 유가집단의 교육과 훈련으로부터 인정할 만한 자질을 얻었기 때문이다. 그들은 관직에서 배우고 익힌 바를 실천하려 한다. 관계에서의 이러한 실천은 본래 자신들이 그러해야 한다고 주장한 바이니 당연히 솔선해서 그렇게 하지 않으면 안되는 것이다. 또한 자신들의 여망이고 이상이기도 한 것이었다. 왕충王充은 문법리文法吏에 대비하여 유생의 장점을 다음과 같이 말하고 있다.

> 「儒生은 직무에 익숙하지 못하나, 匡正을 추구함에는 뛰어나 將相이 잘못 치우치면 위험을 무릅쓰고 간언하는 것을 두려워하지 않는다.」 『논형』程材제34

이렇게 유생의 특장은 바로 간언함에 있었고, 이는 그 이상을 실현하는 수단이었다.

더 나아가 시대가 지남에 따라 관계에서 경쟁적으로 자신들의 입지를 유지하지 않으면 안 되는지라 자설을 이념화하고 교조화하는 면이 나타나게 되었다. 이를테면 맹자는 말하기를, 천하는 천天이 준 것이니 천자가 천하를 사람에게 줄 수 없다고 하였다. 즉 천하는 일인의 사유가 아니라는 것이다. 천이 군주에게 천하를 주는 것은 다스리는 일을 맡아 백성을 평안하게 다스리는데 있는지라 실은 천天과 민民이 주는 것이다.26) 또 말하길, 요堯임금이 치민治民한 바대로 치민하지 않으면 민의 적賊이라고 하였다.27) 한무제시漢武帝時 동중

---

26) 『맹자』萬章上에 "天子不能以天下與人, ----天與之. ----------, 使之主事而事治百姓安之, 是民受之也. 天與之, 人與之."

서董仲舒는 「민을 屈從케 하여 군주를 현창하고, 군주를 굴종케 하여 天을 현창함이 春秋大義이다.」고[28] 하였다. 또한 군주의 실정失政은 오행五行의 순역順逆에 영향을 주어 여러 재해를 일으킨다는 것을 자세히 설파한다.[29] 즉 재해도 군주의 책임이라는 것이다.

> 「儒者의 說에 또 말하길, 人君이 失政하면 天이 이변을 내린다. (그래도 人君이) 고치지 않으면 그 人民에 재앙을 내린다. (그래도) 고치지 않으면 그 (군주의) 몸에 재앙을 내린다. 먼저 이변을 보이고 나중에 재앙을 내린다. 먼저 가르치고 나중에 처벌한다는 뜻이다.」　　　『논형』견고

이 말에는, 인군人君은 자신의 보전을 위해서라도 유생의 간언을 받아들이지 않으면 안 된다는 뜻이 담겨 있다. 염철논의에서 문학文學(유생)은 말하길,

> 「편작도 침과 약을 받지 못하는 병은 치료할 수 없고, 성현이라도 간쟁을 수용하지 못하는 군주는 올바로 할 수 없다.」　　　『염철론』상자

고 한다. 원제元帝 성제시成帝時 박사였던 장부자張夫子(장장안張長安)가 같은 박사였던 저소손褚少孫에게 이르길, "황제黃帝의 후손이 어떻게 천하를 다스림이 구원토록 이어지고 있는 것인가"하고 물으니

---

27) 『맹자』離婁上
28) 『춘추번로』玉杯.
29) 『춘추번로』五行順逆.

저소손이 답하길, "경전經傳에 이르길 천하의 군왕은 만부萬夫의 검수黔首[서민]이며, 상천上天에 청하여 민民의 생명이 연속되도록 하는 이를 제帝라고 한다.------"고 30) 하였다. 성제시成帝時 곡영谷永은 말하길, 왕을 세워 사방을 통리統理하게 한 것은 천자를 위한 것이 아니며, 천하는 천하의 천하이지 일인一人의 천하가 아니라고 하였다. 또한 왕은 도덕을 궁행하고 천지에 순응하며 박애와 인서仁恕로 그 은혜가 초목에까지 미쳐야 한다고 하였다.31) 애제시哀帝時의 포선鮑宣은 말하길, 무릇 관작이란 폐하의 관작이 아니고 천하의 관작이며, 합당하게 관직임명을 하지 못한다면 하늘을 쳐다보며 백성을 설복하려 해도 어찌 어렵지 않겠는가라고 하였다.32)

따라서 인신人臣은 군주에게 규간規諫함을 게을리 하지 말아야 하며, 군주는 이를 수용하지 않으면 안 된다. 맹자가 이른다.

> 「군주를 비난함을 恭이라 하고, 善을 開陳하고 삿됨을 차단시킴을 敬이라 하며, 우리 군주가 능히 이에 따르지 않음을 賊이라 한다.」33) 『맹자』離婁上

동중서는 군주가 신하의 간언을 수용하지 않아 멸국한 사례들을 들어 그 중요성을 강조하고 있다.34)

---

30) 『사기』권13 三代世表褚少孫附言
31) "爲立王者, 以統理之方, 制海內, 非爲天子,------. 天下乃天下之天下, 非一人之天下也. 王者躬行道德承順天地博愛仁恕恩及行葦." (『한서』권85谷永傳)
32) 『한서』권72鮑宣傳.
33) "責難於君謂之恭, 陳善閉邪謂之敬, 吾君不能謂之賊."
34) 『春秋繁露』王道 및 滅國篇.

현관顯官에 나아가기 이전의 유생들은,『한서』霍光傳에「諸儒生들은 대부분 궁핍한 이들이다(諸幼生多窶人子).」라 하고,『염철론』地廣에「儒皆貧嬴衣冠不完」이라 한 바와 같이 대부분 궁핍한 처지에 있었다. 이들은 곤궁한 생활 속에서도 항상 시서예락詩書禮樂을 놓지 않고 그들이 말하는 이상정치의 이념을 구현하고자 하였다. 일찍이 공자가 애공에게 말하기를,

> 「儒는 席上에서 귀한 보배를 지니고 초빙을 기다리며, 이른 아침 늦은 밤까지 학문에 힘써서 君王의 물음을 기다리며, 忠信을 품어서 임용을 기다리며, 힘써 행해서 군왕이 취하기를 기다리니, 그 스스로 섬이 이와 같은 것이 있습니까.」[35]   『예기』儒行下

라 하였다. 즉 유자儒者로서의 자세를 버리지 않고 지탱하게 해준 자부심은 실로 이러한 가르침과 이상정치의 이념에 의한 것이라 하겠다. 후술하는 바와 같이 유생들은 행정사무법률에 익숙한 소위 문법리文法吏(도필리刀筆吏, 문리文吏)로부터 그러한 행정실무능력이 부족하다고 놀림과 비판을 당하고 있다. 거창한 이념에 뜻을 둔 유생들로서는 세소細小한 사무처리는 별로 중요한 일로서 여겨지지 않았을 것이다.『예기』儒行에 공자가 애공에게 말하길,「儒는 위로는 天子에게 臣이 되지 아니하고, 아래로는 제후를 섬기지 않는다.」고 하였으니, 이는 곧 자신들은 제왕의 신하가 아니라 제왕의 사師라는 말이다. 그들은 자신들을 군왕이 천도 내지는 선왕의 도에 합당하게 행

---

35) "儒有席上之珍 以待聘, 夙夜强學 以待問, 懷忠信 以待擧, 力行 以待取, 其自立, 有如此者."

하는지를 감시하고 잘못하면 규간規諫하며 올바로 이끄는 소임에 있는 제왕의 사이고, 덕에 종순하고 군왕에 종순하지 않는다는 정신을 지니고 있었다. 소제시昭帝時 염철논의에서 유생은 나라가 어려운 시기에 기계奇計를 내놓지도 못하고 시변時變을 제대로 파악하지 못한다는 등의 대부大夫의 비판에 대해 변론하길,

「諸生(儒生文學)의 대책은 길은 다르나 돌아가는 곳은 같으며, 그 취지가 예의를 숭상하고, 財利를 뒤로하며, 往古의 道에 복귀하고, 當世의 失을 匡正함에 있다.----- 儒가 아니면 이러한 일들을 이룰 수 없다.」[36]

라 하고 있다. 고古의 도에 복귀하게 하고, 당세當世의 실을 바로잡는 데는 간언의 방법에 의존하지 않을 수 없는 것이었다. 그리고 유생이 아니면 이러한 일들을 이룰 수 없다는 책임감과 자부심을 지니고 있었다.

또한 이러한 이념의 주창과 제시는 정치사회에서 그들의 입지를 마련해주는 것이었다. 염철논의에서 대부는 당시의 유생을 비판하길,

「지금의 儒者는 농기를 놓아버리고 응험이 없는 말을 배우며 오래도록 시간을 보내나 理에 무익하고, 이리저리 떠돌아다니며 경작도 아니 하면서 먹고, 양잠도 아니하면서 옷을 입고, 양민에게 교묘히 사기침으로서 농사를 빼앗고, 정치를 방해한다.」[37]

---

36) 『염철론』利議제27.
37) 『염철론』相刺제20.

고 하였다. 즉 그들이 지닌 것은 육경과 그에 의거한 치도의 이념일 뿐이었다. 다시 말하자면 그들은 곧 이것으로 무장한 유세꾼이었다. 따라서 그들에게 있어서 간언은 바로 생명과도 같은 것이었다.

유가는 그러한 거창한 이념 뿐 아니라 조의朝儀나 제사의례 작법 등을 알고 있는 자로서 군왕에게 필요한 자들이었다. 한초로부터 무제기武帝期를 전후한 유생의 진출은 다소 그에 의한 부분이 있다. 그러나 그러한 계기로 진사進仕하였다 하더라도 그들은 곧잘 자신들의 본분에서 간언을 서슴치 않고 있는 것이다. 순유醇儒가 되고자 하였던 가산賈山은 황로黃老 형명刑名에 기울어 있던 문제文帝에게 「臣이 듣건대 人臣이란 盡忠竭愚하고, 임금을 直諫함에 사형받을 것을 피하지 않는다 하였사오니 賈山이 바로 그러한 사람입니다.」하고,[38] 진秦의 폐정에 빗대어 당시의 부정적인 면을 지적하고 있다. 심지어 그는 모반으로 처벌된 회남왕淮南王이 대죄大罪가 없으니 마땅히 곧장 봉국封國에 돌아가도록 해야 한다고 간언하고 있다. 반고班固는 기록하길, 그의 말은 격절激切하였으나 끝내 처벌하지 않았으니 이는 간쟁의 로路를 넓히고자 한 까닭이었다고 하였다.[39]

이러한 유생의 주장들은 한대에 대부분 정치의 장에서 구현되고 있다. 이를테면 건시삼년建始三年(성제成帝, 전30년) 동冬에 일식 지진이 같은 날에 함께 발생하자 황제가 명을 내려 방정方正 직언直言 극간지사極諫之士를 천거하도록 하고 있다.[40] 또 자연의 큰 재난시에는 황제가 자숙하는 모습을 보이고 죄수를 사면하며 재상이 책임지

---

38) 『한서』권51賈山傳.
39) 위와 같음.
40) "建始三年(成帝, 전30년)冬日食地震同日俱發, 詔擧方正直言極諫之士."
   (『한서』권85谷永傳).

고 사퇴하는 일이 종종 있게 되었다. 아울러 후술하는 바와 같이 유생 출신들이 주로 간언과 대문待問의 직책을 맡는 관서에 진출하고 있다. 즉 유儒의 여러 측면 중에서도 고래古來의 간언 직무가 그들이 진사하는 입지가 되고 있는 것이다.

요컨대 유가는 시서예락詩書禮樂의 성전聖典을 전습傳習하고 교육하면서 그에 의거한 이상정치의 이념 또한 다른 학파에 비해 뚜렷이 전승될 수 있었다. 특히 만인을 도덕으로 이끌기 위해서 군왕의 잘잘못을 냉철히 판별하고 비판한다는 것이 그들의 본분이고 따라서 자신들은 제왕의 사師라는 자부심이 유독 강하였다. 시서예락이 학관을 떠나 민간에서도 전습됨에 따라 그 전습의 가장 주된 담당자였던 유가가 이상정치의 구현을 위한 수단으로서 군왕에 대한 간언에 의존하지 않을 수 없었다고 할 것이다. 즉 간언은 자신들의 이상을 실현하기 위한 기본 수단이며 고리였다. 이러한 여러 가지 사정으로 간언이 본래 유가만이 중시하는 것은 아니었으나 후대에 갈수록 유가 중심의 행태가 되었고, 또한 유가가 관계에 진출하고 정치사회에 입지할 수 있는 수단과 바탕이 되었다고 하겠다.

Ⅱ. 언관의 구조와 유생의 진출

언관(간관)의 설치는 이미 주대周代에 보이고 한대漢代의 언관조직도 상당부분 고법古法에 따른 것이다. 전술한 바와 같이 주周의 언관은 보씨保氏[儒]와 악사 및 사史였다. 그러나 간언諫言은 이들만이 하게 되어 있는 것이 아니라 고급직위에 있는 자는 필요에 따라 하게 되어 있었다. 단지 보씨 등의 언관은 중하위직으로서 직무 가운데 간언이 명기되어 있다는 점이 이들을 특별히 언관이라 지칭할 수 있는 이유이다.

한대의 언관계통의 주요 관서는 간의대부諫議大夫 · 의랑議郎 · 간대부諫大夫 · 급사중給事中 · 박사博士이다. 먼저 간의대부諫議大夫와 의랑議郎은 낭중령郎中令(무제 태초원년 이후 광록훈光祿勳)의 속관이다.

> 「光祿大夫는 본래 中大夫이다. 武帝 元狩五年에 諫(議)大夫를 설치하고 光祿大夫로 하였다. 世祖[광무제]가 中興하여 諫議大夫로 하였다. 또 太中(大夫)와 中散大夫가 있었다. 이 4등의 대부는 모두 다 천자의 下大夫이고, 列國으로 보면 上卿에 해당되었다. 武帝가 中大夫를 광록대부로 하고, 박사와 함께 儒雅한 자로 선발하게 하여 다른 관직과 通職하게 하였으니, 바로 『周官』에서 말하는 바 '官聯'이다. <u>溫故知新은 舊章을 본받아야 하는 것이니 國體에 적용하기 위해서는 그 同異를 살펴보고, 모두 능히 古今을 분명히 하여, 舊章과 舊聞을 판별한다.</u>」[41]　　　『漢官解詁』[42]

---

41) "光祿大夫 本爲中大夫. 武帝元狩五年, 置諫(議)大夫爲光祿大夫. 世祖中興, 以爲諫議大夫. 又有太中 中散大夫. 此四等於古皆爲天子之下大夫, 視列國之上卿. 武帝以中大夫爲光祿大夫, 與博士俱以儒雅之選, 異官通職, 『周官』所謂'官聯'者也. <u>溫故知新, 率由舊章, 與參國體, 稽合同異, 皆能分明古今, 辨章舊聞.</u>"

42) 孫星衍 等輯, 『漢官六種』(中華書局, 1990), 13-14면. 溫故知新 이하의 밑줄 그은 구절은, 『北堂書鈔』設官部에서는 「視列國之上卿」 아래에 있고, 『藝文類聚』職官部, 『太平御覽』職官部에서는 「『周官』所謂'官聯'者也」 아래에 있다.

이 기사 가운데 「置諫議大夫爲光祿大夫」에 대해서는 약간 부가해
설이 필요하다. 『한서』권19상백관공경표에 의하면 낭중령郎中令의
속관에 대부大夫와 랑郎과 알자謁者가 있고, 대부는 의론을 관장하며
태중대부太中大夫 중대부中大夫 간대부諫大夫가 있다. 간대부는 원수
元狩5년에 초치初置하였고, 질비팔백석秩比八百石이며, 태초원년에는
중대부를 광록대부光祿大夫라 개명하였고 질비이천석秩比二千石이다.
태중대부는 이전대로 질비천석秩比千石으로 하였다. 요컨대 낭중령
속하의 세 대부직大夫職이 구분되어 있어 간의대부가 광록대부는 아
니다. 그런데 세조世祖(광무제)시時에 광록대부도 간의대부로 하였다
는 뜻으로 보아야 할 것이다. 그러나 위의 기사에 의하면 세 대부와
여기에 중산대부中散大夫까지 합하여 사대부가 동일하게 간의의 분
야에 종사하고 있다. 즉 이들은 박사博士와 더불어 유아儒雅한 인물
로 선발되고, 「溫故知新하고, 舊章에 의거하여 國體의 의론에 참여
하여 同異를 稽合하고, 모두 능히 古今의 법을 分明히 하며, 舊章과
舊聞을 판별한다.」. 아울러 이들을 「異官의 通職이며 『周官』에서 말
하는 '官聯'이다.」고 하였다. 『주례』에서 말하는 '관련官聯'이란, 『주
례』天官大宰에 「八法으로 官府를 다스린다. -------, 三曰, 官聯이니,
會官하여 다스림이다.」하였고, 주注에 「官聯이란, 나라에 大事가 있
을 때 一官으로는 능히 홀로 처리할 수 없는 경우 六官이 함께 처리
한다. -----. '聯'이란 連事 通職하여 相助하는 것이다.」고 하였다. 또
『漢官』에는 「諫議大夫 30인, 議郎 50인, 無常員.」이라 43) 하였고,
백관공경표百官公卿表에는 「議郎 中郎 侍郎 郎中은 모두 無員인데
많게는 千人에 이른다.」고 하였다. 요컨대 위의 사대부와 의랑議郎등

---

43) 앞의 『漢官六種』, p.3

은 상원常員(정원定員)이 없는 관서로 필요에 따라 타 직책에 있는 자가 이 직책을 함께 맡게 되거나, 이 직책에 있는 자가 다른 직책을 맡을 수 있다. 즉 이관異官의 통직通職이다. 「漢의 동방삭은 中郎으로 給事中에 임명되고, 劉向은 諫議大夫로서 給事中에 임명되었다.」라 44) 한 것은 그 실례이다. 또 중대사를 논의할 경우 여러 직책에서 의논에 참여하게 한다[官聯]. 그래서 평시에는 30인[諫議大夫]과 50인[議郎]이지만 필요에 따라 천명千名이 되기도 한다. 이들 낭중령郎中令의 속관은 대부분 이관異官이 겸직할 수 있는 것이었음을 알 수 있다. 이 낭중령(광록훈光祿勳)과 그 속관은 진관秦官이라 하였으니 한漢 이전부터 있었던 관직이다. 단지 간의대부만은 무제원수武帝元狩5년에 초치初置하였다. 무제武帝가 유가의 이념에 따라 시행한 조치라 할 수 있다. 간의대부 외의 중대부와 태중대부도 물론 간언을 하지만 의론이 그 주 직책이었다면, 간의대부는 간언을 중시하여 전임한 직책이 아닌가 한다. 그리고 간의대부는 다른 대부직에 비해 질록秩祿이 가장 낮다. 『周官』에서 간언을 맡는 직책이 중하위직이었던 것과 일치한다.

한편 이 낭중령은 구경九卿 가운데 하나로 궁성 숙위부대인 기문期門과 우림군羽林軍이 여기에 속한다. 그 속관인 중랑장中郎將이 이를 지휘한다. 그 속관인 랑郎에는 차車·호戶·기騎의 삼장三將이 있어 궁문을 수위하고 거기車騎를 관장한다. 유아儒雅한 인물로 충원되고 고전과 구장舊章에 밝아 의론議論과 간언에 참여한다는 점에서 대표적인 문학의 직관이라 할 수 있는데 아울러 무관武官의 직책도 겸하고 있다. 이것도 전술한 바 있는 보씨保氏 내지 유儒의 상관上官인

---

44) 『漢官解詁』 (앞의 『漢官六種』, p.15).

사씨師氏 직책에 문무文武 양자兩者가 겸해져 있는 것과 똑같다. 사씨 직책에서 교육담당 부분만 제외하면 사씨와 낭중령의 직책은 거의 모두 일치한다. 무직武職에서도 양자는 궁성수위로서 똑같다. 그래서 진한의 낭중령은 곧 주관周官을 거의 그대로 이은 것이라 할 수 있다.

한편 의랑議郞 낭중에 대해서는 『漢官儀』에

「議郞 郞中은 秦官이다. 議郞은 秩比六百石인데 특히 賢良 方正 敦朴 有道한 자를 선발한다. 第公府의 掾과 試博士를 郞中에 임명한다. 議郞12인은 秩比六百石이며, 소속의 관서가 없고, 정해진 직무가 없다(不直事). 侍御史와 제후왕의 郞中令은 博士로 보임한다.」[45]

이라 하였다. 이들은 특별히 현량賢良 방정方正 돈박敦朴 유도有道한 자, 제공부연第公府掾, 시박사試博士로부터 충원된다. 즉 유가儒家의 소양을 갖춘 이들과 공부公府의 행정실무직에 있는 자(掾史)들이다. 아마 후자인 경우에도 전자의 소질과 면모를 갖춘 이들로 임명되었지 않을까 한다. 또 『후한서』권8영제기光和3년조에 「공경에게 명하여 『尙書』 『毛詩』 『左傳』 『穀梁春秋』를 능히 誦하는 자 각 1인씩을 천거하도록 하여 모두 議郞에 임명하였다.」고 하였고, 후술하는 간대부諫大夫와 박사博士와 함께 명경과明經科로 벽소辟召된다(이어지는 간대부 항목의 글 참조). 따라서 의랑은 대부분 유생으로 구성되었을 것으로 짐작된다. 또한 이들 가운데 의랑12인은 어느 일정한

---

45) 『漢官儀』卷上 (앞의 『漢官六種』, p.132)

관서에 속하지 않으며, 별개의 직사直事(職事)가 없다. 즉 이들은 정사政事에 특별한 문제가 있을 경우 전문적이며 독자적으로 자유롭게 간언하고 대문待問 의론한다. 따라서 이들도 전문의 언관言官이라 하겠다.

다음으로 승상丞相에 속한 질육백석秩六百石의 간대부가 있다.

「丞相의 관사에 諫大夫를 두며, 秩六百石이다.」[46]
「刺史는 民 중에서 茂才인 자를 천거하고, 그 이름을 승상에게 올리면, 승상은 불러서 살펴보고, 明經一科, 明律令一科, 能治劇一科 各 1인을 선발한다. 諫大夫 議郎 博士 諸侯王의 傅, 僕射 郎中令을 선발토록 하는데, 明經인 자를 취한다.----」[47]

위 기사에 의하면 간대부로 출사出仕하는 코스는 다음과 같다. 자사刺史가 무재茂才에 합당한 자를 천거하여 승상에게 올리고 승상은 명경明經·명률明律·능치극能治劇의 과별科別로 심찰審察하여 벽소辟召하는데, 간대부와 의랑 박사 등은 명경과로 선발된다. 이는 간대부도 주로 유생에서 충원되었음을 말해준다. 또한 원제元帝가 「諫大夫 博士 賞(人名) 등 21인을 보내어 천하를 순행하게 하였다.」[48]라 하였으니, 간대부도 박사와 통직 내지는 겸직할 수가 있었음을 알 수 있다. 한편 자사刺史와 승상의 코스에 의한 벽소辟召로만 출사하는 것은 아니었다. 이를테면 애제哀帝 때 명유로 우대하였던[49] 포선鮑宣

---

46) 『漢官舊儀』卷上, 앞의 『漢官六種』, pp.38-39.
47) 위와 같음.
48) 『한서』권9元帝紀建昭4年條.

은 호학好學 명경으로 출사하여 지방관을 거쳐 주종사州從事로 있다
가 대사마大司馬 위장군衛將軍 왕상王商의 벽소辟召로 의랑議郎이 되
고 다음에 간대부에 이르고 있다. 그리고 「간대부 포선은 직위에 있
을 때마다 항상 上書 간쟁하였다.」고50) 하였다.

　다음으로 급사중給事中에 대해서는

　　　「給事(中), 常侍(從)左右은 정원이 없다. 그 직위는 侍中
　　　과 中常侍 다음이며, 혹 '儒'라고도 하고, 혹 國親이라고도
　　　한다. 漢의 동방삭은 中郎과 給事中에 임명되었다. 劉向은
　　　諫議大夫, 給事中에 임명되었다.」51)

이라 하였다. 급사중은 황제의 좌우에서 상시常侍하는 직관으로 시중
侍中 다음의 서열이다. 유생문학儒生文學 출신으로 관계에 진출한 자
가운데 상당 부분이 급사중을 거치고 있다. 본 기사에서 급사중의 직
책을 설명하면서 동방삭과 유향이 전술한 낭중령郎中令 속관인 중랑
中郎과 간의대부諫議大夫로 있으면서 급사중에 임명된 사실을 특기하
고 있는데 이는 급사중의 성격을 말하고자 한 것이라 할 것이다. 이러
한 예는 전한 애제시哀帝時에 「박사 申咸이 급사중으로 있으면서 薛
宣을 헐뜯어 말하길, ----」이라52) 한데서도 보인다. 즉 간의대부와 중
랑 및 박사는 급사중을 겸직할 수도 있었다. 급사중은 이와 같이 황제
를 상시常侍하는 직위로서 간언과 대문待問 및 의론을 맡는 직책에

---

49) 『한서』권72鮑宣傳에 "上(哀帝)以(鮑)宣名儒優容之."
50) "諫大夫(鮑)宣買居位常上書諫爭, 其言少文多實." 『한서』권72鮑宣傳.
51) 『漢官解詁』(『漢官六種』, p.15).
52) 『한서』권83薛宣傳.

있는 자가 겸임으로 임명된다. 그래서 황제 최측근의 간관諫官은 바로 이들이었다고 할 수 있다. 이들을 혹은 '유儒'라고도 이름 한다고 하였다. 성제成帝 시時 급사중 이었던 곡영谷永이 간언의 중요성과 유가의 치도를 말하며 자주 직간하고 있는데서 그 실례를 볼 수 있다.53)

다음은 박사博士이다.

> 「博士는 秦官이다. 博이란, 古今에 통함이고, [士는] 그러한 것인지 그렇지 않은지를 분간하는 자이다. 孝文皇帝 때 박사는 70여인이었고, 朝服은 玄端에 章甫冠을 착용하였다. 武帝가 博士를 처음 설치하면서 學通 行修하며, 博學多藝하고, 古文 『爾雅』에 밝고, 能屬文章者(문장을 잘 짓는 자)를 高第로 선발하였다.」54)

이 기사에서는 박사가 진관秦官이라 하였으나 선진先秦에서도 이미 있었다. 여러 자료에서 춘추시대 이래 각국에 박사가 설치되어 있었음이 입증된다.55) 단지 이 기사에서 진관秦官이라 한 것은 한漢의 박사가 진제秦制를 이은 것이라는 뜻이다. 그리고 문제文帝 시時에 이미 박사70여인이 있었다 하였는데 무제武帝 시時에 박사를 초치初置하였다고 한 것은 무슨 말인가. 이 문제에 대해서는 갈지의葛志毅씨의 자세한 논구가 있다. 요컨대 전국진戰國秦에서 한무제漢武帝 초치박사初置博士 이전의 박사는 학관學官에서 제자를 교수敎授하지

---

53) 『한서』권85 谷永傳.
54) 『漢舊儀補遺』卷上, 앞의 『漢官六種』, p.89.
55) 이에 대해서는 福井重雅, 「秦漢時代における博士制度の展開---五經博士の設置をめぐる疑義再論」(『東洋史研究』54-1, 1994.6), pp.3-9에 자세한 실례가 정리되어 있다.

않았다는 것이다. 당시의 박사에도 제자가 있었으나 이들은 모두 사가私家에서 사문제자私門弟子로서 양도養徒한 것이고, 학교를 세우지 않았기 때문에 박사 또한 교수의 직책이 없었다는 것이다. 당시 박사는 학생을 교수敎授하는 것이 본직이 아니고 의론議論과 대문待問이었다. 그래서 당시 박사의 제자는 스승에 복服하는 사인私人관계이다. 진秦의 박사로 한漢에 귀부한 숙손통叔孫通에게 '유생제자백여인儒生弟子百餘人'이 있었는데 이들도 숙손통의 사문私門제자이다. 동중서董仲舒는 경제景帝 시시에 박사가 되었었는데 제자를 가르칠 때에는 장막을 내리고 강송講誦하며, 구제舊弟子가 신참 제자를 가르치게 하니 제자가 동중서의 얼굴을 보지 못하였다고(『한서』권56동중서전) 하였으니 이 제자들은 곧 동중서의 사문私門제자이다. 학교를 세워 박사를 학관學官으로 임용하고 제자를 두어 교수하게 한 것은 무제 원삭元朔5년에 공손홍公孫弘이 상서하여 박사제자원博士弟子員 50인의 설치를 건의한데 따른 것이다.[56) 갈지의葛志毅씨의 견해는 합당하다고 생각한다. 공손홍公孫弘은 그 졸업자의 출사를 주청奏請하였고, 이에 따라 「이로부터 공경대부 사리士吏에 문학지사文學之士가 많게 되었다.」(『한서』권88유림전)라는 상황이 도래하게 되었다.

무제의 박사제자원博士弟子員 설치는 곧 국가교육기관에서 전문적이며 고급의 유가지식인을 배출한다는 것을 의미하고, 여기에서 배출된 유생들이 출사하면서 유가관료국가의 형성에 큰 역할을 하였다. 특히 그 수가 급격히 증가하면서 정치계에 대한 영향력이 커졌다. 소제시昭帝時에는 박사제자원을 백명으로 늘렸고, 선제말宣帝末에는 다시 배를 늘렸다. 원제는 다시 천명으로 늘렸고, 군국에도 『五

---

56) 葛志毅, 「漢代的博士與議郎」(『史學集刊』72, 1998-300, pp.1-2.

經』百石卒史를 두었는데 지방의 박사관이라 할 수 있었다. 이어 성제말成帝末에는 제자원이 삼천인으로 대폭 증가하였다. 전한 말에서 왕망기에는 오경박사五經博士로서 제자원弟子員을 이끄는 자가 360인, 그 고제高弟로서 시강侍講하는 자가 각 24인이었으며, 박사의 경학經學분야에 30과를 설치하였고, 박사제자원의 수가 1만8백인이었다. 박사제자원은 졸업 후에 상당수가 군국의 졸사卒史 이연吏掾에 임명되어 행정의 기층을 이루게 되었다.[57] 전한 후기에는 제자원弟子員이 단합행동으로 정치력을 행사하는 모습도 연출하고 있다. 이를테면 애제시哀帝時 사예교위司隷校尉 포선鮑宣이 정위옥廷尉獄에 갇히게 되었을 때 박사제자와 제남왕濟南王이 모두 번幡을 들고 포선의 구명운동을 벌였는데 이 때 참가한 제자원수가 천여명에 이르렀다.[58] 전술한 바와 같이 포선은 호학 명경으로 출사하여 의랑과 간대부를 거치며 유가의 이념을 자주 직간한 인물로 황제로부터 명유로 존칭 받았던 인물이다. 박사제자원이 그의 구명운동에 나선 것은 그러한 이유 때문이었을 것이다.

박사는 학통學通 행수行修하고 박학博學 다예多藝한 인재로부터 선발된다. 한대에 박사에 등용된 인물은 대부분 한두 가지 경전에 전문하여 명철한 자들이다. 한초에는 일정一定의 경전에 의거한 학자만이 등용되는 것은 아니었으나 문제文帝 경제대景帝代로부터 『詩』『書』『春秋』등 일경一經을 전문 가법家法으로 전한 이들이 그 경명經名의 박사로 임명되는 경향이 일반화 되고 있다.[59]

---

57) 許倬雲, 「秦漢知識分子」(『求古編』, 臺北, 1988), pp.498-500.
58) 『한서』권72 鮑宣傳.
59) 앞의 福井重雅의 글, pp.13-14.

「博士는 平尙書로 입사하여, 部刺史 諸侯相으로 나아가
고, 다음에 諫大夫로 전임한다.」[60]

에 의하면 박사는 평상서平尙書로 출사出仕하여 부자사部刺史와 제후
상諸侯相의 지방관으로 나갔다가 다시 간대부로 전임한다고 하였다.
그러나 이와는 다른 실례가 많이 있기 때문에 이 조항은 하나의 원
칙적인 코스였다고 밖에 볼 수 없다. 어떻든 중앙관서에서는 간대부
를 거친다는 것이 하나의 원칙으로서 정해져 있었다는 점이 중요하
다. 간대부의 직책상 박사 출신으로서 지방의 사정을 경험한 자가
적임자였을 것은 당연하다.

박사의 직책은 우선 무제武帝의 제자원弟子員설치 이후에는 교수敎
授가 주된 임무이다. 그러나 제자원 설치 전후에도 모두 대문待問하
고, 조의朝議에 참석하여 의론하는 것 또한 중요 직책이었다. 또한
주언奏讞(하급 법정에서 판결하지 못한 옥송을 상급법정에 의죄 판결을 요
청하는 것)된 옥사獄事를 황제 주석하에 판결하는 자리에 여러 문무대
신과 함께 박사도 참여하고 있는 사례가 종종 보인다. 무제기의 정
위廷尉였던 장탕張湯은 「大獄을 판결하면서 古義에 附하고자 하여
博士弟子로서『尙書』『춘추』를 익힌 자를 廷尉史에 補任해줄 것을
청하여, 疑法을 平決하였다.」[61]고 하였으니 그 제자는 정위사廷尉史
가 되어 정위부廷尉府의 옥사獄事를 판결하기도 한다. 또 전술한 바
와 같이 전한 애제 때「박사 申咸이 給事中으로 있으면서 설선을 헐
뜯어 말하길,----」[62]이라 하였으니 박사는 황제에 상시常侍하면서 최

---

60) 『漢官儀』卷上 (『漢官六種』, p.129).
61) 『漢書』권59張湯傳에 "湯決大獄, 欲傳(附)古義, 乃請博士弟子治尙書春
秋, 補廷尉史, 平亭疑法."

측근의 간관諫官인 급사중給事中의 직책을 겸임하기도 한다. 또 무제 원정元鼎연간에 박사 서언徐偃이 지방의 풍속을 살피는 임무를 받고 있다.63) 이렇게 박사는 제자에 대한 경전의 교수 외에 대문待問, 의론議論, 간언諫言, 의옥疑獄의 판결, 정위사廷尉史에의 보임補任, 급사중給事中의 겸직, 지방풍속의 시찰 등 실로 다양한 직무를 행하고 있다.

한편 진秦의 박사에는 법가와 유가의 박사와 더불어 신선계통과(『史記』권6 진시황본기36년조 및 『淮南子』道應訓 高誘注), '점몽박사占夢博士'(同 진시황본기37년조), 명가名家 계통 등이 보이고 있다. 그러나 한漢에 들어와서는 유생 외에는 보이지 않는다.64) 또한 무제건원5년에는 오경박사가 초치初置되었다.65) 단지 시詩·서書·춘추春秋의 삼경박사는 문경기文景期에 이미 보이기 때문에 나머지 역易·예禮의 이경박사가 이 때 증치增置된 것으로 보아야 할 것이다.

이상에서 한대 언관계통의 직관과 그 주충원主充員대상자에 대해 살펴보았다. 다음에는 한초 이래 유생들의 관계진출이 언관言官과 어떻게 관련되고 있는가에 대해 살펴보겠다.

---

62) 『한서』권83 薛宣傳.
63) 『한서』권64下 終軍傳.
64) 이에 대해서는 福井重雅, 앞의 글, p.7.
65) "孝武建元五年, 初置五經博士, 秩六百石. 後增至十四人. 太常差次有聰明威重者一人爲祭酒, 總領綱紀" (『漢官儀』卷上 , 『漢官六種』, p.128).
　　그런데 福井重雅는 五經이란 용어는 전한 말에 처음 등장하고 昭帝時에 易博士와 禮博士가 처음 나오기 이전에는 이 二經의 博士가 보이지 않는다는 점 등을 들어 武帝時 五經博士 初置 記事의 신빙성에 문제가 있음을 지적하였다(福井重雅, 앞의 글). 그러나 三經博士는 文景時에 이미 보이고, 나머지 二經博士도 昭帝期에 보이기 때문에 五經博士가 昭帝 내지는 그 이전에 설치되었을 것으로 보지 않을 수 없다.

주지하다시피 한초에서 문경文景까지는 황제를 비롯한 조정대신들이 황로黃老 형명刑名에 크게 기울어 있어 문제文帝 시에 비록 70여명의 박사가 있긴 하였으나 비원備員일 뿐으로 있었다. 즉 전술한 바와 같은 박사의 직책을 거의 수행할 수 없었다. 그러나 무제武帝는 즉위할 때부터 이미 유술儒術을 선호하던 인물이었다. 그는 황로黃老를 크게 좋아하여 유가를 배척하던 두태후竇太后가 있는 가운데서도 즉위하자마자 승상과 어사 열후 및 지방장관으로 하여금 현량賢良 방정方正 직언直言 극간지사極諫之士를 천거하도록 하고,66) 조관趙綰과 왕장王臧 등 문학文學을 공경으로 임명하였다.67) 그러나 두태후의 반발로 곧바로 이 두 공경은 제거되고 있다. 본격적인 유가의 등용은 결국 후육년後六年(건원6년) 두태후 사후로부터 전개될 수 있었다. 곧이어 승상丞相 전분田蚡의 건의에 의해 황로형명黃老刑名 백가百家의 언들을 내쫓고 문학유자文學儒者 백여 명을 등용하였고68), 『春秋』에 밝은 문학지사文學之士 공손홍公孫弘을 승상으로 등용하였다. 그리고 공손홍의 건의에 의해 박사제자원博士弟子員이 초치되고, 이밖에 따로 지방의 자제 가운데 「好文學, 敬長上, 肅政敎, 順鄕里, 出入不悖」한 이들을 태상太常에 보내어 제자로서 교육받게 하였다. 이들 가운데 일예一藝 이상에 능통한 자를 문학장고文學掌故에 보임하였으며, 고제자高第者는 낭중에 임용하였다. 또한 백석리百石吏 이상의 하급직 가운데 일예 이상에 통한 자를 선발하여 좌우내사左右內史(후의 좌풍익左馮翊과 우부풍右扶風), 대행졸사大行卒史(대행은 후의 대홍려大鴻臚)에 보임하고, 비백석比百石 이하는 군태수졸사郡太守

---

66) 『한서』권6 武帝紀建元元年條.
67) 『사기』권12 孝武本紀元年條.
68) 『한서』권88 儒林傳.

卒史에 보임하였다.[69] 한편 「百家를 억누르고 내쫓으며, 學校之官을 세우고, 州郡에 茂才 孝廉을 천거하도록 하였다」는 것 과 같은 조치는 동중서의 발의에 의한 것이었다.[70] 이렇게 하여 지방과 중앙의 실무행정관으로부터 중앙의 낭중과 문학장고 등이 육예에 통한 자, 즉 유생(문학)으로 충원되게 되었다. 그러나 전한 말 이전까지는 아직 유생으로서 고위직에 진출한 경우는 그 비중이 많지는 않았다. 명경明經이라든가 현량賢良 방정方正 직언直言 극간지사極諫之士 및 무재茂才 효렴孝廉으로 천거(징소徵召 또는 벽소辟召)되어 중앙관에 진사進仕하거나 박사에서 승진 내지 전임된 이들은 대체로 언관言官 계통의 승진코스를 밟고 있다.

유생이 진사하게 된 계기라든가 배경은 무제기에 일단 초점을 맞추어야 할 것이다. 무제는 처음 유가 선호의 경향이 있었고, 한 건국 이래 소홀히 하였던 고제古制를 이행하고자 노력하였다. 교사오치郊祀五畤의 제제, 산천지사山川之祀, 봉선의식封禪儀式의 봉행에 노력을 경주한 것은 정치적 의도도 물론 있었다 하겠으나 고제를 지키려는 개인적인 성향이 무시되어서는 안 될 것이다. 또한 대부분의 조칙에는 '고지도古之道'라는 말이 나오고 있다.

> 「(建元元年)에 명하였다. "옛날 立教함에는, 향리에서는 齒(나이 순)로, 조정에서는 작위로 하여 세상을 받치고 백성을 이끄는데 덕보다 더 좋은 것이 없다. 그렇게 하니 향리에서는 먼저 연로한 자를 먼저 모시고, 연세가 많은 분을 받드는 것이 옛 도이다.----民이 90세 이상이면 죽을 드시

---

69) 『한서』권88 儒林傳.
70) 『한서』권56 董仲舒傳.

게 하는 법이 있고, 그 자손의 요역을 면제시켜주며,---.」71)

『한서』권6武帝紀 建元元年條

「---. 또한 현인을 천거하면 황제의 상을 받고, 현인을 막
으면 사형에 처해지는 것이 옛 道이다. 저 中二千石 禮官
博士가 의론하여 천거하지 않은 자는 처벌한다.」72)

同 元朔元年條

또한 조정에 대의大議나 주언奏讞 옥사獄事가 있을 때 정위廷尉 장
탕張湯을 동중서에게 보내 경의經義를 묻게 하여 결의에 참고하였다.
무제가 이렇게 유가에 편향하는 모습을 보고 대표적인 (文)법리法吏
(도필리刀筆吏)였던 장탕張湯은 대옥大獄의 판결에 고의古義를 참조하
고자 박사제자로서『상서』와『춘추』에 밝은 자 정위사廷尉史에 보임
하여 의옥疑獄을 판결하면서 반드시 먼저 황제에게 평결의 근원이 되
는 고의를 주상奏上하고 있다.73) 주지하다시피 무제武帝시의 여러 조
치와 개혁들은 유儒·법法 병용並用에 의한 것이었으나(外儒內法), 유
가를 원용援用한 것은 어디까지나 정치를 고제古制에 의거하고자 한
때문이었다. 사실 전통의 고제가 전국진戰國秦 이래 상당부분 유실되

---

71) "(建元元年)----, 詔曰, '古之立教, 鄕里以齒, 朝廷以爵, 扶世導民, 莫善於
德. 然則於鄕里先耆艾, 奉高年, 古之道也. ------民年九十以上, 已有受鬻
法, 爲復子若孫, ----.'"
72) "---. 且進賢受上賞, 蔽賢蒙顯戮, 古之道也. 其與中二千石 禮官 博士議不
擧者罪."
73) 『한서』권59 張湯傳에 "是時上方鄕文學, 湯決大獄, 欲傳古義, 乃請博士弟
子治『尙書』『春秋』補廷尉史, 平亭疑法, 奉讞疑, 必奏先爲上分別其原, 上
所是, ------."

거나 이행되지 않고 있었고, 이제 무제는 오랜만에 이를 회복하여 성군의 길을 가고자 한 것이다. 유생은 고예제古禮制와 고의古義(경의經義)의 숙지자였고 전승자였다. 그리고 고예제와 고의는 정책의 결정과 옥사의 판결에 준거가 되는 것이었다. 따라서 그 숙지자를 대문待問과 직언直言 극간極諫의 사士로써 좌우에 비치하는 것이 중요하였고, 전술한 언관계통의 관서는 그 배경에서 중시되었다. 가산賈山은 황로黃老에 기울어 있던 문제에게 인신人臣으로써 사형을 무릅쓰고 간언한다 하고 말하길, 직간은 성왕의 제制라 하고, 이를 듣지 못하면 그 과실을 알지 못하고, 알지 못하면 사직이 위태롭다고 하였다.[74] 즉 간관諫官(언관言官)을 갖추는 것은 성왕의 길이며, 국가존망에 직결되는 것이었다. 그래서 무제는 간의대부를 초치初置하고 즉위하자마자 천하에 명하여 현량賢良 방정方正 직언直言 극간지사極諫之士를 천거하도록 하였다. 직언 극간지사를 천거하도록 하는 조칙이 전한에서 종종 보인다. 대체로 박사라든가 현량방정賢良方正과 효렴孝廉 무재茂才등으로 추거推擧되는 유생들의 가장 중요한 용도는 박사의 제자원弟子員 교수敎授외에는 바로 직언 극간지사로서의 임무와 대문待問 의논이었다고 할 수 있다. 즉 언관으로서 활용하기 위함이었다고 하겠다. 한편 태상太常의 제자원弟子員에서 출사出仕하거나 지방하급직원 가운데 경經에 통한 자를 선발하여 중앙과 지방의 행정실무직(연사掾史)에 임명된 유생들이 있었고, 이들은 특별한 경우를 제외하고는 언관言官 용도는 아니었다. 그러나 이들의 존재도 한漢이 유가관료사회로 형성되는데 큰 역할을 하였다 할 것이다.

요컨대 유생은 치도治道의 이념을 간언諫言을 통하여 정치사회에

---

74) 『한서』권51 賈山傳.

구현하고자 하였고, 무제는 그들을 언관으로 활용하고자 하니 양자의 처지와 뜻이 서로 합치되어 오랫동안 정치현장에서 소외되어 있던 유생들이 드디어 진출하게 되었다고 하겠다.

본격적으로 유가관료사회로 접어들게 되는 전한말에는 동중서의 천인상응론天人相應論이라든가 재이災異 사상 및 수명론受命論·삼통설三統說 등이 정치계와 학계에 큰 영향력을 행사하면서75) 소위 참위讖緯사상이 유행하였다. 이 또한 치도治道의 이념으로서 개진된 것이지만 이미 그 논리가 교조화敎條化되고 있다. 이 논리를 앞세운 간언이 계속 이어지는 양상을 보이면서 자신들의 입지를 확고히 하고 있다. 이러한 논리는 전한말에서 왕망王莽을 거쳐 후한건국에 이르는 왕조교체기에 실권자에게도 필요하고, 또 양자의 이해관계가 합치되면서 교조화와 이념화의 강도가 더해졌다. 이러한 점에서 유교의 성립을 광무제光武帝가 참위를 신봉하여 이를 천하에 공포한 시점에서 구하고 있는 판야장팔板野長八씨의 견해는 타당성이 크다.76)

주지하다시피 참위는 경전을 일종의 예언서로 해석하여 신비하고 모호한 내용으로 가득한 위서緯書(위경緯經)를 양산하였다. 경전의 본령에서 크게 벗어난 모습은 이미 유가나 유학이라기보다는 유교로 칭하는 것이 더 타당성이 있었다. 그러나 참위사상은 후한 이후 유학의 주류가 되지 못하고 거의 사라지다시피 하였다.

이와 같은 유생의 행태는 유법儒法 병용並用의 한漢에서 한편으로는 갈등과 조화의 양상을 보이고 있다. 이에 대해서는 다음 절에서 살핀다.

---

75) 심지어는 皇族이었던 劉向도 "王者必通三統, 明天命所受者博, 非獨一始也."라 하였다. 『한서』권36 楚元王傳.
76) 板野長八, 『儒教成立史の研究』(岩波書店, 1995. 7), pp.521-527.

Ⅲ. 연사직掾史職에 있는 유생

전술한 언관은 대체로 박사출신 유생에 의해 임용되지만 그 밖의 경로로 입사入仕하여 언관이 아닌 하급실무직에 임용된 경우는 유생으로서의 본분을 충분히 발휘할 수 없었고, 더구나 행정실무에 대한 습득이 안 되어 있었으며, 익히는 것도 꺼려하여 많은 어려움과 하대를 받게 되었다. 이 장에서는 유생으로서 언관에 자리하지 못하고 문법리文法吏와 같은 직무를 수행하게 된 이들의 사정과 그 의미에 대해 살펴보고자 한다.

전한 말 이전의 외유내법外儒內法의 치세治世에서는 아직 문법리(도필리刀筆吏)에 의존하는 비중이 컸다. 다음 기사는 이 사실을 잘 말해주고 있다. 원제元帝가 태자시太子時에 선제宣帝에게 진언한 말이다.

「(元帝가 太子時에) 宣帝가 文法吏를 많이 채용하여 刑名으로 백성을 징치하는 것을 보고, -----말하였다. "폐하! 형벌을 씀이 너무 심하니 마땅히 유생을 채용하십시오." 宣帝가 안색이 변하며 말하였다. "漢家에는 나름대로 제도가 있어 본래 覇道와 王道를 혼합한 것인데 어찌 순전히 德敎에만 맡겨 周政을 쓸 것인가. 또한 俗儒는 時宜에 達하지 못하고 古는 옳고 今은 그르다고 하여 名과 實을 헷갈리게 하며, 직분을 알지 못하는데, 어찌 위임할 만하겠는가. 이에 탄식하여 말하길, "我家(漢)를 어지럽게 할 자는 太子로다!"고 하였다.」[77]   『한서』권9元帝紀 序文

이와 같은 두 가지 관료군 내지는 관료형태의 대비와 비평은 전후한 내내 전개되었다. 여기서 문법리는 문리文吏 혹은 도필리刀筆吏라 칭하며 도처에서 유생과 문학에 대비되고 있다. 포의布衣에서 승상에까지 영달한 공손홍公孫弘이 무제의 신망을 받게 된 배경의 일단을 말한 글 가운데 그가 「習文法吏事하되 또한 儒術로써 緣飾하니 황제가 크게 좋아하였다.」고78) 하였다. 또 「文吏는 부서(簿書)에 밝아 자신들은 文無害라고 하면서 유생을 놀린다.」79)고 하였다. 문무해文無害란 당시 행정문서에 자주 보이는 용어로 각종 문안 서식의 작성과 법률조문 및 부서簿書를 숙지하고 있어 실무행정 사무 처리에 지장이 없음(잘 처리함)을 말한다. 소하蕭何도 처음 문무해로 입사入仕하였었다.80) 『居延漢簡』의 여러 기사에 리吏의 선발기준에 '능서能書'·'회계會計'·'파지율령頗知律令(율령에 대해 잘 알고 있음)'을 들고 있다. 육경六經의 습득에만 열중한 유생은 이 방면에 어두워 놀림을 당한 것이다. 또 한의 위율尉律에 풍서구천자諷書九千字하고, 팔체八體의 서법書法에 능통한 자여야 리吏가 될 수 있다 하였는데 이것이 문리文吏가 필수로 갖추어야 할 것이었다. 그래서 문리를 도필리라고도 칭한다. 『한서』賈誼傳에 「俗吏가 힘쓰는 것은 刀筆과 상자에 있다.」고 하였다. 왕선겸의 『漢書補注』에 「刀筆은 문서

---

77) "見宣帝所用多文法吏, 以刑名繩下, ------, 陛下持刑太深, 宜用儒生. 宣帝作色曰, 漢家自有制度, 本以霸王道雜之, 奈何純任德教用周政乎. 且俗儒不達時宜, 好是古非今, 使人眩於名實, 不知所守 , 何足委任. 酒歡曰, 亂我家者太子也." 『한서』권9 元帝紀序文.

78) "(公孫)弘爲人恢奇多聞--------. 每朝會議 開陳其端, 令人主自擇, 不肯面折庭爭. 于是天子察其行敦厚, 辯論有餘, 習文法吏事, 而又緣飾以儒術, 上大說之." (『사기』권112 平津侯主父列傳)

79) "文吏曉簿書, 自謂文無害, 以戲儒生." 『논형』謝短.

80) "蕭相國何者, 沛, 豊人也. 以文無害爲沛主吏掾." 『사기』권53 蕭相國世家.

행정이고, 상자로는 화폐를 담는다.」고 하였다. 『후한서』권44胡廣傳에 「儒者는 經學으로 시험하고, 文吏는 章奏로 시험한다.」라 하였다. '장장'과 '주주'는 모두 행정문서이다. 『후한서』권61左雄傳에 「諸生은 家法으로 試하고, 文吏는 箋奏로 시험한다.」라 하였다. 『후한서』順帝紀 陽嘉元年條에 「처음 군국에 명령하여 효렴을 천거하게 하였는데 나이는 40세 이상으로 제한하고, 諸生은 章句에 통한 자, 文吏는 능히 箋奏할 수 있어야 선거에 응할 수 있다.」고 한 것도 같은 뜻이다. 문리文吏를 문법리文法吏로도 칭함은 행정문서 즉 '문문'의 주요부분이 법률조문이기 때문이다. 전한 말 군태수郡太守 주박朱博은 유생을 싫어하여 전임하는 군군마다 의조議曹를 폐지하였다. 이에 문학 유리儒吏가 주기奏記를 운운하며 따지니 태수는, 삼척율령三尺律令을 받들고 종사할 뿐인데 유생이 말하는 성인의 도가 무엇이란 말인가 하고 있다.[81] 또 그는 「三尺律令, 여기에서 人事가 나온다.」고[82] 하였다. 문법리는 「吏道는 법령으로 스승을 삼는다.」(『한서』권83 薛宣傳)를 그 이념으로 한다. 육경六經의 고의古義를 이념으로 하는 문학 유생과는 다르다. 유생과 문학은 진한에서 함께 통용되는 말이다.[83]

문법리의 등용 코스는 승상부丞相府에서 주관하는 찰거察擧의 과목, 즉 「第一科 ; 德行이 高妙함, 志節이 淸白함, 二科 ; 學通하고

---

81) "(朱)博尤不愛諸生, 所至郡輒罷去議曹, 曰, '豈可復置謀曹邪.' 文學儒吏 時有奏記稱說云云, 博見謂曰, '如太守閑吏, 奉三尺律令以從事耳, 亡柰生 所言聖人道何也.'" 『한서』권83 朱博傳.
82) 위와 같음.
83) "始皇封禪之後十二歲 秦亡. 諸儒生疾秦焚『詩』『書』, 誅僇文學." 『사기』 권28 봉선서 : 文學을 誅戮하였다고 하였으니 儒生을 文學으로 칭하고 있다.

行修함, 經中의 博士, 三科 ; 法令에 밝음, 疑獄을 잘 판결함, 사안의 문건을 잘 처리 심사하며, 문서에서 御史의 역할을 함, 四科 ; 剛毅 多略함, 사건에 당하여 미혹되지 아니함, 간사한 사안을 잘 통찰할 수 있을 정도로 명석함, 결단함에 충분히 용감함, 三輔의 수령에 임용될 수 있을 정도로 재능이 있음. 모두 이러한 사항에 능한가를 시험해보고, 믿음이 가게 된 후에 관리로 임명한다.」고 한[84] 4과 가운데 제삼과第三科에 해당한다. 혹은 넓게 보면 제사과第四科도 해당되었을 것이다. 또 「刺史는 民애 茂才가 있는 자를 천거하여 그 이름을 승상에게 올리고, 승상은 불러서 살펴보고 明經一科, 明律令一科, 能治劇一科, 各一人을 관리로 취한다.」라[85] 하였으니 승상부丞相府의 선거는 지방관을 거쳐 이루어지고, 여기에 세 과 가운데 명률령明律令과 능치극能治劇의 과가 바로 문리의 진출 코스이다. 여기서 '치극'이란 '번잡하고 어려운 사무를 처리하는 것'을 말한다. 또 「元封二年에 御史가 다시는 감찰하지 못하도록 하였다. 후에 어사직과 승상에 吏員을 늘렸는데 총 341인이었으며, 吏 少史 屬으로 나누었다. 또 同秩로 補任되었고, 대개 文法吏로 임용하였다.」고[86] 하였으니 어사부御史府와 승상부丞相府의 연사掾史를 뽑는데 주로 문법리文法吏로 취하였음을 알 수 있다.

이렇게 판이한 특장과 성향을 지닌 두 계통의 관료층이 공존하는 가운데 자가自家의 입지를 확고히 하기 위한 상호 비판과 우열논쟁이 일어날 수밖에 없었다. 무제 이전에도 있었지만 당연히 유생의

---

84) 『漢官舊儀』卷上 (『漢官六種』, pp.38-39).
85) 『漢官舊儀』卷上 (『漢官六種』, pp.38-39).
86) 『漢官舊儀』卷上 (『漢官六種』, p.40) 및 『漢舊儀』卷上 (『漢官六種』, p.72).

비중이 크게 늘어나기 시작한 무제기로부터 쟁론이 심화되었다. 소제기의 염철논의에서도 주요 논점 가운데 하나로 등장하고 있다. 문법리인 대부는 유생 문학에 대해 비판하길,「往古의 것을 信하여 今[현실]에 어긋나고, 古에 法하니 世務에 부적합하다.」(『염철론』刺復第10),「말에는 능하나 行함에는 능하지 못하고, 아래에 있으면서 위에 있는 이를 비방한다.(同 地廣第16),「정치를 말할 때는 요순을 칭하고, 道行을 말할 때는 孔·墨을 말하나, 政事를 맡기면 제대로 하지 못한다. 古의 道를 품고 있으나 능히 행하지 못한다.」(同 相刺第20),「책읽기만 밝히고, 空言에 붙잡여 마땅한 政見과 時世의 變을 모른다.」(同 利議第27)고 한다. 한편 유생 문학은 문법리를 비판하길,「賢者를 가로막고 능력자를 질시하며 스스로 지혜롭다고 으시대며, 남의 재능을 폄하고, 스스로에 만족하여 남의 의견을 묻지 아니하며, 선비를 비하하여 사귀지 않는다.」(『염철론』刺復第10),「준엄한 법조문으로 판결하고, ---참혹하게 격살하며, 인의에 의거하여 道로써 군주를 받들고자 하는 자가 드물고, 영합하여 비위맞추는 자는 많다.」(『同 刺復第10),「道를 舉하지 아니하고, 小利에만 힘쓴다.」(同 能言第40)고 한다.

또 전한말의 하무何武는 군태수와 자사刺史 및 구경九卿의 자리를 전임하면서「그러나 붕당을 싫어하여 文吏에 대해 물을 때는 반드시 儒者에게 묻고, 儒者에 대해 물을 때는 반드시 文吏에게 물음으로써 서로를 參驗하였다.」고[87) 하였다. 이미 양 집단이 붕당을 이루고 있다.

이러한 상호 비판은 후한 초에도 이어져서 왕충王充은 당시의 이

---

87) "然疾朋黨, 問文吏必于儒者, 問儒者必於文吏, 以相參驗"『한서』권86 何武傳.

쟁론과 관련하여 상당한 글을 남기고 있다. 그는 여러 곳에서 양자를 비교적 객관적 입장에서 그 특장과 장단점을 대비하고 있다.

「다스림의 뜻을 修德에 두고 교화에 힘쓰는 것에 둔다면 무릇 文吏는 瓦石이고, 儒生은 珠玉이다. 무릇 文吏는 곤란한 문제를 해결하고 복잡한 사무를 처리하는데 능하나, 자신의 절조를 지키지 못하고 또한 상관을 (올바로) 보좌하지 못한다. 儒生은 직무에 익숙하지 못하나, 匡正을 추구함에는 뛰어나 將相이 잘못 치우치면 위험을 무릅쓰고 간언하는 것을 두려워하지 않는다. 세간을 살피건대 능히 정직한 절개를 세워 三諫의 의론으로 將相이 스스로를 돌아보도록 하여 감히 邪曲되지 않게 하는 자는 대부분 儒生이다. 아부하고 비위를 맞추며 將相이 잘못을 범하려는 데도 묵묵히 고개 숙이고 아무 말도 안하는 자는 대부분 文吏이다. 文吏는 사무에 뛰어나고, 충절에는 뒤진다. 유생은 절개로는 뛰어나고 직무에는 뒤진다. 」 　　　　　　　　『논형』정재

「논자는 유생이 簿書에 밝지 못하다고 하여 下等에 놓는다. 법령과 比例(判例)로 吏는 판결한다. 文吏는 사무처리를 하는데 반드시 법가를 참고한다. -----------. 儒生은 本을 다스리고, 文吏는 末을 다스린다.」 　　　　　　　　『논형』정재

유생에게 가장 두드러지게 부각된 단점은 실무처리 능력이 부족하다는 점이다. 이 점은 중앙이나 지방의 장관들이 속료를 추거推擧 벽소辟召할 때에 유생을 기피하게 되는 요인이 되었다. 왕충은 이에

대해 다음과 같이 말하고 있다.

「今世의 將相은 자신의 무능함을 탓하지 아니하고, 유생이 실무를 학습하지 않은 때문이라고 천시한다. 文吏가 임용된 원인을 생각하지 아니하고, 그 실무처리의 재능을 존중하여 善吏라고 말한다. 文吏가 아니면 우려를 배제할 수 없고, 文吏가 아니면 우환을 해소할 수 없다고 생각한다. 그래서 선거 시에 항상 오랜 경력자를 취하고, 관리를 심사하여 無害者(사무 처리에 능숙한 자)를 취한다. 유생은 공적이나 경력이 없으면 그 능력만으로는 번잡한 사무를 처리하는 자리에 임명될 수 없다. 까닭에 선거에서 下等에 처하게 되고, 조정에서 그 지위를 잃게 된다.」　『논형』程材

이러한 사정은 주로 실무직의 경우이긴 하나 고위직에의 진출도 하위 실무직에서 승진되거나 추거推擧되는 경우가 대부분이기 때문에 관료사회 전반에 관련된 현상이었다. 왕충의 입장에서는 이러한 현상이 안타까운 일이었다. 그래서 그는 다음과 같이 말한다.

「유생은 능히 文吏의 事를 할 수 있으나 文吏는 유생의 학을 수립할 수 없다. 文吏의 재능은 확실히 저열하여 유생에 미치지 못한다. 儒生이 문서처리의 일을 학습하지 않는 것은 실로 고상하여 익히려 하지 않는 것이다. -----------. 吏의 사무처리의 일은 쉽게 알 수 있으나 經學은 쉽게 이해할 수 없다. --------. 무릇 능히 大聖의 뜻을 아는 것과, 民의 사정을 자세히 아는 것 가운데 어떤 것이 어렵겠는가?」『논형』정재 유생은 마음만 먹으면 문리의 일을 익힐 수 있다. 그러나 문리는 유생처럼 경학經學을 이해하기가 쉽지 않아서 훨씬 더 오랜 시간이 걸려야 된다. 또한 문리는 어려서부터 사서寫書를 익히기에 들어가 단지 손으로 연습만 행하고, 경문經文을 독송함이 없어 인의仁義에 대한 말을 배우지 못한다. 어른이 되어 리吏가 되어서는 무문교법舞文巧法하고, 사심에 이끌리어 부지런히 권리를 쫓아다닌다. 안건을 심리하게 되면 수뢰하고, 치리治理함에 백성을 침탈한다. 높은 자리에 오르면 권력을 휘두른다. 그러나 그들의 본성이 결코 나쁜 것은 아니다. 그 익힌 바가 성교聖敎와 다른 것이었기 때문이다. 그래서 유학을 잘 익히게 하여 교화하고 모의慕義하게 하면 그들의 지조가 격려되고 높아질 수 있다.[88] 왕충은 이와 같이 문리의 부정적인 면과 함께 그들을 유학으로 훈화하여 양리良吏로 만들 수 있음을 지적하고 있다. 이어서 문리의 부정적인 면을 잘 알았던 지방장관이 유생을 넓게 등용하였던 실례를 특기하고 있다.

「東海相 宗叔庠은 널리 幽隱의 士를 긺하여 봄과 가을에 회식하고, 三科를 설치하여 순서대로 吏에 보임하였는데 一府의 員吏 가운데 유생이 십 분의 九였다. 陳留태수 陳子瑀는 儒路를 크게 열어 列曹의 掾史가 모두 능히 경을 교수할 수 있었고, 簿書[행정문서]의 吏는 열 가운데 한둘밖에 두지 않았다.」 『논형』程材

이들의 일은 세인의 칭송을 받았고, 기록이 되었다고 부기附記하

88) 『논형』程材.

고 있는 것으로 보아 상당히 예외적인 것이었다. 그래서 일반적인 현상은 오히려 그 반대였다고 할 수 있다. 바로 「儒者는 빈 집에서 적막하게 지내고, 文吏는 조정에서 떠벌리고 지낸다.」는[89] 형세였다. 이렇게 유생의 관계진출이 문리에게 크게 밀리고 있는 현상이 유가관료사회가 거의 이루어진 것으로 인지되는 후한초의 사정이었다.

전술한 바와 같이 유생의 직분 내지 본분은 간언을 통해 군왕을 정도正道로 이끄는 것이었고, 그에 합당한 관직은 언관이었다. 그러나 중앙 언관의 수는 소수로 한정되어 있었고, 대체로 박사 출신이 대부분이었다. 유생들이 진사進仕하는 경로는 그밖에도 여러 가지가 있었고, 그 수 또한 점차 늘어나고 있었다. 이들을 모두 언관계통의 관서로 충원할 수 없었다. 단지 중앙의 언관 외에도 군郡에 언관이 있었음은 전한 말 군태수 주박朱博이 유생을 싫어하여 전임하는 군마다 의조議曹를 폐지하였다고 한데서 알 수 있다.[90] 아울러 이 군郡의 의조는 대체로 유생으로 전임되고 있었음을 말해준다. 그러나 그 정원은 많지 않았을 것이다. 따라서 유생도 문리가 잘하는 실무처리에 종사하지 않을 수 없었고, 실무처리법을 익히지 않으면 관계에서 버티기 어려운 실정이었다. 왕충은 경학보다 쉬운 실무를 유생이 익히고자 하지 않는 것은 고지高志를 굳게 지키고, 하학下學(문법리文法吏의 학學)을 달갑지 않게 생각하기 때문이라 하였다.[91] 그러나 이러한 자고自高의식에 안주하고 있을 수만은 없었다. 문리 또한 후한 이

---

89) 『논형』程材.
90) "(朱)博尤不愛諸生, 所至郡輒罷去議曹, 曰, '豈可復置謀曹邪.' 文學儒吏時有奏記稱說云云, 博見謂曰, '如太守閑吏, 奉三尺律令以從事耳, 亡奈生所言聖人道何也.'"『한서』권83 朱博傳.
91) 『논형』程材.

래 경학이 성행하는 가운데 그 영향을 받지 않을 수 없었다. 또한 양자가 상대편으로부터 그 약점과 단점을 비판받는 가운데 자기개선이 이루어지지 않을 수 없었다.

이러한 배경에서 유생은 점차 문리의 측면을 배양하게 되고, 문리는 유생의 측면을 배양하게 되었다. 이 면에 대한 논급은 이미 여러 학자에 의해 이루어진 바 있다.[92] 단지 이를 '문리文吏로의 전화轉化', '유생儒生으로의 전화'로 해석하고 있는 것은[93] 지나친 면이 있다고 생각한다. 즉 '전화'라기 보다는 왕충이 바라던 바로 진전되어 간 정도로 보아야 할 것이다. 유생이나 문리로서 경학과 율령 세칙의 양면에 통한 전후한前後漢 인물들의 실례를 들고 있으나, 이들의 전기에 그러한 면이 특기된 것은 일반적인 사례와는 격별하였기 때문일 것이다. 또한 그 성격에 있어서도 어디까지나 상대편의 지식을 필요에 따라 습득한다는 정도에 지나지 않았다. 적어도 후한대까지는 개인의 전기에 문리와 유생(문학)의 구분이 뚜렷하다. 한대에는 진사의 경로에 전술한 바와 같이 명경明經과 명율령明律令 명치극明治劇 등으로 분과되어 있었기 때문에 그 어느 한 면에 입지하지 않으면 안 되었다. 단지 소리小吏의 실무직에 만족하지 못하고 더 높게 진출하기 위해 현직을 버리고 경학을 공부하는 데로 나아가 성공한 사례가 있으나, 이 또한 예외적이며 '전화'와는 성격이 다르다. '전화'란 자신의 본래 입지가 변하면서 이루어지는 것이다. 그러나 후한대까지는 아직 그 정도에는 미치지 못하였다고 생각한다. 양자 그

---

92) 卜憲群,「漢代的文吏與儒生」,『秦漢史論叢』第7輯, 中國社會科學出版社, 1998.6, pp.238-243. 閻步克,『士大夫政治演生史稿』 (北京大學出版社, 1996.5), pp.423-454.
93) 卜憲群, 앞의 글, p.241.

중에서도 특히 유생의 독자성과 배타성은 매우 강한 것이었다. 이를 테면 주부언主父偃은 처음에 종횡술縱橫術을 익히다가 늦게야 『易』과 『춘추』 등을 배웠는데, 제齊의 제생諸生 사이에 어울리려 하였으나, 배척당하여 제齊에서 받아들여지지 않았다고 한다.[94] 동양사회에서는 고대古代 이래 궁핍과 냉대 속에서도 자고自高의 정신을 쉽게 꺾지 않는 기풍이 오랫동안 유지되어 온 면이 있다. 이들은 부정적인 면으로는 완유頑儒로 폄칭되지만 동양사회에 간언과 의론을 중시하는 정치문화가 꽃을 피우게 한 공로자였다.

오히려 문리가 유생의 학學에 영향을 받아 그 독자성이 약화되어 간 면이 더 크다고 보아야 할 것이다. 그리고 이 면에 큰 역할을 한 것이 군국郡國의 학관學官이었다고 생각한다. 군국에 학관이 있었음은 다음에서 알 수 있다. 전한 말 자사刺史 하무何武는 관할하는 군국을 시찰할 때마다 가장 먼저 학관에 가서 제생이 학업하는 것을 살펴보며, 송론誦論을 시험하고, 득실을 질문하였다고 하였다.[95] 전한말의 왕존王尊은 사서史書(이 사와 서는 모두 필사筆寫 등 문서행정을 말함)에 능하여 옥소리獄小吏가 되었다가 병을 칭하여 사직한 후 군郡의 문학관에 가서 『상서』 『논어』를 배워 통하게 된 후 다시 입사入仕하여 고관에 이르고 있다.[96] 문리가 압도하고 있던 군정郡廷에 중앙의 태학이나 태상太常의 학學에 류類한 학관이 설치되어 문학이 경학을 교수하고 있었다. 이 군국의 문학관文學官은 곧 중앙

---

94) "主父偃者, 齊臨菑人也. 學長短縱橫之術, 晚乃學『易』『春秋』百家言. 遊齊諸生間, 莫能厚遇也. 齊諸儒生相與排擯, 不容于齊."『사기』권112 平津侯主父列傳.

95) "(何)武爲刺史, -----. 行部必先卽學官見諸生, 試其頌論, 問以得失."『한서』권86 何武傳.

96) 『한서』권76 王尊傳.

의 박사에 해당되고, 박사와 마찬가지로 군정에서 언관의 기능을 하였을 것으로 짐작된다. 어떻든 이들은 지방에서 유儒의 문화를 선도하는 위치에 있었고, 특히 문리가 유생의 학을 배양하는데 직접적인 역할을 하였을 것으로 보인다. 위의 왕존王尊의 사례는 그 일단이지만, 왕존과 같이 본인이 직접 문학관에 나가지 않은 경우라도 직간접으로 학관의 경학 분위기가 주변에 영향을 주었을 것은 당연한 일이라 할 것이다.

제3장

중국고대 문무사文武史 서설序說

서 언

　중국고대에서 문文과 무武, 문관文官과 무관武官, 문사文士와 무사
武士의 사회 정치적 위상位相이 변화되고 있음이 인정되고 있다. 문
과 무는 국가 통치상 양자 모두 불가결의 사항이었고, 주대周代 이래
지배층 내지 사대부층이 함께 갖추어야 할 덕목이었다. 춘추기 이래
크게 돋보이기 시작한 사대부층의 활약은 대체로 각자 함양해 온 문
무의 실력을 바탕으로 한 것이었다. 일찍이 가등번加藤繁은 「士大夫
는 文武의 職을 겸하여 행하며, 平時는 文官이고, 戰時는 武官이었
다. 이와 같이 專門의 武人이 없었고, 兵農一致였다는 것은 支那 고
대의 봉건제도를 고찰하는데 가장 주의해야 할 사항 가운데 하나이
다.」라 하였다.[1] 그런데 이러한 사정은 춘추기 이후 크게 변화를 보
이게 된다. 그 변화는 대체로 숭문천무崇文賤武의 양상으로 전개되고
있다. 궁천상지宮川尚志는 위의 가등번의 견해를 인용 의거하면서 이

---

1) 加藤繁,「支那の封建制度について」（『社會經濟史學』7-9, 1937. 12),
　　p.4.

르길, 문·무관의 구별이 분명하지 않은 것이 중국사회의 특색이며, 오히려 문관우월의 경향이 강한데 그것이 분명히 된 것은 삼국이후라고 하였다.[2] 그리고 삼국시대의 그러한 모습을 구체적으로 기술하여, 「삼국에서는 文雅하고 교양 있는 사대부와 군인과는 엄연히 구별되고 있다. 양자 모두 국가의 관리이면서도 文官은 武官에 비해 탁월하여, 주요한 무관의 직무는 문관이 겸임하는 것이 보통이었다.」고 하였다.[3] 그러나 숭문崇文과 천무賤武 사회의 형성과 전개는 이미 전국기로부터 비롯되고 있다는 점을 지적하고 싶다. 종래의 여러 연구에서 고대사상 이러한 문무 위상의 추이에 대해 개괄적인 인식과 기술은 산견되고 있지만 그 원인과 배경 및 전개양상에 대한 전반적이고 전론적인 고찰은 찾아보기 어렵다.

문무 위상의 변화에는 크게 세 단계의 기점이 있다고 본다. 그 첫째 단계는, 문무의 분화이다. 주지하다시피 대체로 춘추 중엽까지 문무는 사대부 귀족이 겸학하는 것이었고, 문무직文武職도 거의 미분未分의 상태였으며, 전문의 문사와 무사로 구분되고 있는 사례도 거의 보이지 않는다.[4] 그런데 춘추전국을 거치면서 양자의 분화 현상이 여러 면에서 드러나고 있고, 이에 대한 지적은 이미 여러 연구에서 이루어진 바가 있다. 단지 그러한 분화의 현상이 어떠한 원인과 배경에 의해 이루어지게 된 것인가에 대한 검토는 찾아보기 어렵다.

---

2) 宮川尚志,『六朝史研究(政治 社會篇)』(東京, 日本學術振興會, 1956.2), pp.178-9.
3) 앞의 책, pp.200-1
4) 許兆昌은 춘추 이전에는 관원에 文武가 分職되어 있지 않아서 史官이 항상 여러 武事에 참여하였고, 이를 통해 史官의 武職之學(參謀, 領軍作戰)이 형성되었다고 하였다.『先秦史官的制度與文化』(哈爾濱, 黑龍江人民出版社, 2006), pp.217-8.

둘째 단계는, 전한 무제기 명경明經·덕행德行의 사士와 문불해文不害 내지 문리의 사가 진사進仕하는 길이 크게 열리게 된 일이다. 이 단계의 사정에 대해서는 종래 많은 연구와 검토가 이루어졌다. 셋째 단계는, 명경과 덕행의 문덕文德에 후한 초 이래 새로 시부詩賦의 문재文才가 가미되어 중요한 의미를 갖게 된 일이다. 『후한서』권80文苑列傳에 소개된 인물들은 곧 그러한 사정을 말해주고 있다. 종래이 단계에 대한 입론은 찾아보기 어렵다.

본고에서는 앞의 첫째 단계가 이루어진 원인과 배경을 검토하는 문제를 선결의 과제로 삼고자 한다. 춘추기 여러 제후국에서 상비군체제를 확립하고, 전문의 무직武職이 상설되는 사정, 그리고 춘추 전국기 작제爵制의 운영과 그 변화를 검토하여 문무 분화의 배경을 유추해보고자 한다.

한편 문무의 분화를 통해 나온 문사가 전국기에서 전한 무제기 이전까지 어떠한 활동과 영향력을 통해 그 독자성을 확보해가고 있는가 하는 과제가 있다. 이 사항에 대해서는 종래 제자백가 그 중에서도 특히 유가의 활동과 그 영향을 중심으로 문사 내지 유사遊士의 존재형태를 고찰한 연구를 통해 상당부분 파악된 바가 있다. 그러나 대부분의 연구들은 문사층의 기생적이고 기회주의적인 면모들을 주로 부각시키는 경향이 많다. 그러나 문사이든 무사이든 이록利祿과 사도仕途가 생존의 길이기도 하였지만 그들에게는 전통의 가치관을 계승하고, '문文'의 정신을 현실의 전반에서 구현하고자 하는 열망이 있었음을 간과할 수 없다. 이들이 당시 주창했던 내용들은 익히 알려진 것들이지만 문사로서 고유의 독자성이 발휘되고 있는 면모들을 전국기에서 한초에 보이는 문의 이념화 현상과 관련하여 다시 정리 검토할 필요가 있다고 생각한다.5)

한초 이래 상무尚武의 풍조가 이어지고 있는 면이 있지만6) 대체로 유가 관료사회가 진전되는 가운데 언무흥문偃武興文(무를 막고, 문을 흥기시킴)의 정책이 실행되고 있다. 이것은 이미 익히 알려진 사항이지만 그 실례로서 무직武職의 총수 태위太尉(대사마)의 위상位相이 크게 변질되고 있는 사실에 대한 검토는 충분히 이루어지지 않았다. 태위직太尉職 위상의 변화를 밝힘으로써 언무흥문 정치의 기조를 확인할 수 있고, 아울러 후한 사대부 사회에 문원지사文苑之士의 활동과 절의節義 정신이 풍미하게 된 배경도 그러한 정치 기조와 관련하여 모색할 수 있을 것으로 생각한다.

문사의 활동에 경술經術과 덕행 외에 시부詩賦와 문장을 중심으로 하는 근대적 의미로서의 문학 또는 문예가 있는데『후한서』는 이러한 의미로서 '문원文苑'이라 이름 한 독립된 장('문원열전文苑列傳')을 만들었다. 문학이나 문예는 선진先秦 이래 자주 쓰인 말이었는데 이들 용어 대신 '문원文苑'을 사용한 것은 종래의 용어로는 포괄되지 않는 새로운 요소가 있었기 때문일 것이다. 후한대 문원지사文苑之士의 활동에 대한 분석을 통하여 숭문崇文과 천무賤武의 한 배경을 살펴보고 나아가 시문詩文 저작을 통한 교류가 위주였던 후대 문사들의 모습, 그리고 과거제에서 시문 고시考試를 으뜸으로 우대하였던 사실과의 관련성에 대해서도 조망해보고자 한다.

이러한 관점에서 고대 문무사 연구의 전반적인 토대가 될 수 있는

---

5) 근래 漢初 儒士들이 천하국가의 운영을 자신들의 책무로 자임하면서 守道의 실천행을 굳게 펼쳐간 면을 통해 유가 사회 형성의 주요 배경을 해석한 연구들이 나오고 있다. 李禹階·汪榮,「漢初儒士的群體認同與價値取向探析」(『重慶師院學報(哲社科版)』, 2003-1) ; 汪榮,「漢初儒士的用世踐履價値取向淺探」(『歷史硏究』19, 2003-1).

6) 丁運霞,「淺論西漢尚武之風」(『昭通師範專科學校學報』28-2, 2006.4).

사항들을 서설의 차원에서 검토 정리하고자 한다.

Ⅰ. 춘추전국기 문무분화의 사정과 배경

춘추전국기를 거치면서 문무의 분화가 어떠한 사정과 배경에서 이루어지게 되었는가를 검토하고자 한다.

서주 이래 사대부 이상의 지배층은 보통 문무를 겸학하였다. 육예 가운데 사射와 어御의 학습 과목은 무학에 속하였고, 각 학교에서는 예禮의 의식과 정신이 무예의 고시考試와 승부가 어우러져 구현되는 향사례鄉士禮와 대사의大射儀가 정기적으로 행해졌다. '무武'는 과戈와 지止(보步의 약형略形)의 회의자會意字이다. 과를 잡고 전진하는 형상이다. 후에 '무武'도 무공武功·무예武藝·용맹勇猛· 맹렬猛烈·용병用兵·무력武力사용시 준수해야 할 도의道義[7]·병법兵法·위형威刑 등으로 전의轉義되면서 다의多義를 갖게 되었다.

『周禮』에 보이는 육관六官 중 하관夏官 (대)사마가 전문 무직武職으로 설치되어 있고, 문무겸장文武兼掌의 관직이라 할 수 있는 사씨師氏가 있다. 사씨는 지관地官 소사도小司徒에 속하며 국자제國子弟의 교육과 왕의 시종 호위 및 왕성의 수비를 맡는다. 서주기西周期 사씨는 중앙병단을 지휘하여 출정을 자주 하고 있다. 그런데 춘추기 까지는 대체로 사대부 이상의 지배층은 전시에 전사戰士였다. 즉 출정

---

7) 『國語』晉語三의 8惠公斬慶鄭에 "且戰不勝, 而報之以賊, 不武."(『國語譯注』, 長春, 吉林文史出版社, 1994, p.388) ; 『左傳』僖公三十年條에 "因人之力而敝之, 不仁. 失其所與, 不知. 以亂易整, 不武.."(『十三經注疏』本, 中文出版社, p.3971).

은 그들 신분의 직분이었다. 공자 이전부터 사대부 이상이 소년기부터 배우는 기본교과목이었거니와 여기에 무술의 학습과목인 사射와 어御가 들어 있다.[8) 전사층은 수蒐·묘苗·미獮·수狩의 사시四時의 전田[전렵佃獵 : 사냥]으로써 군사 훈련을 하였다. 또한 병법兵法을 배우는 것도 무武에 들어간다.『좌전』에 등장하는 대부大夫 이상의 인물들은 거의 모두 사변이 생기면 군대를 지휘하여 출정하고 있다. 또한 그들은 자주『시詩』와 인의예지仁義禮智 도덕을 이야기 한다. 즉 그들은 대체로 문무를 겸비하였다.

또한 문무를 함께 갖춘 자를 천거하고 있다. 제경공시齊景公時 안영晏嬰은 사마양저司馬穰苴를 추천하면서 "그의 文은 능히 대중을 따르게 하고, 武는 능히 적을 위협한다."고[9) 하였다. 경공景公이 그를 불러 시험해 보면서 병사兵事에 대해 말해보고 크게 기뻐하였다. 제환공은 관중管仲의 가르침에 따라 매년 정월의 조회에 향장鄕長들에게 현자를 추거하도록 명하고 있는데 이 가운데 호학자好學者와 함께 '용감하고 고굉股肱의 힘이 무리가운데서 특출한 자'가 함께 들어 있다(『국어』齊語). 진晉의 경卿이었던 지선자智宣子가 그 자子 요瑤를 후계자로 삼고자 하여, 요瑤가 타인에 비해 현賢한 점 다섯 가지를 들고 있는데 그 가운데 하나가「射御에 능하고 다리의 힘이 크니 賢하다」는 것이었다(『국어』晉語). 이와 같이 무용과 강력함은 춘추 시에 현의 덕목 가운데 하나였다.

제환공이 패자가 된 후 제후들을 크게 조회朝會한 것에 대해「武事를 감추고, 文道를 행하였으며, 제후를 이끌고 天子에 禮朝하였다.」

---

8)　王貴民,『商周制度考信』(臺北, 明文書局, 1988), pp. 286-7.

9)『史記』권64司馬穰苴列傳에 "其人文能附衆, 武能威敵"(臺灣 鼎文書局本, p.2157).

(『國語』齊語)라 하였다. 『국어』는 특히 문文의 도덕과 관련된 사례를 집중 수록한 책이다. 제환공이 무와 문을 상황에 따라 적절하게 운용하였음을 칭찬한 말이다. 문무 인의를 겸비하고 이룸은 춘추기 군자의 자랑이요 바램이었다. 제환공은 자신이 요순에 못지않다는 것을 인정받고자 포숙에게 말하였다.

> 예전에 내가 담(譚)을 3년간 포위하여 얻었으되 자신의 자랑으로 삼지 않았으니 仁이고, 내가 孤竹國을 北伐하고, 令支(山戎의 속국)를 멸하고 돌아왔으니 武이며, 내가 규구지회(葵丘之會)를 개최하여 천하의 전쟁을 막았으니 文이다. 그러하니 文武 仁義를 寡人이 모두 다 갖추었다. 10)

아울러 무장武將이라도 문文의 덕성이 요구되었다. (진晉의 대부大夫)기해祁奚가 군위軍尉를 사임하게 됨에 공公(진 도공悼公)이 묻기를 "누가 적임자인가?"하니, 자신의 자子를 무직武職인 군위軍尉의 적임자로 추천하면서 그 이유로서 호학好學·학업 견수堅守·불음不婬·호경 好敬·유혜柔惠·진정鎮定·직질直質·의義 등의 자질을 열거하고 있다. 즉 무직武職에도 문文의 여러 덕성과 자질을 갖춘 이가 임용되고 있다. 그의 자子가 임용된 이후 (도공悼公 다음의) 평공平公에 이르기까지 군중軍中에 잘못된 정령政令이 없었다고 전한다.11)

또한 춘추기까지는 문무의 분직이 명확하지 않아서 하나의 관직에서 문무 양직을 함께 맡고 있는 예가 있다. 이러한 사정은 사대부 내지 관리층이 모두 전사층인 사회에서 있을 수 있는 일이었다. 대

---

10) 『說苑』권9正諫(『說苑全譯』, 貴陽, 貴州人民出版社, p.384)
11) 『國語』晋語七의 4 "祈奚薦子午以自代"(앞의 책, p.547).

부분의 귀족은 평시에는 관직에 복무하고, 전쟁시에는 군단을 지휘하는 등의 군직軍職을 맡아 장군·군관·군리·군사로서 출정하였다. 전시에 사師와 장將은 대부大夫를 위尉·어御·우右 등의 군대지휘관에 분임分任하였다. 군단의 무관으로는 사씨師氏·후아侯亜·후려侯旅·아려亜旅·대아大亜·주아走亜·천부장千夫長·백부장百夫長 등이 있다. 이 무관 가운데 평시에도 군관인 자가 있고, 전시에만 군관으로 출정하는 자가 있을 것이다. 평시에도 군관인 자가 있는 것은 상비군이 있기 때문이다. 주周의 중앙 상비군단에는 서육사西六師와 은팔사殷八師(成周八師)가 있었다. 이들 상비군단은 평시에도 군단으로 유지되는 것으로 보인다. 이들 군단을 지칭하는 '𠂤'는 '軍'과 마찬가지로 둔屯의 뜻을 지닌다. 이들 군단은 각각 종주宗周와 성주成周 주변에 주둔하며, 토지와 경작민을 지닌 독립된 영역을 영위하고 있다. 12) 또한 궁성을 수비하는 금위의 부대도 상비의 군단이다. 이들 군단에는 당연히 전문의 무직이 설치되어 있겠지만 그 임관자는 청년기부터 문무를 함께 수학한 경력을 갖고 있었을 것이다. 단지 일반 관원이 전시에 출정하는 경우도 진한대秦漢代에 보이기 때문에 관리의 출정이 서주와 춘추기에 한한 것만은 아니다. 그러나 주대에는 관리의 출정이 전반적인 것이었다면 후대에는 부분적이고 제한적이었다는 차이가 있다. 후한의 유소劉邵는『爵制』에서 주周의 군사제도에 대해 다음과 같이 설명하고 있다.

옛 시절 천자는 軍政을 六卿에 의탁하였다. -------- 周의
육경도 또한 軍에 복무하였다. 國中에 있을 때는 比長·여

---

12) 이에 대해서는 박건주,「周의 중앙군단과 鄕遂制度 試論」(『전남사학』6, 1992), 참조

서(閭胥)·族師·黨正·州長·卿大夫라 칭하고, 軍中에 있을 때는 卒伍·司馬·將軍이라 칭하였다. 때문에 國中에 있을 때의 칭호와 달랐다. 秦은 古制에 의거해서 軍에 있는 자에게 爵을 수여하여 등급을 정하였다. 그 인민을 帥함에는 모든 更卒로 하고, 功이 있으면 爵을 수여하였으니 바로 軍吏의 例이다. [13]

서주의 군정은 이와 같이 민정에 의탁한 것이었기 때문에 문무 겸비와 문무 불분不分의 사정이 있게 된 것은 당연하다고 할 수 있다. 또한 사대부 이상의 국인층이 전사층이었기 때문에 무예를 습득하는 것은 귀족 내지 치인층으로서 의무이고 자랑이었다. 그들이 지배신분으로 행세할 수 있는 바탕이기도 하였다. 그들에게 무武는 문文과 동등한 가치를 지니는 것이었다. 주왕과 제후의 친위대는 왕족과 공족公族으로 구성되었고, 갑사甲士는 국인國人, 보졸步卒은 서민, 시도厮徒는 노예층으로부터 징집 구성되었다. 이 가운데 국인층은 상임常任의 무직武職에 있지 않은 이들도 모두 전문의 전사층이었다.

상주商周에서의 병단 단위는 대체로 족군族軍이었다. 복사卜辭와 서주 금문金文의 여러 기사에 보이는 바와 같이 귀족(공족)은 자신의 족군을 이끌고 전투 군단에 참여하였다. 왕족도 하나의 개별 병단으로서 출정하였다. 전사층은 각 소속 족군의 명예와 전승을 위해 무武

---

13) "古天子寄軍政於六卿. -----周之六卿, 亦以居軍. 在國也則以比長、閭胥、族師、黨正、州長、卿大夫爲稱, 其在軍也則以卒伍、司馬、將軍爲號. 所以異在國之名也. 秦依古制, 其在軍賜爵爲等級, 其帥人皆更卒也, 有功賜爵, 則在軍吏之例." 『續漢書』志 百官5 注引(『後漢書』, 臺灣 鼎文書局本, pp.3631-2).

를 소홀히 할 수 없었다. 그들 자신이 족군의 주인이었다. 특히 각급의 지휘관들은 다방면의 군사를 숙지하고 있어야 했다. 그래서 무武의 뛰어남도 문文과 마찬가지로 현賢으로 칭해지고 있다.

그렇다면 이러한 문무겸수와 미분未分의 모습이 분화의 상태로 전환되게 된 배경을 어디에서 찾아야 할까. 필자는 춘추기에 일어난 군사 방면의 여러 변화에서 그 배경과 사정을 찾을 수 있다고 생각한다.

춘추기부터 거전車戰에서 점차 보병전 중심으로 전환되고,[14) 각 제후국이 병단을 경쟁적으로 확대하면서 일반 서민층이 주요 병원兵員을 차지하게 되었다. 진晉의 경우, 주희왕周僖王(釐王 : 전681-667)이 곡옥曲沃 무공武公을 진晉의 제후로 임명하면서 1군을 갖추도록 한 이후, 헌공獻公16년(전661년) 2군軍, 문공4년(전633년) 3군, 문공5년(전632년) 3행을 추가하여 6군으로 증설하였다.[15) 이후 1년 후 다시 3군, 전629년에는 5군, 전588년에는 다시 6군, 여공厲公 시時에 5군, 도공悼公 시는 4군 등으로 자주 증감되었다. 이러한 양상이 여러 제후국에서도 비슷하게 일어났다. 처음 진晉이 1군을 갖기 이전에 진의 전투력이 없었던 것이 아니다. 이전의 곡옥曲沃(邑)은 원래 진의 한 대부의 채읍采邑이었다. 진 소후昭侯원년(전745년) 숙부인 성사成師에게 곡옥을 주었는데 당시 진의 도성이었던 익翼보다 큰

---

14) 여러 자료와 연구에서 보이는 바와 같이 춘추기에 점차 보병전 중심으로 이행되고 있지만 대체로 춘추말까지 전차전 내지 전차 군단의 활동이 계속 보이고 있다.

15) 이 때 3行이라 이름한 것은 天子의 六軍 이름을 회피하기 위해서였다. 각 증설 내역은 『史記』39晉世家의 해당 연도 기사 및 『左傳』庄公16년(一軍), 僖公27년(三軍), 同28년(三行)條의 기사 참조. 이후 晉은 5軍에서 다시 3軍으로 축소하고 있다.

대읍大邑이었다. 이후 진의 효후孝侯에서 진후晉侯에 이르는 5대 동안 곡옥의 세력은 자주 국도 익을 공격하고 있다. 주왕은 그 때마다 괵국虢國의 군사로 하여금 진의 국도를 구원하게 하였다. 그러나 곡옥이 진을 완전히 석권하게 되자 주왕은 현실을 인정하여 그 대부를 진 제후[무공武公]로 책봉하면서 1군을 갖도록 인가하였다. 즉 1군을 설치하기 이전에 이미 국도國都를 자주 공략할 정도로 곡옥에는 국도를 능가하는 군사력을 지니고 있었다. 대체로 읍邑에는 각자의 자위自衛 전투력이 있었고, 그 읍은 지배족에 의해 소유 내지 지휘되는 족읍族邑이었다. 진 소후 원년 처음 곡옥曲沃을 봉封받은 성사成師가 곡옥에 무슨 연고가 있었던 것은 아니었다. 숙부를 대우하는 뜻에서 국도보다 큰 대읍大邑을 준 것이다. 그리고 그 곡옥의 군사력은 그대로 모두 성사成師의 족族에 의해 지휘되고 속하게 되었다. 대체로 군사력은 읍의 크기에 비례하였다. 왕국이나 제후국의 군단에서 왕족이나 공족은 대개 중군中軍에 속하였다. 그렇다면 진에서 처음 1군이 설치된 것은 이전의 군사력과 어떻게 다른 것일까.

그런데『주례』夏官·司馬에 왕은 6군, 대국大國은 3군, 차국次國은 2군, 소국小國은 1군을 설치한다고 한 규정이 있다. 그렇다면 진은 소국에 해당하였을까. 진의 조祖 당숙우唐叔虞는 무왕의 자子, 성왕成王의 제弟이다. 당唐의 반란을 진압한 후 성왕이 이 땅을 그에게 주어 제후에 봉封하였다. 이 때 그 크기가 방백리方百里였다.[16] 봉건 종법제에 의하면 방백리의 국은 대국이고 제후국의 상한선에 해당한다. 즉 진은 건립기에 이미 대국의 범주에 드는 국가였다. 춘추기 처음 1군의 설치가 인가되기 이전에도 군사력을 갖추고 자주 전쟁에

---

16) 『史記』권39晉世家, p.1635

참여하고 있다. 그런데 『주례』의 규정과는 상반되는 『국어』魯語下
의 다음 기사가 있다.

季武子가 三軍을 만들려고 하니 叔孫穆子가 말하였다.
"不可합니다. 天子가 군단(師)을 만들고, 公은 이를 지휘하
여 不德한 자를 정벌합니다. 元侯가 군단을 만들고, 卿은
이를 지휘하여 天子를 보필합니다. 제후는 卿은 있되 군단
을 두지 아니하고, 훈련된 衛士(敎衛)로써 元侯를 돕습니
다. 伯·子·男은 大夫는 있지만 卿은 없고, 賦(징발된 兵車
와 병사)를 이끌고 제후를 따라 종군합니다. 이로써 上은
下를 정벌할 수 있고, 下는 간특(姦慝)할 수 없게 됩니다.
지금 我國은 소국으로 대국의 사이에 끼어 있어 貢賦를 마
련하여 대국을 지원하여 종군하여도 오히려 공격받을까 염
려되는 형편입니다. 만약 (三軍을 갖는) 元侯의 位와 같이
된다면 대국의 노여움을 살 것이니 불가한 일이 아니겠습
니까?" (季武子가 이 진언을) 따르지 아니하고, 마침내 中
軍을 만들었다. 17)

이전부터 이군二軍을 갖고 있는 노魯가 삼군三軍을 설치하게 된 사
정을 전하는 기사이다. 이 기사에 의하면 제후의 장인 원후元侯를 제

---

17) "季武子爲三軍, 叔孫穆子曰, '不可, 天子作師, 公帥之, 以征不德. 元侯作
師, 卿帥之, 以乘天子. 諸侯有卿無軍, 帥敎衛以贊元侯. 自伯子男有大夫無
卿, 帥賦以從諸侯. 是以上能征下, 下無奸慝. 今我小侯也. 處大國之間, 繕
貢賦以共從者, 猶懼有討. 若爲元侯之所, 以怒大國, 无乃不可乎?' 不從, 遂
作中軍." (『國語』魯語下, 앞의 책, p.200)

외하고는 제후가 위사衛士의 군단 외의 상비군단을 보유할 수 없는 것으로 되어 있다. 원후를 제외한 일반 제후가 천자나 원후를 지원하여 종군하는 경우에 그 지원 군단은 훈련받은 위사의 군단에 불과하다. 백伯·자子·남男은 부賦를 이끌고 지원 종군한다 하였는데 이 부賦는 징발된 병거兵車와 병사를 지칭하므로 이들이 상비군단은 아닐 것이다. 그렇다면 이들 소국에는 제후국의 위사衛士 군단도 없었을까. 그리고 제후국에 위사 이외의 상비군단은 없었을까. 이 기사에 의거하여 일찍이 염주閻鑄는, 서주시기 군권은 천자에게 집중되어 천자와 원후를 제외한 제후국은 위병衛兵만을 건립할 수 있었고, 백·자·남은 그 위병조차 세울 수 없었다 하고, 노魯만이 서주 이래 일반 제후국 가운데 유일하게 상비군을 지니고 있었다는 견해를 제기하였다.[18] 한편 서홍수徐鴻修는 서주 이래 각지의 자·남 내지 부용국을 포함한 모든 제후국이 번병藩屛의 신臣으로서 천자를 보필하여 종군하고 있는 여러 사례가 『좌전』 등의 문헌과 금문金文 자료에서 많이 보이고 있는 예를 들어 위의 견해를 비판하였다.[19] 그러나 서徐씨가 인용하고 있는 여러 자료의 사례에서 제후국의 군단이 천자를 도와 지원 종군한 것은 사실이지만, 그 국가의 상비군단인지 임시로 징발된 군단인지를 분간할 수 없다. 노어魯語의 기사도 각 제후국이 종군한다는 사실을 부정하고 있는 것이 아니라 오히려 모든 제후국이 종군하는 것임을 명기하고 있다. 그 기사의 뜻은 제후국의 서열에 따라 상비군 설치의 자격이 다르게 주어진다는 것이다. 문제의 관건은 원후국을 제외한 여타 제후국은 위사衛士만의 상비군을 지니

---

18) 閻鑄, 「春秋時代的軍事制度」(『社會科學戰線』1980-2).
19) 徐鴻修, 「西周春秋軍事制度的兩個問題」(『先秦史硏究』, 濟南, 山東大出版社, 2002), pp.124-129.

거나, 자子·남男 등의 제후국에서는 이마저도 지니지 못하고, 전시의 징발에 의해 군단을 만들어 종군하였다는 기사의 사실성 여부에 있다. 서씨는『국어』의 작자가 이상적 제도를 실제의 것으로 기술한 것에 불과하다고 하였다.[20] 그러나 주周의 군사제도를 살펴보면『國語』魯語의 기사를 단순히 이상적 제도를 기술한 것이라고 보기는 어렵다. 서주 군대의 지휘권은 주왕周王에게 집중되어 있어 제후가 왕의 허락 없이 출정할 수 없었으며, 그러한 일을 행하게 되면 모반으로 간주되었다. 동주東周 초初에 주왕의 명에 의해 진晉의 1군 창설이 이루어지고 있지만 이후에는 왕의 인가를 거치지 않고 자의로 군단을 증설하고 있다. 즉 서주에서 춘추초기까지 제후국에서 상비군 설치는 주왕의 인가 없이는 이루어지지 않았음을 알 수 있다.『국어』에서 숙손목자가 진언하고 있는 뜻은 춘추기 노魯가 2군을 갖고 있는 것도 주의 군사제도에 의하면 법도를 넘어서는 것인데 여기에 1군을 추가하는 것은 주변 대국의 노여움을 사게 될 것이라는 것이다. 이 진언을 따르지 아니하고 1군을 증설하고 있는데서 서주 이래의 법도가 거의 무시되기에 이른 것을 알 수 있다.

이러한 사정에 의하면『주례』의 규정은 잘못이고,『국어』의 기사가 오히려 옳다고 생각한다. 사실『주례』에 기술된 주의 정치제도는 사실을 전하는 부분도 많지만 또한 인위적 판형으로 여러 사항을 어떠한 이상에 맞추어 조립한 것으로 보이는 부분도 있다. 대국과 소국을 기준으로 3군에서 1군의 상비군을 갖는다는 규정은 춘추기의 사정을 반영한 것이라고 생각한다. 따라서 서주기 제후국의 군사력은 원후국元侯國의 상비군단과 일반 제후국의 위사衛士 병단을 제외

---

20) 위의 글, p.129.

하고는 전시에 임시로 징발되어 조성되었다고 생각한다. 민정과 군정이 직결되고, 병농일치제였던 주의 군사제도에서는 그러한 동원체제가 갖추어져 있었을 것이다. 제후국 내에 족읍族邑으로 나누어진 구역별로 공족公族의 군사력과 대부大夫의 군사력이 있었고, 상비군은 아니더라도 읍성邑城의 자위自衛와 정벌에 나설 수 있는 인적 물적 자원을 전투역량으로 동원하는 체제를 모두 갖추고 있었다고 본다. 즉 족읍 내의 전민 동원체제이고, 민정에 의부依附한 군정軍政의 운영체제이다. 상비군은 평시에도 군정이 유지되지만 일시적으로 동원된 병력은 평시에 민정에 속한다. 이것이 양자의 다른 점이다.21)

그런데 군대 단위가 족읍인 때에는 상비군이 없어도 유사시 즉각 전투역량을 동원할 수 있었으나 수백리에서 수천리에 이르는 영역을 갖게 된 춘추전국기의 제후국에서는 유사시 전국의 전투역량을 짧은 시간에 동원할 수 없었다. 또한 전투의 횟수가 점차 빈번해지고 있었다. 전래의 법도를 무시한 상비 군단의 설치와 증설은 이러한 사정에서 나온 것이다. 서주西周의 상비군 설치 제한 규정은 춘추전국기에는 더 이상 현실성이 없는 것이 되어버렸다. 전기한『주례』의 규정은 소국도 3군 이상을 보유하고 있는 춘추기의 사정을 감안하고 다소 현실성을 갖추어 예적禮的으로 하향 조율한 것이 아닐까 한다.

이와 같이 춘추기 들어 각국에서 상비군이 증설되면서22) 전문의

---

21) 李元은, 춘추시기에 여러 나라에서 春蒐 등의 군사훈련을 자주 하고 있으며, 무기를 관청에서 보관하고 있는 것에 의거하여 상비병이 없었다고 하였으나(「論春秋時期的民兵制度」,『中國史研究』1987-3, pp.70-72), 여러 제후국에서 상비병 설치의 기사가 나오는 것은 거의 모두 춘추기의 일이다. 그가 지적한 일들이 여러 제후국에서 상비병 설치 이전의 춘추기에서 나올 수 있는 것인데 춘추기에 있었던 일이라 하여 춘추기 전체를 상비병이 없는 시기로 단정하는 것은 논리상으로도 합당치 않다.

무직武職과 직업병사도 자연히 증대되었다. 직업 군인의 증대는 자연히 문무文武 분화分化를 야기하였다. 또한 정전제井田制가 파괴되면서 춘추후기 증대된 무전無田의 사士가 녹祿을 얻기 위해 문사文士가 되어감으로써 전국기에 문사와 무사의 별別이 형성되고 문무 분직의 제制가 나오게 되었다는 시위청施偉靑의 견해도[23] 아울러 참고된다. 단지 이러한 해석만으로는 천무賤武 현상의 유래를 설명하기 어렵다. 그 무사에게 무엇보다도 용력勇力과 강한 전투력이 요구되었다. 문의 겸비는 이제 부차적인 사항이 되었다. 상비군의 구성에는 직업 군리軍吏나 병사 외에 일정기간 현역에 징발되어 복무하는 자도 있다. 전국기에 더욱 급박해진 상황에서 각국은 나름대로 독특한 방식으로 강병의 군단을 만들고 있다. 이를테면 제齊에서는 승패의 여부에 관계없이 적의 수급首級을 많이 얻은 자에게 포상하였고, 위魏에서는 체력이 고강한 이를 선발하고, 이들에게는 요역 면제와 전택田宅 급여(또는 그 세의 면제)의 특혜를 주었으며, 진秦에서는 5갑수甲首를 참획한 자에게 오가五家를 예속시켜주는 특혜를 주었다고 한다.[24] 특히 진秦의 이십등작제二十等爵制에서와 같이 어떠한 인품의 소유자라도 용력에 의해 전공만 세우면 신분의 상승과 그에 따른 여러 특혜를 누릴 수 있게 되었다. 서주 이래 국인의 자랑이었던 무

---

22) 단지 전국기에 병농일치에 의한 민병제가 모두 폐지된 것은 아니라고 본다. 기존의 민병제에 상비병제가 혼합된 가운데 전국기에 후자의 비중이 더욱 증대된 것으로 보아야 할 것이다. 전국기에 春蒐 등의 군사훈련이 보이지 않는 것 등에 의거하여 춘추기의 민병제가 폐지된 것이라고 본 李元의 견해는 잘못이라고 생각한다. 앞의 李元의 글.
23) 施偉靑, "論西周春秋的'士'" (『中國古代史論叢』 (岳麓書社, 長沙, 2004), p.9 (原載 『廈文大學學報』1989-2)
24) 『荀子』議兵篇 (『荀子新注』, 北京, 中華書局), pp.233-4.

가 이제 서민이나 천민의 사욕 다툼의 장이 되었다. 진률秦律에 타인이 얻은 수급을 훔친 죄에 대한 처벌 규정이 있는 것도[25] 그러한 사정을 말해주고 있다. 즉 이제 족읍 성원들의 공동체적 연대 의식에 의하기 보다는 개인의 체력과 전공 포상에 대한 탐욕심을 부추기고 이에 호소하는 방향으로 전투력을 제고하고 있다. 양자가 모두 무武이지만 전자는 대大[족읍]를 위해 소小[개인]를 희생하고, 주主를 위해 종사한다는 예적禮的 무사도武士道가 주조를 이루고 있는데 비해 후자는 자신의 부귀와 영달이 제일의 목표가 되어 있다. 전자에는 문文의 덕성이 내재된 반면 후자에는 이 면이 결한 무이고, 그래서 비천한 것이었다. 무는 용력 출중의 여부가 관건이 되었다. 비열한 졸부가 영예로운 무사로서 포상 받고 높은 작위를 받는 일이 많아지게 되었다. 그에 따라 무는 점차 비천시卑賤視 되어 갔다. 맹자를 비롯한 유가는 그러한 면의 무 내지 패도霸道를 자주 비판하였다. 그리고 그러한 부정적 무는 다음의 사례와 대비되는 것이었다.

연燕의 낙의樂毅가 제齊를 진격하던 중 개읍蓋邑에 이르게 되었는데 그 읍인邑人 왕촉王歜이 현賢하다는 것을 듣고는 군중軍中에 명하길, 개읍의 30리 이내로 진입하지 못하게 하였다. 왕촉이 있는 까닭이었다. 이어 사람을 시켜 왕촉에게 이르길 당신을 장군으로 삼고 만가萬家를 봉封해주겠다고 하였으나 왕촉은 사양하였다.[26] 이러한 일은 후대에는 거의 찾아보기 어려운 일이다. 전국기까지의 사대부에게는 그래도 고래의 미덕과 존현尊賢정신이 이어지고 있는 면이 있었다.

고힐강顧頡剛은 『國語』齊語가 전국시대의 작품임을 주장하고 그

---

25) 『雲夢秦律』封診式 奪首條, pp.256-258.
26) 『說苑』권4立節 (앞의 책, pp.166-7).

근거의 하나로서 다음 사항을 든 바 있다.

> (『국어』)齊語에 '예전에는 聖王의 處士도 한가로이 노닐
> 었다(昔聖王之處士也使就閑燕).」이라 하였는데 이 말은 바
> 로 분명히 춘추시대의 일이 아님을 드러내고 있으니 대저
> 전국시대의 말이다. 춘추시대의 士는 모두 매우 분주하였
> 고, 士는 모두 武士였으며 나랏일에 분명(奔命)하였다. 전
> 국시대의 士가 된 연후에야 遊手好閑의 文士가 되었다.『
> 맹자』(盡心章句下) 중에 기록하길, 풍부(馮婦)가 본래 능히
> 호랑이를 때려잡는 사람이었는데(『맹자』 본문은 '호랑이를
> 잘 때려잡는 사람') 나중에 文士를 경모하여 '결국 善士'가
> 되고나서는 다시는 호랑이 때려잡는 일을 하지 않았으나
> 나중에 한 번 (호랑이 잡으러 나선 사람들의 부탁을 받고)
> 다시 팔을 걷어붙이고 호랑이를 때려잡았다고 하였다. 이
> 러한 일은 춘추시대에는 武士가 응당 행할 바였으나 전국
> 시에는 文士를 숭상하고 武士를 경멸한 까닭에 호랑이를
> 때려잡은 일은 비록 좋은 일이었지만, '그 일이 士者의 웃
> 음거리가 되었다.'고 한 것이다. 이러한 연유로 『齊語』는
> 전국시대의 글임을 알 수 있다. 27)

즉 모든 사士가 무사武士이기도 하였던 춘추기와는 달리 전국시대
에는 문사文士 또는 현사賢士로서 호랑이를 때려잡는 것과 같은 무용
武勇이 오히려 경박한 행동이며 문사로서 행할 바가 아닌 것으로 인

---

27) 顧頡剛 講授, 『春秋三傳及國語之綜合研究』 (成都, 巴蜀書社, 1988),
p.97.

식되고 있다. 이러한 전국기 무사가 경멸되는 현상이 일어난 배경에는 상비군단의 증설과 그에 따른 문무 분화 현상의 전개, 그리고 민이 포상에 탐욕하게 됨으로 말미암아 무武가 비천시卑賤視 된 배경 등이 있었다. 그리고 군사 이외의 방면에서는 유가의 활동과 그 영향력이 있었다. 이에 대해서는 다음 장에서 논한다.

Ⅱ. '문文'의 이념화와 그 성격

갑골문에서 '문文'은 다음과 같이 분리교착分理交錯의 형상이다.[28]

즉 후세의 문리紋理[무늬]나 화문花紋의 '문紋'의 본자本字이고, 상형자인 듯하다.[29] 문紋은 곧 무늬이니 다양한 모습의 현상이다. 그래서 천문天文(紋)은 하늘의 현상으로서 일월성신풍운우日月星辰風雲雨 등의 모든 모습을 가리킨다. 인문人文[紋]은 인간사회의 모든 다양한 현상이다. 그런데 천문天文에 질서가 있고, 인문人文은 곧 이 질서에 조화하고 순응해야 한다. 천天의 모습(天文)에 상象(法)하여 인문이 이루어져야 한다. 성인은 천문의 질서를 알고 그것이 어떻게 인문에 관련되는가를 알며, 또한 인문이 어떻게 천문에 영향하는가를 알아 마땅한 인문을 제정하고 가르쳤으며 시행하였다. 사관史官이 인문의

---

28) 白川靜, 『字統』(東京, 1984), p.759.
29) 趙誠 編著, 『甲骨文簡明詞典---卜辭分類讀本』(北京, 中華書局, 1999 /1988), p.279.

언사言事와 천문의 현상을 함께 기록한 것은 그 상관관계를 파악하고 증명하기 위함이다. 그래서 사마천이 『史記』를 저술하게 된 뜻 가운데 하나가 천인(天文과 人文)의 제際(관련)를 궁구하여 알기 위함이었다. 성인聖人 내지는 선왕이 천문에 상象하여 제정한 것이 육경六經에 전하는 문물文物·전장典章·예법禮法·고사故事 등이며, 이것이 인문의 모범이다.

'문文'은 문화의 진전에 따라 여러 가지로 전의轉義되어 쓰이고 있다. '문文'은 천문의 질서에 순응 조화하는 인문의 덕행, 천문에 대한 인문의 총화, 경서經書·전장典章·예락·법률·제도 등 인문전반을 총칭하기도 한다. 또한 학문과 호학好學의 뜻으로도 쓰이는데 이는 문文이 배우는 것을 대표한데서 이루어진 전의라 하겠다. 훌륭한 품성이나 인격(교양, 덕망)을 가리키는 말로 전의되고도 있는데 이는 문文의 학습 내용 내지는 목표하는 바에 의거하여 이루어진 전의일 것이다. 또 문文이 본래 '무늬'에서 온 말인지라 외적 모습의 뜻을 갖게 되어 본질이나 내실內實 질박質朴에 상대되는 말로써 문식文飾·꾸밈·다듬음·변명의 어의語義로 쓰이고 있다.

또한 문文은 무武의 상대어相對語이다. 인문의 뜻으로 보면 무武도 여기에 포함되는 것이지만, 무武가 문文에 상대어가 된 것은 문文이 위와 같이 학문과 호학好學, 인격과 교양 등으로 전의되어 쓰이게 된 후에 나온 것이겠다. 무武에 상대되는 문文은 더 나아가 전투가 아닌 협상이나 화평의 방식을 뜻하기도 한다.[30] 또한 「本을 貴하게 함을

---

30) 文(협상, 화평의 방식)으로 승리를 얻을 수 있도록 하는 것이 좋다. 文으로 승리를 얻을 수 없게 되면 華屋(朝會하는 궁궐)에서 기필코 맹약을 이루고 돌아와야 한다.("使文能取勝, 則善矣. 文不能取勝, 則歃血于華屋之下, 必得定從而還")(『史記』권76平原君列傳, p.2366).

文이라 하고, 이를 親用함을 理라 하여, 兩者를 合하여 文을 이룸으로써 太一에 歸하나니, 무릇 이렇게 되어야 大隆이라 한다.」(『大戴禮記』)고[31] 한 것은 한漢에서 이루어진 문文의 철학화이며 이념화라 할 수 있다.

성인과 선왕이 이룬 문文은 천지의 질서에 순응 조화하는 것이다. 또한 문文은 마땅한 인문의 모범이요 길이기에 민民을 이끌어가는 군주와 사대부는 이를 자신이 먼저 배우고 닦아서 시정의 도道(치도)로 삼고 民을 교화하여 가야 할 의무가 있다. 이것이 항상 강조되는 문교文敎이다. 이 이념은 본래 공자 이전부터 중화세계의 위정자와 사대부들이 지니고 있던 통념이며 도덕의식이었다. 그리고 그 가치는 무武에 대비한 우월이 아니라 무武도 동등하게 함께 아우르는 것이었다.

그런데 공자에 이르러서는 문文의 가치에 치우친 가르침이 강조되고 있다. 위령공衛靈公이 공자에게 진법陳法[병법]에 대해 물으니 그는 「軍旅之事는 아직 배우지 못하였다.」고 하였다.[32] 공자의 부친 숙량흘은 역전의 용사였으나 그는 무학武學은 하지 않은 듯하다. 공자는 검술 익히기를 좋아한다는 자로子路에게 "네가 가지고 있는 능함에 학學을 가加하면 더한 성취가 있을 것이다."고 하였다.[33] 국인의 기본 학과였던 검술이 학으로 인정받지 못하고 있다. 또 공자의 수도행修道行과 이문장理文章[治禮樂制度]의 가르침은 곧 문교文敎이거니와 이것만으로도 천하의 사士가 모였다는 기사[34] 등에 의하면

---

31) "貴本之謂文, 親用之謂理, 兩者合而成文, 以歸太一, 夫是謂大隆.", 『大戴禮記』禮三本第42(高明 註譯, 『大戴禮記今註今譯』, 臺北, 臺灣商務印書館, 1984, p.46).

32) 『論語』衛靈(『十三經注疏』本, 中文出版社, p.5465).

33) 『說苑』권3建本(앞의 책, p.127).

그의 학學이 고래古來의 문무겸전文武兼全의 학은 아니었음을 말해준다. 자로子路가 검을 차고 있는 것을 보고 공자가 말하였다. "(前略) 不善은 忠으로써 교화하고, 暴寇는 仁으로써 방어하는데 어찌 劍을 지닐 필요가 있겠는가."라 하였다.[35] 위영공이 사우史魷에게 정무에서 가장 중요한 것이 무엇인지를 물음에 그는 대리大理[재판裁判]라 하였고, 자로는 사마司馬라 하고 있는데, 이에 대해 자공子貢은 우禹가 문교文敎를 1년 닦고 나니 세 번 전쟁에도 굴복시키지 못하였던 유호씨有扈氏를 항복해오게 하였다는 고사를 들어 옥사와 전쟁이 일어날 것을 미리 제거하는 문교가 가장 중요함을 역설하고 있다.[36]

이와 같이 문무겸학文武兼學의 전통이 전반적으로 이어지던 춘추기에 유가들은 무武 보다는 문文을 앞세우고 존숭하는 태도를 보이고 있다. 한편 공자는 「민에게 전투를 가르쳐주지 않는다면 이는 민을 버리는 것이라 한다.」고 하였다.[37] 즉 개별 사士의 인격 함양의 면에서는 무武를 도외시한 반면, 국가의 운영에 있어서는 민병民兵 훈련의 중요성을 강조하였다. 유학은 경세經世의 학學이기도 하다. 그래서 국가 운영상의 무武까지 도외시 한 것은 아니다. 후대의 유가 관료들도 위정자로서 경세의 면도 함께 이끌고 있다. 그렇지만 경세의 면 보다는 군자의 도, 덕치에 의한 문교의 치도를 위주로 하고 있다. 무武의 천시화는 이러한 경향과 밀접히 관련된다. 요컨대 공자가 국가 운영상 경세의 면에서 무武를 강조한 것이 문무에 대비한 무武의 중시를 뜻하지는 않는다.

---

34) 『說苑』권8尊賢에 "仲尼는 道行를 修하고, 文章을 理하였는데 天下의 士가 모여들었다." (앞의 책, p.330)
35) 『說苑』권5貴德(앞의 책, p.208).
36) 『說苑』권7 政理(앞의 책, p.267).
37) 「以不敎民戰, 是謂棄之.」(『論語』子路)

전국기의 맹자에 이르면 숭문崇文의 강조는 한층 더 심화된다. 양혜왕梁惠王이 곤경에 처한 나랏일을 어떻게 대처할 것인가를 묻자 맹자는 형벌과 세렴稅斂을 가볍게 하는 등의 인정仁政을 베풀게 되면 진초秦楚의 견갑이병堅甲利兵도 물리칠 수 있다 하고 '인자무적仁者無敵'의 명구名句를 설파하였다.[38] 이 말에 의하면 국가 운영상의 군사훈련도 별로 중요치 않다는 것이 된다. 제齊의 선왕이 (맹자에게) 묻기를, "齊桓公과 晉文公의 事蹟을 들을 수 있는가?"하니, 맹자가 대답하길, "仲尼의 徒는 제환공과 진문공의 事를 無道한 것으로 보는 까닭에 후세에 이에 대해 전해 온 바가 없다."고 하였다.[39]

이러한 맹자의 입장은 공자와 상당히 다르다. 공자는 패업霸業의 기수였던 관중에 대해 칭송한 부분이 많다. 이를테면 제환공齊桓公이 병거兵車에 의하지 아니하고 구합제후九合諸侯한 것은 관중의 힘이니 누구에게 그러한 인仁이 있겠는가! 하고 찬탄하고 있다.[40] 또 관중이 없었다면 우리는 저 미개인未開人과 같은 모습을 하고 있을 것이라고도 하였다.[41] 사실 제환공은 후대 유가의 덕목에 합치하는 행동을 많이 한 바가 있다. 제환공이 산융씨山戎氏를 정벌하러 가면서 연燕 땅을 지나게 되었는데 연군燕君이 국경 밖으로 나와 맞이하였다. 환공이 관중에게 묻기를 "제후가 서로 맞이하는데 出境해야 하는가?"하니 관중이 말하길, "천자가 아니면 출경해서는 안 됩니다."고 하였다. 환공이 말하길, "그렇다면 燕君이 (齊를) 두려워하여 失禮한 것이니 寡人이 不道하여 燕君으로 하여금 失禮 하도록 한 것이다."하

---

38) 『孟子』권1梁惠王上(『孟子正義』,『諸子集成』1, 上海書店. 1986, p.41)
39) 『孟子』梁惠王上.(앞의 『孟子正義』, pp.44-46).
40) 위와 같음(위의 책, p.168).
41) 위와 같음.

고 연군이 출경出境하여 이른 땅을 연군에게 할양하였다. 제후가 이 일을 전해 듣고 모두 제에 귀조歸朝하였다.[42]

또한 맹자는 무학武學이나 무武를 통한 패업을 거의 인정치 않고 있다. 그의 왕도이념은 패도覇道를 부정함을 통하여 강조되고 있다. 그의 숭문崇文은 다분히 이념화되고 있다. 즉 공자보다 숭문의 자세가 더 강하다. 전국기는 전란이 많고 그 전쟁은 이전 시대보다 더 절박한 것이었다. 진秦을 비롯한 각 국은 전민全民에게 군공에 의한 작위를 수여함으로써 무武가 중시되는 풍조가 정치사회전반에 풍미했을 것이다. 맹자의 보다 강렬한 숭문 자세는 무武에 지나치게 편향되어 가고 있는 세태에 대한 반발에서 나온 것으로 이해할 수도 있다. 전국시대는 무武의 강화와 문文의 강화가 함께 어우러져 있던 시대라 할 수 있다. 그런데 전국시대에 활약하고 있는 인물들을 보면 전문 무사출신으로 출세한 예는 드물다. 개인의 전기에서 무학을 거친 경우 이를 특기하고 있는 것을 보면 여타의 인물은 별로 익히지 않았음을 말해준다. 조趙의 평원군平原君이 진의 한단邯鄲 포위에서 벗어나고자 초와 연맹하기 위해 사절단으로 20인의 문무구비자文武具備者와 함께 가기 위해 대상자를 선발하였으나 19명밖에 채우지 못하고 있다.[43] 평원군은 당시 2~3천여명의 식객문하食客門下를 지니고 있었는데 그 가운데 마땅한 문무겸비자가 19인 밖에 없었다는 것은 전국기에 문사文士와 무사武士가 그 만큼 따로 전문화되고 있었음을 말해준다.

아울러 제자백가諸子百家의 활동 또한 문文의 분화를 말해준다. 그러나 전국시대는 춘추시대와 마찬가지로 주요 인물들이 대부분 문사

---

42) 『說苑』권5貴德(앞의 책, p.185)
43) 『史記』권76平原君列傳, p.2366.

나 무사로 구분 짓기 어려울 정도로 출정하여 종군하고 있다. 이들은 이미 소수가 된 문무겸비자로 보이는 예도 있으나 단지 문사의 면만 보이는 예가 오히려 더 많다. 무용만으로 군대를 이끌고 출전하는 것은 성공하기 어려운 일이다. 특히 연대와 이반離反, 도덕 이념과 절박한 생존의 현실이 함께 움직이는 칠국七國의 각축장에서 현능賢能의 인사人士가 우대되었다. 그 현능에는 나름대로 문文의 어느 분야에 일가견을 이루었거나 궁행을 보인 인물이 인정받고 추천되었다. 단순한 1 : 1의 전쟁이 아닌 가운데 문文의 역량이 없으면 군사를 지휘할 수 없었다. 물론 하급무장 정도는 전문 무사출신도 많이 있었을 것이다. 그러나 그들도 문文의 역량이 부족하면 큰 출세를 기대하기 어려웠다. 그러나 문무겸비자를 쉽게 구하기 어려웠다는 것은 문무를 겸비한다는 것이 상당히 어려웠다는 것을 뜻하기도 하고, 다른 면에서는 문무의 분화 현상, 그리고 유가와 같이 숭문을 견지하며 무를 폄하하는 사상이 끼친 영향이 있었음을 말해준다고 하겠다.

공자나 맹자의 가르침이 패업을 버리고 문교의 치세로 나아가게 하지는 못하였다. 그러나 이 유가에서 이루어진 육경의 교육과 전수를 통한 문교의 강조는 무의 거센 바람 속에서 고래의 인문과 그 정신을 지탱하고 기능하게 하였다고 본다. 특히 맹자의 전통은 후술하는 한초 삼가三賈(육가陸賈·가의賈誼·가산賈山)의 활동으로 이어져 숭문의 꽃을 피우는데 중요한 역할을 한 것으로 보인다.

한편 묵자墨子의 반전론이나 『老子』31章에 「兵이란 不祥의 器이고 군자의 器가 아니나니 부득이하여 이를 쓸 경우에는 담담한 마음으로 임함이 좋다.」, 同30章에 「道로써 군주를 보좌하는 자는 무력으로써 천하에 강함을 과시하여서는 안 된다.」등의 주장에서 보이는 바와 같이 일부의 제가諸家도 무력의 사용을 크게 경계하였고, 그 영향 또한 인정되지만, 그들에게서 유가에서와 같은 문文의 강조는 별로 보이지 않는다.

　한편 춘추 이후 국가 영역 및 통치기구의 확대, 그리고 문관에 의한 관료제가 이루어지면서 특히 행정실무를 담당하는 문리文吏의 역할이 증대되었다. 문리의 영역은 상당한 전문성을 갖춘 것이었고, 이 방면의 비학습자非學習者가 쉽게 맡을 수 없는 것이었다. 문서행정의 면밀함과 복잡한 법률 운용의 체계는 근래 발견된 여러 법률문서에서 입증된다. 이러한 문리의 활동과 그 위상의 확대도 문무의 분화에 상당한 영향을 주었을 것이다. 그런데 유가에서 강조하는 문文은 문리의 문文이 아니었다. 문리는 실은 하급 행정관의 영역이었고, 유가의 문文은 고급 통치자의 학學이었다. 양자의 문文에 대해 전국에서 한漢에 이르기까지 우열 논쟁이 이어지고 있지만 전반적으로 유가가 강조하는 문文이 숭문의 추세를 이끈 것으로 본다. 진秦에서 한때 문리의 문文이 우위에 선 시세가 있었지만 그 문文이 문文의 이념을 대표하며 숭문천무崇文賤武의 전개를 이끌 수 있는 것은 아니었다. 숭문천무는 전술의 여러 사정과 함께 명경과 덕행, 시부 문장의 문아文雅함, 박식博識, 절의節義 등이 포함된 문文의 미덕이 이루어진 가운데 일어난 일이었다(후술). 문리의 문文에서는 이러한 면을 갖추고 있지 못하였다. 따라서 숭문천무의 배경과 과정은 문리의 문文에서 보다는 유가가 강조하는 문文을 중심으로 의론되지 않을 수 없다. 또한 전국기 진 이외의 나라에서는 유자儒者가 문리로 임용된 예가 많다. 한비자가 한의 정치를 비판하여 「儒者를 쓰니 用文亂法하고, 俠者를 쓰니 武로써 犯禁한다.」고 하였다.44) 여기서는 이미 유자儒者[文]와 협자俠者[武]의 분화 현상이 뚜렷하다.

문사의 상급무직上級武職 임용은 주周에서 진한에 이르기까지 거의 공통된 현상이 되고 있다. 초한전쟁의 와중에서도 어려서부터 가빈家貧한 가운데 독서를 좋아하고 황제노자黃帝老子의 술술術述을 수학한 진평陳平도 항왕項王의 진영에 들어오면서 도위都尉에 임명되었고, 다시 한왕漢王에 귀부한 뒤에는 그 도위都尉의 전력에 의거하여 호군護軍에 임명되고 있다.45) 단지 그 문사도 주에서 춘추기까지는 대체로 무武를 겸비한 사士였고, 후대에는 그러한 겸비의 사士가 줄어들면서 양자의 분화현상이 커진 것으로 보인다. 단지 하급무직의 경우는 사료에 거의 나오지 않기 때문에 시기별 변화의 사정을 자세히 알 수는 없으나 대체로 무사 위주의 임용이었을 것이다. 이를테면 문文의 위상이 한층 커진 한대漢代에도 하급무직에 해당하는 재관材官 · 기사騎士 · 루선樓船 등 정졸正卒의 사士는 재력무맹材力武猛한 자로부터 임용되었다.46) 『한서』권19상 백관공경표에 의하면 전국진에서 설치된 복야직僕射職은 무관을 중시한 옛 전통에 의한 것이었다. 모든 관리가 전시에는 무관이 되던 과거의 전통과 기상이 문관 위주의 흐름으로 인해 사라져 가던 현실을 개선 내지 보완하고자 하는 뜻에서 설치된 것으로 생각된다. 이 관직은 시중侍中으로부터 상서尚書와 박사博士 · 랑郎을 비롯하여 군둔리軍屯吏 · 추鄒 · 재宰 · 영항永巷 · 궁인宮人에 이르기까지 부설附設되었다. 그 임무를 「활쏘기를 주관하여 이를 부과하고 감독한다(有主射以督課之)」라 하였는데47) 대체

44) 『史記』권63韓非列傳, p.2147.
45) 『漢書』권40陳平傳(『漢書補注』, 北京, 中華書局, 1983, pp.989-992).
46) 박건주, 「漢代의 正卒과 지방상비군」(『전남사학』11, 1997.12).
47) "僕射, 秦官, 自侍中 · 尚書 · 博士 · 郎皆有. 古者重武官, 有主射以督課之, 軍屯吏 · 鄒 · 宰 · 永巷宮人皆有, 取其領事之號.". 顔注引孟康曰, "皆有僕射, 隨所領之事以爲號也. 若軍吏則曰軍屯僕射, 永巷則曰永巷僕射."『漢

로 무위武威로서 소속 관장官長을 부관副官으로서 보좌하고, 서무庶務를 감독하는 직책이었을 것으로 짐작된다. 한漢 이래 상서령의 부관격이었던 상서복야尚書僕射가 상서尚書 직권의 성장과 함께 점차 실세로서 부상하고 있으며, 남북조에서 수당에 이르러서는 그 위상이 더욱 커져서 서정庶政을 총리하는 직책이 되었다. 그러나 후한 이래 중앙행정의 실세로 부상하면서 이미 무관으로서의 면모는 거의 일탈한 것으로 보아야 할 것이다. 유교 이념에 의해 점차 '문文'의 위상이 우위에 처하고, 한漢 무제기武帝期 이래 명경의 사士가 박사관博士官과 극간지사極諫之士, 대문지관待問之官등 전문의 문교 응대의 직직職에 사관仕官하는 일로一路가 형성되고, 나아가서는 여타의 일반 행정관으로 진출하는 경향이 보편화되고 있다. 전문의 문사(經學士)와 전문의 문관직이 점차 확대되는 추세를 보인다. 또한 문법리文法吏와 군공출신자도 존유尊儒를 공통으로 하는 경향이 일반화 되었다.48) 그리고 그 배경에는 분서갱유를 전후하여 육경六經과 경학經學의 사士가 크게 불비不備되고 부족한 가운데 이를 회복하여 경학의 진흥에 의한 문교의 실현을 이루겠다는 위정자의 의도가 있었다. 이렇게 경학의 사士가 크게 존대 받는 사회에서 사대부는 점차 문무겸수의 전통을 버리거나 소홀히 하게 되었다. 그러나 문무겸수의 전통이 온전히 곧장 단절된 것은 아니었다. 대체로 후한 말 삼국시대까지는 그 전통의 유지와 방기의 양면이 공존하고 있는 상태였다고 보는 것이 필자의 입장이다.

書』19上百官公卿表(앞의 『漢書補注』上, p.299).

48) 이에 대해서는 臧知非,「儒學與漢代社會實踐的綜合考察---讀晉文『以經治國與『漢代社會』」(『徐州師範大學學報哲學社會科學版』29-2, 2003.4), p.163.

전국기 유가의 활동은 치우친 면이 있지만 심화되는 전쟁의 소용돌이 속에서 문文의 정신이 방기되고 비천 화한 무武가 횡행하는 현실에 처하여 전래의 문文의 정신을 이념화 하고 널리 펴서 사회를 구원하고자 하는 뜻이 있었다고 본다. 그들에게는 치우친 무武가 난무하는 현실에서 보다 차원 높은 문文의 방식으로 정치 등의 인사人事가 이루어지길 원하였다. 이러한 면들은 여러 자료에서 도처에 보인다. 이전에 공자가 하극상이 만연한 정치 현실을 보고 그 해결을 예禮의 복원과 재천명에 의해 이루려고 한 것과 같은 모습이다. 유생은 중앙정권에 기생하는 성격이 강한 것이 사실이다. 그러나 그러한 측면은 춘추전국기 보다는 전제지배체제가 확고해진 후대의 일반적 경향이다. 춘추전국기의 유사儒士들에게도 그러한 측면이 없지는 않았으나 전통의 가치가 망각되고 방기되는 현실에서 이를 고수하고 견지하는 길을 통해 세상을 광정匡正하려는 의지가 오히려 더 크게 작용한 것으로 본다.

Ⅲ. 한대 언무흥문偃武興文 정치의 전개와 그 영향

무武에 대칭되는 문文은 문학文學(文學의 士)과 문법文法(文法의 士)으로 구분되는데, 문학은 시서예락詩書禮樂 등의 경학을 배우고 실천하여 스스로 인仁을 이루고 그 덕으로써 민民과 사회를 감화함을 이념으로 하며, 유생이 주로 그 주인공들인 까닭에 문학유생文學儒生으로 칭한다. 문법은 일반 행정사무와 옥송의 사무처리 분야로써 대체로 행정실무직(掾史)의 문文이며, 이를 중시하는 리吏를 문리

文吏(文法吏, 刀筆吏)로 칭한다.[49] 진秦의 이사李斯의 진언에 의해 시행된 '이리위사以吏爲師'에서의 리吏는 관장과 그 속관인 연사掾史를 가리킨다. 진한에서 리吏는 문무의 이도二途로 분리되어 임용되고 있다.[50]

한고조가 유생을 크게 경멸하였다는 것은 주지의 사실이다. 그는 군사를 통해 나라를 건국하는 일에 무武가 우선되어야 하는 것이 당연하다고 강조하였다. 무제武帝 즉위 이전까지 2천석 이상의 직위에 오른 자들은 대부분 전공자들이었다. 군층軍層과 군리軍吏가 차지하는 비율이 고조기는 거의 100%, 혜제惠帝 여후기呂后期는 90%, 문제기文帝期 62%, 경제기景帝期 54%였고, 군태수 출신은 이보다 약간 하회하는 수치이다.[51] 이와 같이 한초 무공자가 정계의 고위직을 휩쓸고 있던 시기에 유가인 육가陸賈는『詩』와『書』를 멸시하던 한고조에게 문무병용文武並用이 장구長久의 술術임을 진언한 바 있다.[52] 또「守道者를 士라고 한다.」[53],「그 행을 바르게 하고 세상에 영합하지 않는다.」[54],「천하는 一家의 것이 아니고 有道者의 것이다. 그래서 무릇 천하는 오직 有道者가 다스려야 한다.」[55]는 수도자守道者

---

49) 이에 대해서는 박건주,「中國古代의 儒生과 言官」(『中國史硏究』12, 2001.2) 참조.
50) 이 면에 대해서는 張金光,『秦制硏究』(上海古籍, 2004), 第十章「學吏制度」第二節, pp.714-6 참조.
51) 李開元,『漢帝國的建立與劉邦集團---軍功受益階層硏究』(北京, 三聯書店, 2000), pp.64-66.
52)『漢書』권43陸賈傳, 앞의『漢書補注』下, p.1015.
53)『新書』권8道術第46 (臺北, 世界書局, 1975), p.54.
54)『新語』辯惑第五 (『四部備要』本, 中華書局), p.8.
55)『新書』권9修政語下第52에 師尙父의 말로 인용되어 있다. 앞의 世界書局本, p.66.

로서의 기개와 도道에 따르고 군주에 따르지 않으며, 천하국가의 일을 자신들의 소임으로 자부하였던 유사儒士의 전통을 강하게 표출하였다. 이와 같이 한초 유사를 대표한 육가陸賈와 가의賈誼·가산賈山의 삼가三賈는 무武의 기세가 강하던 시기에 수도자로서의 기개와 본분을 잃지 않고 있다. 춘추전국기에 일면에서 '喪家의 犬'처럼 천대 받거나 그 가르침이 우활迂闊하여 사정에 어둡다는 비평을 들으며 제국의 군주들에게 무시되는 경향이 있었던 유가가 한초 이후 정치계에서 그 위상이 크게 신장된 것은 삼가의 역할이 컸다. 그들의 사상에 군주에 기생하는 면모가 없는 것은 아니지만 전제지배체제 아래에서 불가피한 면이 있었다는 점도 고려해야 할 것이다. 천하의 일을 자임自任한다는 유가의 자부심을 도외시 하고 단지 부분적으로 보이는 기생의 면을 주로 지적하는 것이 종래의 대체적인 연구 경향이었다. 반면 근래 한초 유가들의 활약을 수도守道와 국가 사회를 위한 순수한 열정에 의한 것으로 해석한 연구들이 발표되고 있는 것은 오히려 고무적인 일이라 생각한다. 이러한 연구 경향이 물론 근래 유가사상을 고양하는 정책을 펴고 있는 중국에서 그에 부응하여 나온 것이라는 면은 있으나 오히려 종래의 연구 경향이 사회주의 이론과 이념에 의거하여 객관성을 상실한 것이었고, 이제 그 편향된 시각에서 벗어나 객관성과 폭넓은 시각을 갖춘 가운데 나온 성과로 보아야 할 것이다. 그리고 그러한 정신을 실천 궁행하는 자로서의 자부심과 자긍심이 후한대 유교가 지배 이념이 된 사대부 사회에서 절의를 숭배하는 양상으로 전개될 수 있었다고 생각한다. 한 건국 후 황로의 무위정치를 이어 흥문興文시대에 들어서게 된 것은 수성守成의 시기가 도래한 때문이기도 하지만 삼가三賈가 고수하고 천양한 수도의 이념 또한 중요한 역할을 한 것으로 생각된다. 무제가 즉위 초에 맨 먼저 시행한 조치들은 거의 모두 유가의 이념에 충실히 따르려는 것이었다. 무제의 이러한 면모도 그가 일찍이 삼가의 글을 읽고 그 뜻에 영향 받아 이루어진 것이 아닐까 한다.

무제는 개인적으로 유가를 선호하였으되 문법文法 또한 소중히 하였다. 소위 외유내법外儒內法이 견지되고 있다. 무제는 「古者, -------, 守成에는 尙文하고, 사변을 만나면 武를 앞세운다. 아직 이를 바꾼 적이 없다.」고[56] 하였다. 무제의 시기는 수성守成의 시기이면서도 외정外征이 끊임없이 이어져 사변의 시기이기도 하였다. 그래서 무제는 문文과 무武를 아울러 갖추고자 하였다.

> 이 때 漢 건국 후 60여년으로 海內 안정되고, 府庫는 충실
> 하였으되 四夷는 아직 귀복하지 아니하고, 제도가 미비된
> 것이 많았다. 황제(武帝)가 이에 文武之士(문무겸비의 士)를
> 쓰고자 하여 구하였으나 뜻한 대로 이루어지지 않았다.[57]

무제는 즉위 초 이미 흉노 등에 대한 전비戰備에 뜻을 두고 문무겸비의 士를 구하고자 노력하였다. 그러나 뜻대로 되지 않았다고 하였다. 여기서 '문무文武의 사士'를 문文과 무武의 사士로 보기 어렵다. 문文과 무武의 사士라면 이를 구하기가 그렇게 어려운 일은 아니었을 것이다. 구하지 못하였다는 것은 문무겸비의 사士를 구한 때문일 것이다. 그리고 문무겸비의 사士를 구하기 어려웠던 것은 전국시대 이래 문사文士 무사武士가 분화되어 온 결과일 것이다.

한의 병제兵制에서 지방의 상비군 내지는 하급의 무직이라 할 수

---

56) 『漢書』권58公孫弘傳, 앞의 『漢書補注』下.p.1201.
57) 『漢書』권58公孫弘卜式兒寬傳의 班固 贊曰, 앞의 책, p.1205.

있는 재관궐장材官蹶長이나 누선樓船·기사騎士의 정졸正卒출신으로 승진 출세한 예는 극히 드물다. 한초漢初 오吳의 상相이었던 원앙袁盎이 승상 신도가申屠嘉에게 말하길, 「君(申屠嘉)은 예전에 材官蹶長이었다가 遷任하여 隊率이 되고, 功을 쌓아 淮陽郡의 태수에 이르렀습니다만 奇計·攻城·野戰의 功이 있었던 것은 아니었습니다.」라고[58] 하였다. 재관궐장材官蹶長의 정졸正卒출신으로서 신도가처럼 지방장관 이상으로 출세한 예는 드물다. 단지 「한 건국 후 六郡의 良家子 가운데서 선발하여 羽林·期門에 충당하였으며, 材力으로 官이 되고 명장이 된 자가 많이 나왔다.」[59]고 하였으니, 재관材官 출신자로 명장이 된 예가 상당수 있었다 하겠으나 사서史書에 등장한 예는 드물고, 서북 변경지역인 육군六郡(농서隴西·천수天水·안정安定·북지北地·상군上郡·서하西河)에 한정된 일을 말하고 있다. 또 면로免老한 정졸正卒 가운데서 일부를 선임하거나 무용이 있는 자로 충임되는 정장亭長은 군현의 도위都尉 직속의 하급 무직武職인데 전한초에서 후한초에 임협任俠(호협豪俠)이나 그에 가까운 인물들로 정장亭長을 거쳐 출세한 인물들이 보인다(유방劉邦·왕온서王溫舒·주박朱博·임안任安·오한吳漢·장궁臧宮 등).[60]

한대의 주요 추거推擧과목인 문학文學이나 현량賢良·효렴孝廉·방정方正·극간極諫·박사제자 등은 문학유생이거나 여기에 가깝다. 중앙의 궁성수비부대와 시위侍衛부대를 비롯한 중앙의 여러 무직武職의 장과 전시戰時의 장군도 대부분 위의 추거推擧과목에 의해 진출한

---

58) 『史記』권101袁盎傳, p.2741.

59) 『漢書』권28下 地理志八下, 앞의 『漢書補注』上, p.846.

60) 『漢書』권1上高帝紀, 『史記』권122酷吏列傳, 『史記』권104田叔列傳猪先生補, 『漢書』권83朱博傳, 『後漢書』권18吳漢傳, 『後漢書』권18臧宮傳.

인물들이고, 이들은 내內·외조外朝에서 황제와 국사를 논의하거나 대문待問하고 황제가 판결하게 된 의옥疑獄의 판결에 임하기도 한다. 한漢 일대를 통하여 무용의 덕목으로 추거된 예는 드물다. 전국적인 천거를 명한 예로서는 후한 순제順帝 영화永和3년(138년)과 한안漢安 원년(142년)에 장교에 임용할 수 있는 무맹자武猛者를 추천하게 한 예가 있으나61) 각지에 반란이 이어지던 상황에서 이루어진 한시적인 조치에 불과하였다. 그밖에 앞에 든 신도가의 예가 있고, 또 세세世世 가문의 무학武學으로 사射를 익혔던 이광李廣의 예가 있다. 그는 흉노가 침입하였을 때 양가자良家子로써 종군하게 된 후 말타기와 활쏘기를 잘하여 후에 장군에 이르게 되었다.62) 또 무제武帝의 명으로 위청衛靑이 자신의 사인舍人 가운데 무용으로 천거한 임안任安이 있다. 임안은 여러 무직을 거치며 큰 공을 세웠다. 그러나 그는 문무 겸비의 인물이었다.63) 순제順帝 영화중永和中(136-141)에 극현劇縣의

---

61) 『後漢書』권6順帝紀 永和3年條, p.268. 漢安元年條, p.272.
62) "李將軍廣者, 朧西成紀人也. 其先曰李信, 秦時爲將, ------. 廣家世世受射. 孝文帝十四年, 匈奴大入蕭關, 而廣以良家子從軍擊胡, 用善騎射, 殺首虜多, 爲漢中郞.". 『史記』권109李將軍列傳, p.2867.
63) 漢武帝가 衛靑의 舍人 가운데서 郞이 될 만한 인물을 선발해 올리라고 명함에 위청이 자신의 舍人 가운데서 부유한 집안 출신자를 뽑아 奏上하고자 하였는데 마침 이 때 少府 趙禹가 방문하여 이들을 살펴보고 한 사람도 智略을 갖춘 자가 없었다. 이에 趙禹가 말하길, "----, 지금 황제가 장군의 舍人을 천거하라고 명한 것은 장군이 능히 賢者 文武之士를 얻을 수 있는가를 알아보고자 한 것인데 이제 단지 富人의 자제를 취하여 올리고 智略도 없는 이들이니 마치 나무인형에 비단 옷을 입힌 것과 같은 이들이라 장차 이들을 어떻게 쓸 것인가?"하였다.
이어 趙禹가 직접 舍人 가운데서 인물을 살펴보고 마침내 田叔과 任安 二人을 선발하였다. 이 二 人이 함께 武帝를 알현하게 되었을 때 각자의 재능과 지략에 대해 서로 그 次第를 말해보라는 황제의 말에 대해 田仁(田叔의 子)은 대답하였다.

영令에 있다가 낙양령洛陽令에 부임한 임준任峻은 「文武吏를 擢用하여 그 능력을 남김없이 발휘하도록 하였다.」[64] 단지 이 경우는 현縣의 리吏에 충당된 만큼 하급의 리吏에 지나지 않은 예이다. 후한말의 예로 여포와 마등馬騰이 있다. 「呂布는 弓馬에 능숙하고 용맹하여 幷州刺史府에 처음 給事하게 되었다.」[65]하였고, 후한말 삼국기에 정서征西장군과 위위衛尉에 올랐던 마등(마초馬超의 부)의 부친은 현위縣尉에 복무하고, 거관去官 후 빈한하여 처처妻를 얻지도 못하다가 후에 강족羌族과 잡거하던 중 강녀羌女를 취하여 등등騰을 낳았다. 등등騰은 벌목으로 생계를 유지하던 중 민民과 저氐·강羌의 연합반란에 처하여 양주凉州자사가 용력자勇力者를 모집함에 들어가 군종사軍從事로 선임되고 이후 토벌의 공을 세워 큰 군단을 거느리는 세력가가 되었다.[66] 이들 모두 전시戰時에 용맹 용력勇力 등으로 발탁된 경우이다.

그런데 상위上位 무직武職도 무용이 아닌 문학에 의해 오른 예가 오히려 더 많다. 또한 문원열전文苑列傳에 입전立傳된 유진劉珍은 월기교위越騎校尉와 위위衛尉를 역임하고 있다.[67] 이밖에 후한에서 명

"북채를 들고 軍門에 서고, 士大夫로 하여금 즐거이 죽기를 각오하고 전투에 나아가게 하는 것은 (田)仁이 任安에게 미치지 못합니다."하였고, 任安은,

"대저 嫌疑를 판결하고 是非를 판정하며, 관직의 행정을 잘 분별하여 처리하며, 백성이 원망하는 마음을 갖지 않도록 하는 것에 있어서는 (任)安이 田仁에 미치지 못합니다."고 하였다. 이에 武帝가 大笑하며 "훌륭하다!"하고, 任安을 北軍監護에 임명하고, 全人은 護邊田穀于河上에 임명하였다.」『史記』권104田叔列傳, pp.2780-1.

즉 任安은 文士 내지는 文吏의 면에 있어서 田仁에게는 미치지 못하였지만 함께 비교될 수 있는 자질을 갖추고 있었음을 알 수 있다.

64) 『後漢書』권76王渙傳, 앞의 鼎文書局本, p.2470.

65) 『後漢書』권75呂布傳, p.2444.

66) 『三國志』권36馬超傳 注引 『典略』, 鼎文書局本. p.945.

경명經으로 유명한 이들이 누천累遷하면서 오관중랑장五官中郎將·우중랑장右中郎將·좌중랑장左中郎將·기도위騎都尉·월기교위越騎校尉등 무직을 역임하고 있는 예가 많다.[68]

한에서는 무술을 배우는 것이 전술한 『맹자』의 예에서와 같이 선사善士로 대접받지 못하였던 것으로 보인다. 「司馬相如는 蜀郡 成都人이며, 字는 長卿이다. 少時에 독서를 좋아하고, 擊劍을 배웠다. 때문에 그 부친이 '犬子'라고 이름 하였다.」[69]고 하였다. 무제 시時의 사마상여司馬相如가 어려서부터 독서를 좋아하였다는 것과 함께 격검을 배웠다는 것을 특기하고 있는 것은 이 때 이미 독서와 격검이 사대부 모두가 함께 동시에 익히는 것이 아니었음을 말해주고 있으며, 또한 그의 부모가 격검을 배우는 그를 '견자犬子'로 불렀다는 것은 격검이 좋은 사대부士大夫의 상에는 어울리지 아니하고 그르치는 것이었음을 말해준다.[70] 독서와 무학은 본래 춘추이전에는 사대부가 겸비해야 할 현賢의 덕목이었으나 오히려 기피되고 있다. 선제 즉위 초에 노온서路溫舒는 진언하면서 진의 멸망 원인 가운데 「무용을 좋아하였다」는 사항을 들고 있다.[71]

전한 초 중기의 이러한 분위기에서 무직武職의 총수라 할 태위직太尉職에 여러 중대한 변화가 보인다. 이와 관련하여 먼저 다음 기사가 주목된다. 선제宣帝 오봉五鳳연간에 승상 황패黃覇가 황제의 은총

---

67) 『後漢書』권80上 文苑列傳 劉珍 條, p.2617.
68) 『後漢書』권79儒林列傳의 董鈞、周澤、鍾興、樓望의 條.
69) 『史記』권117司馬相如傳, p.2999.
70) 단지 '犬子'가 애들에 대한 일반적인 애칭인 경우도 있으나, 여기서는 그렇게 볼 수 없다. 왜냐하면 일반적인 애칭으로 부른 것이었다면 하등 사마천이 이를 기재할 필요가 없었을 것이기 때문이다.
71) 『說苑』권5貴德, 앞의 책, p.189.

을 받고 있는 시중 사고史高를 태위太尉로 천거하자 천자가 말하였다.

> ⓐ 太尉官이 폐지된지 오래 이고, 이를 승상이 겸하도록
> 한 것은 언무흥문(偃武興文) 하기 위함이다. 만약 국가가
> 불우(不虞)하고 변경에 사변이 생기면 좌우의 臣이 모두 隊
> 伍를 이끌고 나가야 한다. ---------." 『한서』권89循吏傳 黃覇 條

변경에 사변이 생기면 좌우의 신臣이 모두 대오를 이끌고 나가야 한다는 것은 고래로 사대부가 본래 전사층이고, 평시에는 민정民政, 전시에는 군정軍政에 임하는 전통에 따른 것이다. 한에서 정졸正卒 및 민간의 졸오卒伍의 징발과 함께 항상 그 지역의 리吏가 함께 징발되고 있는 것도 같은 예이다. 이들은 대체로 『居延漢簡』 등의 자료에서 '리사吏士'로 지칭되고 있다. 그런데 위 기사에 의하면 또 중요한 내용이 있다. 즉 태위관太尉官이 폐지된지 오래 되었고, 이를 승상이 겸하도록 한 것은 언무흥문偃武興文하기 위함이었다는 것이다. 태위太尉가 폐지되어 승상이 그 직책을 겸하게 되었다 한 것은 『사기』권10孝文本紀3년10월조에 「罷太尉官, 屬丞相.」이라 하였으니 이를 말한 것이겠다. 이 일은 강후絳侯 주발周勃을 승상에서 면직시키고 취국就國하게 한 후 태위로 있던 관영灌嬰을 승상에 임명하면서 내린 조치였다. 이 때 승상이 태위를 겸임한 것이었음은 동년同年 6월에 흉노의 침략에 대해 승상 관영을 보내어 흉노를 격퇴하게 한 사실에서 알 수 있다. 문직文職의 총수인 승상이 무직武職의 총수인 태위의 직사職事를 겸임하여 수행케 한 것은 무사를 문직에 종속시킨다는 뜻이 있다.

그런데 이후에도 태위에 봉직한 인물의 예가 있기 때문에 태위직이 처음 혁파된 이후 계속 폐지된 것은 아니다. 『한서』권19上 백관공경표에 태위는 진관秦官이고 무제건원武帝建元2년에 생관省官되었다 하였는데, 이 조치는 동년同年에 태위太尉 전분田蚡이 면직된 사건에(同 권6武帝紀 同年의 條) 관련된 것이다. 그리고 그 14년 후인 원수元狩4년에 '初置大司馬'라 하였고(同 百官公卿表), 『漢官儀』에 무제 원수6년에 태위를 파파罷하고, 주제周制에 따라 사마司馬를 두었다 하였다. 그렇다면 백관공경표에서 건원2년에 태위를 생관省官[혁파革罷]하였다는 것은 무엇을 의미하는 것일까. 이 16년 사이에 태위가 복구되었거나 대사마가 다시 태위로 개명되었다는 기사는 보이지 않는다. 그런데 백관공경표에 의하면 태위직은 자주 생관과 복치復置가 반복되었음을 알 수 있다. 한 건국 후 맨 먼저 태위에 임명된 이는 노관盧綰이었고, 고조5년 연왕으로 취국就國함에 따라 공석이었다가, 同11년에 주발이 임명되었는데 곧바로 폐지 되었다. 그리고 혜제惠帝6년에 주발이 다시 태위에 임명되었다가 10년 만에 전직되고, 문제文帝 즉위 해에 관영이 태위에 오르기까지 백관공경표의 태위 난欄은 공석으로 되어 있다. 관영 또한 태위 2년 만에 승상으로 전임됨과 함께 태위가 생관되었다. 그 24년 후인 경제景帝3년에 태위가 다시 복구되어 주아부周亞夫가 임명되었는데 재직 5년 만에 전직됨과 함께 태위가 생관되었다. 그 후 10년만인 무제 즉위 해에 다시 태위가 복구되어 전분田蚡이 임명되었고, 그 다음 해에 곧바로 전분이 면관되면서 다시 태위는 생관되었다. 그리고 그 20년 후에 대장군 위청衛靑과 표기장군 곽거병霍去病이 함께 대사마의 이름으로 기재된 이후 전한 말까지 태위의 난이 대사마 재위자의 이름으로 채워져 있다.

앞의 선제宣帝의 말에 의하면, 한漢에서 이와 같이 태위를 자주 생관省官한 것은 일단 언무흥문에 그 뜻이 있었다 하겠고, 그 직책은 승상에게 겸임시킨 것으로 이해된다. 종종 다시 복구시킨 것은 시국의 여러 여건에 따른 것이겠지만 복구되어 유지된 기간이 매우 짧은 것을 보면 한 초이래 태위의 직職이 황제에 의해서 기피된 것이 아닌가 한다. 선제가 말한 언무흥문의 의도와 함께 태위의 군사권을 경계한 때문이 아닐까 하는 것이다. 문직의 대표격인 승상에게 무사를 맡긴 것도 국가 건립 후 전래의 치국 방략인 문文에 의한 수성守成의 길을 닦는다는 뜻과 함께 무력을 문文으로 다스려 불우不虞의 사변에 대비한다는 뜻도 담겨 있다고 본다.

또한 『한서』권8宣帝紀에는 대사마大司馬로 재직하다 사거死去한 일을 년월일과 함께 기록하고 있는데(순서대로 곽광霍光·곽우霍禹·안세安世·한증韓增·허연수許延壽), 위의 기사 ⓐ에서 황패黃霸와의 대화 시는 대사마 허연수가 재직하고 있는 때에 해당된다. 즉 황패는 대사마가 있는데 다른 사람을 태위로 임명해줄 것을 청한 것이 된다. 따라서 선제宣帝가 「태위관이 폐지된 지 오래 이고, 이를 승상이 겸하도록 하였다.」고 한 기사에서의 태위는 그 이전에 대사마로 개명되었지만, 양자는 이름만의 차이가 아니고 그 직책의 면에서 실질의 차이가 있었던 것으로 보아야 하지 않을까. 『漢官儀』에 다음의 두 기사가 있다.

「漢에서 秦을 계승하여 太尉라 하였고, 武帝가 개명하여 大司馬라 하였으며, 印綬가 없고, 兼職되거나 加官의 관으로 하였다.」
「武帝 元狩四年 大司馬를 설치하고, 將軍號를 冠하였으

나 印綬는 주지 않았다.」 72)

　여기에서 주목되는 것은 이때의 대사마직大司馬職이란 인수印綬를
주지 아니하고, 장군호만 주었을 뿐 겸가관兼加官에 지나지 않았다는
점이다. 즉 대사마로 개명함과 동시에 그 직책도 크게 달라졌음을
말해주는 것으로 보아야 하지 않을까 하는 것이다. 단지 개명만 한
것이었고, 태위가 본래 인수도 지니지 못하는 가관加官이었다면 「無
印綬,----」는 구태여 기재할 필요가 없었을 것이다. 또한 '태위太尉'
에서 '대사마大司馬'에로의 개명이었다면 「初置大司馬」(百官公卿
表),「置大司馬」와 같이 '치置' 자字를 쓸 필요가 없었을 것이다. 단
지 개명의 사실만을 표기한 경우『후한서』백관지에「建武二十七年,
改爲太尉」라고만 기재하고 있다. 동同『백관공경표』元狩4년조에「
初置大司馬」하였다는 것은 곧 대장군 위청과 표기장군 곽거병이 흉
노를 대파하고 개선함에 크게 상을 내리면서「乃置大司馬位, 大將軍
票騎將軍 皆爲大司馬.」73) 한 것을 말한다. 진작晉灼의 주注에 의하
면 양인에게 동시에 대사마를 수여한 것은 표기장군 곽거병의 공이
대장군 위청 보다 더 컸던 까닭에 본래 대장군 위청보다 하위직이었
던 표기장군 곽거병을 대장군과 동등한 서열로 올리기 위함이었다
한다. 그런데 이 조치는 이들의 무공을 크게 치하하는 뜻에서 관冠해
준 명예의 수여에 지나지 않는 것이었다. 즉 대사마의 수여에 따른
직책을 맡게 한 것은 전혀 아니었다. 본 전傳의 뒷글에「令으로 定하
여, 표기장군(곽거병)의 秩祿을 대장군(위청)과 동등하게 하라.」 하

---

72) "漢承秦曰太尉, 武帝改曰大司馬, 無印綬, 官兼加而已."
　　 "武帝元狩四年, 置大司馬, 以冠將軍之號, 而無印綬."
73) 『漢書』권55霍去病傳, 앞의 『漢書補注』下, p.1146.

고 있을 뿐이다. 『漢官儀』에서 「兼加官일 뿐이다」고 한 것은 바로 대사마가 비록 그 명분의 관위官位에 따라 질록秩祿은 더 받게 되지만 무권武權 행사行使의 직분을 갖지 못하는 명예의 가관加官임을 말해준다. 그런데 이러한 초치시初置時의 대사마직大司馬職 규정이 이후 종종 개제되고 있다. 즉 그 이후 전한에서 인수印綬 수여의 유무有無, 장군호將軍號를 관冠하는 것의 유무, 관속을 두는 것의 유무有無는 여러 차례 바꾸어지고 있는 것이다. 동同 『백관공경표』는 그 사실을 명기하고 있는데 선제宣帝 지절地節4년에는 대사마에게 장군을 불관不冠하였고, 인수와 관속 모두를 없게 하였다. 성제成帝 수화綏和 원년에는 처음으로 대사마에게 인수를 사여하고, 관속을 설치하되 장군의 관冠은 주지 않도록 하였다. 애제哀帝 건평建平2년에는 다시 인수를 주지 않도록 하고, 관속과 장군의 관은 전과 같이 하도록 하였다. 원수元壽2년에는 다시 인수를 주고, 관속은 설치하되, 장군의 관은 주지 않도록 하였다. 「掌武事」(同『백관공경표』)하는 태위에게는 본래 많은 속관이 있었고, 있지 않으면 안 되는 것이었는데, 대사마의 속관을 모두 없애기도 하고 있는 것은 양자가 이미 동체이명同體異名의 것이 아니었음을 알 수 있다. 단지 대사마의 속관을 두게 된 때도 있는데 이는 잠시 형편에 따라 대사마직大司馬職을 실관화實官化한 것이겠으나 종전과 같은 태위太尉의 수준은 되지 못하였을 것이다. 극히 제한된 범위에서의 속관을 둔 것으로 보아야 할 것이다. 인수는 관품官品의 서열에 따라 차등의 것을 주게 되어 있으나 여기서는 태위직의 관품이 바꾸어진 것도 아닌데 인수를 수여하였다가 다시 회수하는 것을 되풀이하고 있는 것으로 보아 이때의 인수의 수여와 회수는 곧 군단 지휘권의 수여와 회수를 의미한다고 보아야 할 것이다. 군사권을 무직武職의 총수에게 맡기길 꺼려한 것도 하나의

배경이라 하겠으나, 선제의 말에(기사 ⓐ) 의하면, 건국 후에는 문교
文敎로 수성守成해야 한다는 고법古法 내지는 유가의 이념이 주된 요
인이었다 할 것이다. 이렇게 이해하지 않으면 선제가 황패黃霸에게
말한 말이 납득이 되지 않는다. 이렇게 볼 때 무제가 주제周制에 의
해 대사마를 설치하였다고 한 것은 종전에 짧은 기간이나마 존립하
였던 태위직의 기능을 대부분 황제 자신이 행사하게 되었음을 말해
준다.

　전술한 바와 같이 무제시에 태위가 존립한 기간은 즉위 초의 1년
밖에 되지 않는다(후반의 곽광霍光은 대사마로 재위하였다). 그리고
큰 군공을 세운 대장군 표기장군에게 단지 명예의 가관加官으로서
대사마의 명名을 겸관兼冠하게 한 것이다. 본래 진관秦官이었던 태위
를 주제周制에 따라 대사마로 하였다(『漢官儀』) 한 것은 무武 보다는
주周의 문교文敎를 따르고자 하였던 무제의 일면을 볼 수 있다.

　아울러 무제는 개인적인 성향이 유가儒家를 선호하였다는 점도 강
조되어야 한다. 무제武帝는 건원원년建元元年 즉위하자마자 현량賢良
·방정方正·직언극간지사直言極諫之士를 천거하도록 하였고, 곧이어
승상 위관衛綰의 진언에 따라 현량의 추거推擧에 신申·상商·한비자
韓非子·소진蘇秦·장의張儀의 언언을 치한 자는 금하도록 명하였다.
또 동同 4월의 조詔에서는 「古之立敎, 鄕里以齒, ------- 古之道也.」
라 하여 교화에 입각한 고제古制의 치도治道를 말한 다음 자손의 효
행 실천을 돕는 조치를 내리고 있다. 이어 5월에는 산천의 사祀를 매
년 올릴 것을 정하고, 7월에는 명당明堂을 설립하였다. 즉 그가 즉위
한 첫 해에 시행한 것은 두세 가지 일을 제외하고는 모두 유가의 이
념에 따른 것이었다. 그리고 건원2년에는 승상 두영과 태위太尉 전분
田蚡이 면관免官되었다. 이 사건의 전말은 『한서』권52田蚡傳에 자세

히 기술되어 있다. 두영과 전분은 모두 유술을 좋아한 인물들로 전분은 무제武帝의 외숙으로써 승상에 임명되었다가 곧 병으로 면관되어 있던 중 공석인 승상과 태위의 임명에 대해 황제가 의론하고 있던 중에 적복籍福의 계책에 따라 두영에게 승상을 양보하는 행으로 현명賢名을 사고, 왕태후에게 슬며시 뜻을 전하여 태위에 임명될 수 있었다. 그러나 이 양대 고관이 유가출신들을 요직에 임명하고, 황로黃老의 언글을 비방함에 황로를 좋아하던 두태후竇太后(당시는 태황태후)가 이들 양인과 이들이 추거한 어사대부 조관趙綰 및 낭중령郎中令 왕장王臧을 함께 파면시킨 것이었다. 그런데 그 후임에 허창許昌을 승상으로, 장청적莊靑翟을 어사대부로 삼은 것은 기재되어 있지만 태위의 후임 임명은 기재되어 있지 않다. 즉 보임補任이 이루어지지 않은 것이다. 공석으로 있던 태위직은 16년 후에 또 혁파되었다. 그리고 그 2년 전인 원수4년에 대사마를 설치하였다 하였는데『漢官儀』에서 무제가 주제周制에 따라 태위를 대사마로 개명하고, 인수印綬도 없는 겸가관兼加官으로 하였다 하였으니 원수4년과 원수6년의 두 기사는 사실 하나의 사事를 말한 것으로 이해된다. 이후 위청과 곽거병의 사후 10여 년 간 대사마도 공석으로 있다가 무제 후원2년에야 곽광霍光이 대사마로 보임되고 있다. 곽광과 왕망王莽은 모두 대사마를 가관加冠으로 하며 실세를 과시한 바 있다. 그러나 이 때의 대사마직大司馬職은 이미 황제를 제어할 수 있는 입장에서 무권을 장악하고 있음을 과시하기 위함이었지 진관秦官과 같은 군부軍府 총괄 기구로서 행세하는 기관으로 변한 것은 아니었다.

후한 초 건무建武연간에 대사마大司馬가 다시 태위로 개명되었으나 그것이 진관秦官의 성격으로 바꾸어진 것이 아니라 단순히 개명일 뿐이었다. 후한 명제明帝가 궁 밖을 둘러보다가 이부二府(사도司徒

와 사공司空)는 광관장려光觀壯麗한데 태위부太尉府는 홀로 비루한 모습을 보고 탄식하고 있다.[74] 이때까지의 태위부의 위상을 말해주고 있다. 즉 이러한 태위부의 위상 변화는 전한 중기 이후 언무흥문의 정치 기조를 단적으로 보여주는 대표적인 사례로 해석된다.

한편 후한에서 태위에게 녹상서사錄尙書事를 겸임시키고 있는 사례가 있다.

> 章帝가 詔하였다. "司空 모륭(牟隆)은 직무를 맡은 지 6년 동안 부지런히 힘써 태만하지 않았으니 융(融)을 太尉와 錄尙書事로 임명한다."[75]
>
> 상제(殤帝)가 策書로 명하였다. "司徒 徐防은 臺閣으로써 기밀을 관장하고, 施政牧守하고 있으니, 防을 太尉와 錄尙書事로 임명하여 백관을 總領하게 한다."[76]

후한 중후기에 녹상서사는 이미 내內·외조外朝의 실세기구로 발전하고 있는데, 여기에 태위직을 겸임케 함으로써 녹상서사 보다 더 고위직을 포함한 백관 업무를 총기總機할 수 있는 위엄을 준 것이라 할 수 있다. 즉 태위직이 문관文官의 보조기구와 같은 모습을 보이고 있다. 전한 말 사단師丹이 좌장군左將軍과 함께 영상서사領尙書事에 겸임되고 있는 것도[77] 그러한 면에서 이해할 수 있다.

---

74) 『後漢書』百官1注引『漢(官)儀』에 "其冬, (帝)臨辟雍, 歷二府, 光觀壯麗, 而太尉(府)獨卑陋(云). 顯宗東顧歎息日, -------", p.3558.
75) 「漢官儀」, 『漢官六種』 (北京, 中華書局, 1990), p.122.
76) 위와 같음.
77) 『漢書』권86師丹傳, 앞의 『漢書補注』下, p.1482.

Ⅵ. 문원지사文苑之士의 활동과 그 의미

여기서 지칭한 '문원지사文苑之士'는『후한서』권80 文苑列傳에 입전된 문사의 류류類를 가리킨다. 유가의 활동 성향에 시부詩賦와 문장을 중심으로 하는 근대적 의미로서의 문학文學 또는 문예文藝가 있는데『후한서』는 이러한 의미로서 '문원文苑'이라 이름 한 독립된 장章을 만들었다. 문학이나 문예는 선진 이래 자주 쓰인 말이었는데 이들 용어를 사용하지 않은 것은 종래의 용어로는 포괄되지 않는 새로운 요소가 있었기 때문일 것이다. 이 문원열전文苑列傳의 분석을 통하여 숭문崇文과 천무賤武의 한 배경을 살펴볼 수 있다.

유儒의 연원이 무엇이었는가 하는 문제는 차치하고 유가는 육경六經의 의의義에 의거한다는 것은 분명하다. 육경에 문무의 도가 포괄되어 있고, 치인治人의 사대부로서 문무를 아울러야 하는 것이었지만 공자 이후 후대로 갈수록 유자儒者들이 문文에 기울어가는 양상이 뚜렷하다. 그 문文에 시부詩賦와 여러 문장으로 대표되는 문학이 들어 있고, 이 문예의 분야 또한 문사의 중요한 자격요건이다. 전한말의 유흠劉歆은 당시까지의 문文의 성과물을 집략輯略·육예략六藝略·제자략諸子略·시부략詩賦略·병서략兵書略·술수략術數略·방기략方技略의 칠략七略으로 분류하여 정리 수록하였는데(『七略』),[78] 반고班固는 이를 이어받아『漢書』藝文志에서 '예문藝文'의 명칭으로 총괄하였다. 이 7략 가운데 유가儒家는 집략輯略·육예략六藝略·제자략諸子略·시부략詩賦略의 대부분을 차지한다. 이 가운데 육예는 육경六經을 말한다. 반고班固는 유가의 연원이 사도司徒라 하고, 인군을 도와 음

---

78)『漢書』권30藝文志, 앞의 책, p.1701.

양에 수순하면서 백성을 개명하여 교화하는 자라고 하고, 이어 「六經 가운데서 游文한다」[79]고 하였다. 제자諸子가 모두 육경을 인용하며 자가自家의 학學을 펴고 있는 것은 주지의 사실이지만 유가는 특히 유별나게 육경을 문학, 문예의 면에서 활용하고 유락遊樂하며 이를 생활화 한다. 전술한 바와 같이 '문文'은 본래 천문에 대해 인문을 총괄하는 것이었지만 후대에는 문학과 언문의 면 등 협의狹義의 부분만 가리키게 되었다. 이러한 흐름과 유생의 '유문游文'은 상관성이 있다고 본다. 유생은 육경에 의거하여 마땅한 정치의 방략과 인륜의 도덕을 개진하면서 동시에 시부와 문장을 짓고 논하며 상찬賞讚한다. 허조창許兆昌에 의하면 주대周代 사관의 직무에 문직文職의 학學이 있고, 이 가운데 문자를 관리하고 널리 사방에 알리고 가르치는 직무가 있다.[80] 또한 사관과 악관樂官은 여러 면에서 밀접한 관련을 갖는다.[81] 본래 문자를 관리하는 직관職官은 사관이었고, 이를 활용하여 사실을 기록하고, 문물전장을 기록하여 전하며, 군주의 비서로서 책명의 문장을 기록한다. 그러나 그 문장의 격식은 지키지만 그 운치를 논하거나 감성의 세계를 시작하여 노래하지는 않는다. 사관은 문자를 실무의 면에서 활용할 뿐이다. 반면 유생은 그 문자를 실무에 관계없는 면에서 활용한다. 후대 시詩문장의 세련됨을 평가하여 입사入仕시키는 제도가 나온 후에는 그러한 문학 활동이 큰 실익을 주는 것이었지만 그 이전에는 상당부분이 단지 시적 감흥, 자연과 인생에 대한 정감의 세계를 노래하고 교감하는 장에서 이루어

---

79) 위의 藝文志, p.1728.
80) 許兆昌, 앞의 글, pp.157-172.
81) 이에 대해서는 앞의 許兆昌의 글 제1장 및 李晟遠, 「古代 中國의 樂과 史」(『동양사학연구』98, 2007.3).

졌다. 현실의 급박함에서 벗어나 한가한 여유로움이 넘쳐나는 면모이다. 공자는 그 이전의 누구보다도 시를 상찬賞讚하고 중시하였다. 그에게 있어서 시는 군자가 갖추어야 할 필수 사항이었다. 그보다도 시를 모르면 군자가 될 수 없는 것이었다. 유생에게 시작詩作의 생활은 이러한 가르침을 따르는 것이었다. 고관대작의 자리에서 유가의 정치 이념을 실현하는 것보다 어떤 때는 전야田野의 선비로서 시와 아름다운 문장을 짓고 의론하는 것이 보다 군자로서의 풍모로 인식되기도 하였다. 시는 감성의 세계를 문자와 음률로 드러낸 것이다. 시작詩作을 위해서는 먼저 문자의 의義와 음音에 대한 폭넓은 식견이 있어야 하고, 각 문자가 지니는 묘미와 운치, 문장의 격식, 운용의 묘가 갖추어져야 한다. 따라서 시작은 일반 서민이 쉽게 참여할 수 없는 것이었고, 사대부로서의 지성미와 세련미를 보일 수 있는 중요한 소재였다. 즉 위정자와 귀족이 이러한 지성미와 세련미를 갖추지 못하면 치인과 귀족으로서의 고아한 품격을 보일 수 없는 것이었다.

한대漢代 찰거제察擧制의 선발 기준은 대체로 무제원수武帝元狩6년 승상부 벽사辟士의 기준으로 정한 사과취사四科取士에 의거하거나 그 영향에 따르고 있는데,82) 그 제일과第一科는 덕행이 고묘高妙함, 지절志節이 정백貞白함이고, 제이과第二科는 학통學通하고 행수行修함, 경중박사經中博士, 제삼과第三科는 법령을 명효明曉함, 의옥疑獄을 잘 처리함, 제사과第四科는 강직하고 방략이 많음, 사안을 만나 미혹되지 않는다.83) 앞의 두 과科는 주로 유생에 해당하고, 제삼과第三科는 문리文吏에 해당하며, 제사과第四科는 양자에 모두 해당하지만 문리 방면에 더 가깝다. 유생과 문리는 문관의 양대 부류인데 그 덕행[유

---

82) 閻步克, 『察擧制度變遷史稿』 (沈陽, 遼寧大學出版社, 1997), pp.17-22.
83) 『漢舊儀』, 『漢官六種』 (北京, 中華書局, 1990), p.69.

생]과 사능使能[문리]의 내용에 시작詩作과 문장의 품격을 기준으로 하는 내용은 보이지 않는다. 찰거제에 관련하여 문학·문예·시문·문불해文不害·문리 등의 용어가 자주 보이지만 여기서의 '문文'은 경술經術이나 덕성, 문장 내지 행정문서의 작성 능력을 뜻할 뿐 그 문예적 미려함이나 세련됨, 품격이 평가 기준이 되고 있지는 않다. 당송대唐宋代의 진사과에서 시제詩題에 의한 시문의 작성을 시험하는 것과 같은 면은 한대에 보이지 않는다. 그러나 일면에서 문장의 품격이 중시되는 경향이 일어났을 가능성이 제기될 수 있다. 전한대前漢代에 경술사책經術射策, 대책진정對策陳政, 영사令史의 선시選試등의 고시考試가 있었다.84) 이 가운데 영사에 대한 사서고시는 풍서諷書9천자 등을 시험하는 것으로 문장을 짓는 것은 아니다. 앞의 양자는 문장을 지어 보여야 하는 시험이다. 『한서』蕭望之傳의 顔師古注에 「對策이란 政事와 經義를 바로 질문하여 각기 이에 답하도록 하고, 그 文辭를 살펴서 고하를 정하는 것이다.」고 하였다. 즉 고시는 문장의 작성을 부과하고 이를 평가하는 것이었다. 내용도 중요하지만 그 품격 또한 평가에 영향을 주었을 것이다.

한편 공식적인 시험과목에는 없지만 시詩·부賦·문장文章으로 성명聲名을 얻어 출사出仕하는 사례가 종종 일어나고 있다. 사부辭賦를 싫어하던 경제景帝가 사마상여가 지은 『子虛之賦』를 읽고 크게 감명받아 촉蜀에 있던 그를 불러 랑郎에 보임하고 있다. 내용은 비유에 의한 풍간諷諫이지만 황제의 손에 들어갈 정도로 유명하여 널리 읽히고 있었던 것으로 보인다. 반고는 그의 길고 긴 몇 수의 부賦 전문을 수록하여 열전 가운데 가장 많은 분량을 그의 전기에 할애하고

---

84) 이에 대해서는 閻步克, 앞의 글, pp.67-70, 참조.

있다. 그의 부는 인기가 높아 그가 짓자마자 사람들이 와서 가져갔다고 한다.[85] 이러한 사례는 전한 후기에서 후한 대에 걸쳐 더 자주 보인다. 『후한서』권80문원열전에는 이러한 류의 인물들 22인의 전기를 싣고 있다. 광무제 때의 두독杜篤은 미사未仕 중에 감옥에 있던 중 대사마 오한吳漢이 사거死去하였는데 황제가 제유諸儒에게 그 뇌문誄文을 지어 올리라고 하니 이에 응한 여러 글 가운데 그가 올린 글이 최상으로 평가받아 감옥에서 나오게 되었다. 이어 낙읍洛邑에로의 천도를 반대하는 『論都賦』를 지었는데 그 풍간諷諫의 내용은 사마상여의 그것을 이은 것이다. 그는 이후 군문학연郡文學掾으로 출사出仕하였다. 화제시和帝時의 이우李尤는 어려서부터 문장으로 유명하여 시중侍中 가규賈逵가 그를 사마상여와 양웅楊雄의 풍風이 있다는 것에 의해 추천하여 동관東觀에 입사入仕하게 하였다. 이어 그는 황제의 명으로 부를 짓고 난대영사蘭臺令史에 임명되었다.[86] 변양邊讓은 어려서부터 '능속문能屬文(글을 잘 지음)'하였는데 사마상여의 풍류諷類의 『章華賦』를 지었다. 대장군 하진何進이 그의 문재文才를 듣고 벽소辟召하려다가 응하지 않을까 염려하여 거짓으로 군사의 명으로 영사令史에 입사시키고 예우하고 있다.[87] 동同 전傳은 이후의 일을 다음과 같이 기술하고 있다.

　　邊讓은 이후 高才로써 발탁되고 승진하여 여러 번 전임
　한 후 九江태수에 이르렀는데 관리로서의 행정능력에 의한

---

85)「問其妻, 對曰, "長卿未嘗有書也. 時時著書, 人又取去."」,『漢書』卷57下
　　司馬相如傳, 앞의 책, p.2600.
86)『後漢書』권80上 文苑列傳 李尤 條, p.2616.
87) 앞의 文苑列傳, 邊讓 條, pp.2640-2645.

것이 아니었다(不以爲能也).[88]

즉 관계官界에서 변양邊讓이 승진하여 군태수에 이른 것은 관리로
서의 행정능력(使能)에 의한 것이 아니라 고재高才에 의한 것이라 하
였으니 그 고재란 작부作賦와 능문能文 방면의 뛰어난 문재文才를 가
리킨 것이다. 동同 전전傳에 수록된 여타의 인人도 이러한 문재로 성명
을 얻어 문학이나 효렴, 또는 특례로서 출사하고 있다. 문원열전文苑
列傳은 각 인물들에 대해 거의 모두 '능문장能文章', 또는 '선위문善爲
文', '유문변有文辯', '이문장현以文章顯', '선문기善文記', '문아현어조
정文雅顯於朝廷', '이문장지명以文章知名', '이문재지명以文才知名', '능
속문能屬文'이었다 하고, 부賦·송頌·시詩·찬讚·뢰誄·명銘과 함께
여러 저서의 류類 등 모두 수 십 편이 있다는 것을 기재하고 있다.
『사기』와 『한서』에 없는 문원열전을 처음 시설한 것은 『후한서』의
특장이라 할 수 있는 것이지만 한편으로는 전한 후기에서 후한에 걸
쳐 시·부·문장의 인재가 성명을 얻어 출사하는 것이 이전에 비해
두드러진 사회 현상이 된 것을 반영한 것이기도 하다. 『한서』의 유
림전은 명경明經의 인사를 입전한 것이고, 『후한서』권79유림열전도
이를 이은 것이다. 그래서 『후한서』의 문원열전文苑列傳은 명경과 덕
행의 명사名士가 아니라, 시·부·문장과 같은 현대의 문학에 가까운
명사를 따로 입전立傳한 것이다. 명경과 덕행의 '문文' 외에 시·부
·문장의 '문文'이 독자의 영역으로 인지되고 있음을 알 수 있다.
후한대의 이러한 면은 후대의 문사文士가 명경이나 덕행의 사士를
가리키기 보다는 시·부·문장의 사士를 뜻하게 되고, 과거제에서 이

---

88) 同 條, p.2647에 "讓後以高才擢進, 屢遷, 出爲九江太守, 不以爲能也."

방면의 재능자를 진사과로 선발하여 명경과 보다 우대하고 있는 사실과 연관된다고 할 수 있다. 즉 전한 후기에서 수당隋唐에 이르는 기간은, 문사의 취향과 가치관이 명경이나 덕행을 중시하는 것에서 탈피하여 점차 시·부·문장을 높이 사는 경향으로 전향되어간 시기라고 할 수 있다. 이렇게 된 배경으로 후한 대에 명경이나 덕행의 사士에 대한 고선考選이 충실하게 이루어지지 못하고 문란한 가운데 위선적이고 세속적인 행으로 출세하는 풍토가 만연한 사실을 들 수 있다. 동同 문원열전文苑列傳에 입전立傳된 부의傅毅는 영평永平 연간에 『七激』을 지어 현종顯宗[明帝]이 「求賢함에 충실치 못하여 士가 많이 은둔하게 되었음」을 풍간諷諫하고 있다.[89]명제기明帝期는 정치가 잘 이루어진 시기였는데도 이러한 비평을 받을 정도였다면 후한 중후기 선거 풍토의 문란상을 짐작할 수 있다. 덕행은 대체로 효행이나 수례守禮의 모범이 주요 내용이 되는 것인데 위선적 상복과 형식적이고 교조적인 예제禮制를 모방하는 것으로써 명리名利를 얻고자 함이 풍미하였다. 모두 외양으로 드러난 행으로 좋은 평판을 얻고자 하는 것이었다. 동同 문원열전文苑列傳의 두독杜篤은 「小節을 닦지 아니하여, 鄕人에게 예우를 받지 못하였다.」고 하였다.[90]그가 향인에게 예우를 받지 못한 것은 예의범절의 행을 외양의 가식적인 행으로 생각하여 행하지 않은 까닭이다. 아마 오히려 그러한 고답적 행으로부터 일탈한 행을 하였을 것이다. 그는 그러한 가식적인 행을 소절로 비하하고 있다. 대체로 문원열전의 인물들은 두독杜篤과 같은 류類에 속한다. 후한 대에는 그러한 가식적인 외양의 행을 소절小節로 비하하고 따르지 않던 많은 인사들 가운데 일부는 은사가 되고,

---

89) 同 傅毅 條, p.2613에 「毅以顯宗求賢不篤, 士多隱處, 故作七激以爲諷.」
90) 同 杜篤 條, p.2595에 「不修小節, 不爲鄕人所禮.」

일부는 문원열전의 인사들처럼 그 문예의 재능으로 성명을 얻어 출사出仕하고 있다. 문원열전에 오른 대부분의 인물들은 부나 시를 지어 황제나 정부에게 풍간하고 있는 것에 의하면 그들은 현실도피적인 은사와는 달리 현실의 문제를 광정匡正시키고자 하는 열의가 있었다고 할 수 있다. 문원열전에 인용된 그들의 시부는 서정敍情의 글이라기보다는 서사敍事의 글이다. 서정의 면이 강한 후대 문사들의 시문과는 대조적이다. 그 글들은 그들의 박식한 면모를 드러내고 있다. 그들의 글은 비유를 통해 시폐를 드러내고 정도의 사회정치를 회복시키고자 하였다. 즉 그들은 자신의 문재文才와 박식을 활용하여 유생 내지 문사의 절節을 지키려 하였다. 시문의 문재를 시험하는 후대의 과거제가 아직 시행되지 않던 시기였기 때문에 오히려 그들의 이러한 작문 활동은 그만큼 순수한 것이었다고 할 수 있다.

시문詩文의 저작이 문사文士의 기본 활동이었던 후대와는 달리 후한에서는 아직 일부의 문사에 국한된 일이었다고 생각한다. 『후한서』가 문원열전을 두어 그들을 특기하고 있는 것도 그러한 면을 반영한 것이라 할 수 있다. 그리고 이들의 문아한 작품과 긍정적인 활동에 의해 그러한 문예의 재능이 문사가 당연히 갖추어야 할 미덕으로 인식되어 간 것이 아닐까. 문사에 시부詩賦 저작의 문재가 주요 덕목으로 되면서 무武 내지 무사와의 차별이 보다 심화된 것이 아닐까. 고아함, 박식에 의한 화려함, 문재를 통한 절의 정신의 발휘는 일반 무사가 쉽게 갖출 수 없는 것이었다.

유학이 독존의 위치를 얻게 된 후한에서는 사대부 사회에서 절의를 존숭하는 풍조가 크게 풍미하였다. 이것은 전술한 바와 같이 명경과 덕행을 주요 내용으로 하는 전통의 문덕文德이 사라져가던 상황에서 그에 대한 새로운 기풍으로서 나온 것이라 할 수 있다. 위에 기술한 문원文苑의 사士들에게서 보이는 면모도 그 새로운 기풍 가운데 하나이다. 이러한 분위기에서 무武에서 문文으로 전환하는 것이 절절折節 또는 개절改節로 인식되고 있다. 환제桓帝 연간의 서강西羌 침략 격퇴에 가장 큰 활약을 한 사람은 단영段潁인데, 그는 소년 시에 곧잘 궁마弓馬를 익혔고, 유협遊俠을 좋아하였으나 성장하여서는 '절절折節하여' 고학을 좋아하게 되고 효렴에 추거되어 입사하였다고 하였다. 그는 현령과 요동속국도위를 거쳐 의랑으로 있던 중 태산 낭야의 황건적 진압을 위해 환제가 급히 문무를 구비한 인물을 선발함에 추거되어 중랑장에 임명된 후 큰 공을 세웠고 여러 무직武職을 거치며 서변西邊 제강諸羌의 계속된 침입을 연전연승하며 대파 공략하였다.91) 또 후한 화제和帝 시 왕환王渙은 소년 때부터 호협好俠하고 기력을 쌓는 것을 좋아하였으며 자주 무뢰배들과 통하며 지내다가 나중에 '개절改節하여'「敦儒學, 習尙書, 讀律令」하였다고 하였다.92) 여러 자료에서 말하는 '(호)협'은 곧 무사나 무용을 뜻하고 있다. 전국 이래 유협遊俠은 곧 무자武者의 행行이다. 유협을 반국가 반사회의 행인 것으로 보고 이로부터 나온 것을 말하여 개절 또는 절절이라 한 것으로 이해할 수도 있으나 그렇지 않다고 본다. 반국가 반사회적 활동은 곧 범행이고, 범행하였던 사람이 개과천선하는 것을 절절이나 개절로 말하지는 않는다. 어떠한 이념과 신조가 바꾸어지는 것을 개절·절절이라 한다. 이러한 인식은 무와 문의 길이 후한에 이미 독자의 절로서 명확히 구분되고 있음을 말해주는 것이다. 문文이 이념화되고 교조화 되다 보니 다른 길은 절을 달리하는 것으로 인식하게 된 것이라 할 수 있다. 그리고 이러한 인식의 형성은 이후 무관

91) 『後漢書』권65 段潁傳, pp.2145-2154.
92) 『後漢書』권76 循吏列傳 王渙의 條, pp.2468-2470.

의 천시화賤視化로 나아가는데 중요한 기능을 한 것으로 본다. 더구나 종래의 문덕文德에 문원文苑과 절의節義의 면모를 아울러 갖춘 문사文士가 형성되고 있었다. 문사들은 귀족사회에서 문아하고 세련된 귀족으로서의 자질과 면모를 과시할 수 있었다.

또한 후대 과거제에서 시문으로 고시考試하는 제도의 연원도 위와 같은 후한 대 문원지사文苑之士의 활동과 관련하여 설명될 수 있지 않을까 한다.

제 4 장

『좌전』위작설 문제에 대한 일고—考

서 언

진시황의 분서焚書로 인해 전한기前漢期에 금문今文과 고문古文의 두 가지 자체字體로 재현된 양 계통의 전적들에 대한 여러 논쟁이 전한 이래 현대에 이르기까지 2천년 동안 계속되어 왔고, 아직도 진행 중이지만 아직 뚜렷한 결말은 나 있지 않은 실정이다.

기나긴 논쟁의 전개는 대체로 다음의 몇 단계로 구분된다. 첫 단계는 이 논쟁의 첫 발단이 된 것으로 전한 말 유흠劉歆이『좌전』·『毛詩』·『逸禮』·『古文尙書』등 4종의 고문경전古文經傳을 학관에 세우자고 건의하면서 비롯된 찬반 논쟁이었고,『좌전』이『春秋經』의 전傳인가 하는 것이 주된 논점이었다. 두 번째 단계는 후한 대에 4차에 걸친 논전으로 광무제 건무4년(후28년) 한흠韓歆과 진원陳元[古文]대對 범승范升[今文]의 논전, 장제章帝 때(79년) 황제 주석 하에 개최된 백호관논의白虎觀論議, 중후기 들어 가규賈逵[古文]와 이육李育[今文]의 논전 및 정현鄭玄[古文]과 하휴何休[今文]의 논전이다. 논의는『좌전』의 학관學官설치 여부를 중심으로 전개되었고, 백호관논의에서와 같이 『좌전』과 『공양전』의 경의經義해석과 이념 및 가치판단의 차이에 대한 시비是非논쟁이 병행되기도 하였다.[1] 세 번째 단계는 송대 여러 학자들의 개별적 단편적 진술의 시기, 네 번째는 청대 고증학자들의 의론, 다섯 번째 단계는 민국초기 고사변학파古史辨學派의 논의, 여섯 번째 단계는 근래의 주요 의론이다.

종래 금고문논쟁의 주된 논점은 진위문제와 경의 해석 또는 이념상의 시비였고, 그 대상이 된 주요 경전은 『좌전』이었다. 주지하다시피 사마천은 금고문논쟁이 본격화되기 이전에 활동하였고, 『史記』의 저술에 『左傳』을 신뢰하여 많이 의거하였으며, 『左氏春秋』는 노魯의 군자 좌구명左丘明이 공자의 사기史記(春秋)에 의거하여 공자의 제자들이 이단으로 흐르거나 잘못 이해할 것을 염려하여 지은 것이라 하였다.[2] 그러나 이후 금문경학今文經學 독존의 시대가 이어지면서 고문古文이었던 『좌전』은 학관에 들지 못하고 재야에서만 전해지게 되었다. 특히 전한 말 왕망기에 유흠(? ~전28)이 『좌전』을 위작하였다는 설이 후대 특히 청대 금문학자들에 의해 주창되면서 이후 『좌전』을 고사古史 연구에 의거하는데 상당한 의구심이 들게 되었다. 현재 춘추시대를 비롯한 그 전후시대의 연구에 『좌전』은 가장 중요한 문헌사료가 되고 있다. 따라서 『좌전』의 신뢰성을 입증할 필요가 있다. 본고는 위작설僞作說을 극복하기 위한 연구의 첫 번째 글이다. 유흠이 『좌전』을 비롯한 고문경전을 현창하고 학관에의 설치를 주장한 배경과 과정을 먼저 살펴봄으로써 왜 위작일 수 없는가

---

1) 4차에 걸친 후한대의 논의에 대한 해설은 郭丹, 「『左傳』與兩漢經學」(『經學研究論文選』, 上海, 上海書店, 2002.6), pp.307-316. 참조.
2) 『사기』권제14 十二諸侯年表序文에 "魯君子左丘明懼弟子人人異端, 各安其意, 失其眞, 故因孔子史記具論其語, 成『左氏春秋』."

하는 점을 명확히 한 후 청대 금문학가 및 고사변학파의 입론이 지니는 문제점을 지적하여 그 사실여부의 일단을 명확히 하고자 한다.

청대 유봉록劉逢祿(1774-1827)의 『좌씨춘추고증』에서 발한 『좌전』의 유흠위작설劉歆僞作說은 강유위康有爲(1858-1927)의 『新學僞經考』에서 한층 확대되어 주창되면서 이후 학계에 찬반논의를 일으켰다. 유봉록은 주장하길, 『좌전』은 본래 『좌씨춘추』로 칭하던 것으로 『춘추』의 전傳이 아니었는데 유흠이 이를 전인 것으로 조작하기 위해 구본舊本 『좌씨춘추』를 개찬부익改竄附益하였다고 하였다. 강유위는 이를 더욱 진전시키고 확대하여 주장하길, 『좌전』은 유흠이 구본舊本 『國語』를 본으로 하고 『춘추』경문을 대응시켜 위작한 것이며(현행본 『국어』21편은 그 잔재殘滓), 좌구명左丘明이 저작한 것은 『좌전』이 아니고 『국어』이므로 사마천 당시에는 『좌전』이 존재하지 않았는데 유흠은 이를 위작하고 이를 입증하기 위해 「좌구명이 좌씨춘추를 지었다」(『사기』십이제후연표서)와 같은 허위사실이나 『좌전』의 이름으로 여러 글을 『사기』에 찬입竄入시켰다고 한다. 심지어 유흠의 찬입은 『사기』뿐 아니라 『논어』와 『月令』등 여러 전적에 광범위하게 이루어졌다고 한다. 이 문제는 실로 광범위한 사항들이 관련되어 있는데 찬반논의에서 쟁점이 된 사항에는 '『좌전』의 진위와 성립시기 및 작자', '『국어』와 『좌전』의 관계 및 『국어』의 신新·구본舊本문제', '역법의 문제', '『좌전』·『국어』·『사기』의 선후문제', '금문학과 고문학', '춘추재이설春秋災異說', '춘추학', '후한대의 좌전학', '왕망정권과 유흠의 관계', '유향과 유흠 부자의 학문', '유흠의 고문경전 현창 배경 문제', '『좌전』의 서법書法·범례凡例·군자君子논평등의 문제' 등이 있다. 위작설에 대한 비판 중에서도 특히 겸전정鎌田正의 성과는 지대하여 위작설을 비판한 종전의 성과를 종합하면서 위의 쟁점 사안事案을 총망라하여 세밀하게 탐색하고 위작설의 잘못을 천명하였다.[3] 중국에서는 고힐강顧頡剛에 의해 위작설이 부분적으로 비판되었으나 전면적인 부정이나 비판은 아니었고 오히려 위작을 사실로 받아들이는 입장을 견지하였다.[4] 전면적인 비판과 부정은 전목錢穆이 위작설의 문제점을 28개 사항으로 나누어 지적한데서 처음 이루어졌다.[5] 금고문논쟁에 대한 근래의 연구는 상당히 희소한 셈이다. 근래는 청 금문학자 및 고사변학파古史辨學派의 고문위작설古文僞作說을 비판적으로 극복해가면서 대체로 고문경전에 대한 재인식과 긍정적 시각을 보이고 있는 경향이다.

그 대표적 연구가 서중서(徐中舒),「左傳的作者及其成書年代」와[6]「經今古文問題綜論」[7]등이다. 이밖에 금고문논쟁 관련 주요 논저로 전목錢穆의『兩漢經學今古文平議』,[8] 심문탁沈文倬의「從漢初今文經的形成到兩漢今文『禮』的傳受」,[9] 탕지균湯志鈞의「『古史辨』和經今文」,[10] 및『近代經學與政治』,[11] 곽단郭丹의「『左傳』與兩漢經學」,[12] 풍효정

---

3) 鎌田正,『左傳の成立と其の展開』(東京, 大修館書店, 1963)

4) 顧頡剛,「今古文問題」(『顧頡剛古史論文集』第三册, 北京, 中華書局, 1996. 4 /『清華學報』6-1, 1930.6 / 修正本 ;『古史辨』第 5 册, 海古籍出版社, 1982.9)

5) 錢穆,「劉向·歆父子年譜」(『兩漢經學今古文評議』, 北京, 商務印書館, 2001, pp.1-7 /『燕京學報』7, 1930.6)
28개 조목별 지적은 서론 부분에 자세한 논증 없이 간략히 제시한 것이다. 이밖에 본론에서 몇 곳『新學僞經考』의 기사를 인용하여 이를 비판하였다.

6) (『徐中紓歷史論文選集<下>』, 北京, 中華書局, 1998)

7) (『記念顧頡剛學術論文集<上>』, 成都, 巴蜀書社, 1990)

8) (北京, 商務印書館, 2001)

9) (『紀念顧頡剛學術論文集<上>』, 北京, 中華書局, 1998)

10) 앞의『紀念顧頡剛學術論文集<上>』

11) (北京, 中華書局, 2000)

12) (『經學研究論文選』, 上海, 上海書店, 2002.6)

馮曉庭의 「宋初古文學家的經學觀析論」,13) 채장림蔡長林의 「淸代今文學派發展的兩條路向」,14) 왕화王和의 「『左傳』的成書年代與編纂過程」,15)등이 있다.

한편 일본에서는 1912년 반도충부飯島忠夫가 강유위康有爲 저著 『新學僞經考』의 좌전위작설左傳僞作說에 찬동하는 글을 발표한 것을 발단으로(「漢代の曆法より見たる左傳の僞作」),16) 1918년 신성신장新城新藏이 반론을 제기하였고(「歲星の記事によりて左傳國語の製作時代と干支紀年法の發達とを論ず」,17) 1920년 교본증길橋本增吉은 반도飯島가 위작의 근거로 제기한 각 사항들을 세밀하게 분석하여 그 잘못됨을 밝혔다(「左傳の製作年代に就いて(1)~(4)」,18) 이후 이에 대한 연구가 간간이 이어지다가 1963년 겸전정鎌田正이 『左傳の成立と其の展開』에서19)폭넓고 세밀하게 위작설을 비판하고, 그 성과를 총괄하였다. 그는 결론하길, "요컨대 좌전은 문헌상으로 보든 사상내용상으로 보든 이를 유흠 일파의 위작으로 볼 수는 없다. 이를 감히 유흠 일파의 위작으로 보는 것은 청조淸朝 공양학자公羊學者가 춘추학의 정통적 지위를 좌전左傳으로부터 박탈하고자 날조한 허구의 논이다."(p.304)고 하였다. 이밖에 부곡지富谷至의 「西漢後半期の政治と春秋學---『左氏春秋』と『公羊春秋』の對立と展開」20) 등이 있다.

---

13) 앞의 『經學硏究論文選』
14) 앞의 『經學硏究論文選』.
15) (『中國史硏究』, 2003-4)
16) (『東洋學報』2-1, 同2-2, 1912)
17) (『藝文』, 1918.11)
18) (『史學雜誌』31-1, 同31-2, 同31-7, 同31-8, 1920.1-8)
19) (東京, 大修館書店, 1963)
20) (『東洋史硏究』36-4, 1978)

필자는 좌전위작설을 부정하는 입장에서 종래의 연구성과를 보완하고자 한다. 이미 여러 면에서 위작설의 부당함이 제시되었기 때문에 중복을 피하기 위해 그간 소홀히 다루어졌거나 논급되지 못한 사항들을 위주로 살펴보고자 한다. 겸전정鎌田正의 연구에서는 유흠이 『좌전』등 고문현창운동을 전개하던 전후 사정에 대한 분석이 소략疏略하고, 대부분의 연구들이 『新學僞經考』에서 『사기』에 유흠이 찬입竄入한 구문句文이 있다고 주장한 사항에 대해서는 거의 다루지 않았으며.21) 고힐강의 견해에 대한 분석과 비판도 의외로 대부분 간략한 언급의 수준에 머무르고 있다. 따라서 본고는 이 세 분야에 대한 검토를 통해 위작설의 잘못을 지적하여 그 극복에 일조하고자 한다.

Ⅰ. 유흠의 고문경전 현창의 사유

금문경이 성립된 시기는 대체로 혜제惠帝4년 협서율挾書律 폐지 이후로부터 무제武帝가 이들 금문경전을 학관學官에 세우고 오경박사五經博士를 설치하기 전까지의 시기이다. 금문경은 선진先秦 이래 구전으로 사승師承되어 오던 것이 이 시기에 당시 한漢에서 통용되던 예서로 필기되어 전습된 것이었다.22) 예서는 진시황 때에 하규인下邽人 정막程邈이 현옥리縣獄吏로 있다가 득죄得罪하여 감옥에 있으면서 10년 동안 깊이 연구하여 「益小篆方圓」즉 이사李斯가 공식화

---

21) 錢穆,「兩漢博士家法考」, 앞의『兩漢經學今古文評議』, pp.202-205에 간략한 논급이 있는 정도이다.
22) 今文經의 성립과정에 대해서는 沈文倬, 앞의「從漢初今文經的形成到兩漢今文『禮』的傳受」참조.

한 소전小篆을 더욱 方圓하게 만든 것이다. 그 글자 수는 3천자였다. 진시황은 이 자체字體를 보고 마음에 들어 전자篆字는 이루기 어렵기 때문에 관부의 주사奏事 등에 이 예자隷字를 사용하도록 하였다. 예인隷人(당시 정막은 죄수였다)의 작품인 까닭에 이름을 '예隷'자라 하였다.23) 자체字體가 실전된 경전 즉 고문경전과 이를 숙습熟習한 학자를 구하는 일은 문제文帝 이후 전한의 모든 황제들의 주요 관심사였다. 그런데 학관學官에 세워진 경전經傳은 전한후기까지 모두 금문경전이었다. 그렇지만 이 시기에 고문경전이 없었던 것은 아니었다. 고문은 대체로 육국六國의 고자古字를 말한다. 고문경전은 당시에 대체로 다섯 계통으로 전승되거나 출현하였다.

1) 진시황의 분서시焚書時에 「博士官所藏」의 전적들은 예외로 궁중 비서각에 보존되어 왔다. 궁중의 장서각藏書閣으로는 천록각天綠閣·연각延閣·광내廣內 등이 있었고, 외조外朝에는 태상太常·태사太史·박사관직博士官職 등의 장서藏書가 있었다.24)

2) 유방의 함양 점령 시 소하蕭何가 승상 이사李斯 소장所藏의 서책 문서들을 보존하였다.

3) 한초 이래 중앙조정에서 전적의 부족을 메꾸기 위해 헌서지로獻書之路를 열고, 장서의 책策을 세우며, 사서寫書의 官을 설치하였다. 『사기』太史公自序에는 천하군국의 서書를 모두 서사書寫하여 부본副本을 만들어서 금궤석실金櫃石室에 장藏하였다고

---

23) 이상 程邈의 隷字 작성 사항은 王先謙, 『漢書補注(上)』권30藝文志 注引 「葉德輝曰, 唐張懷瑾書斷云, -------」(北京, 中華書局, 1983,), p.878에 의거함.

24) 張大可 輯釋, 『史記論贊輯釋』(西安, 陝西人民, 1986), p.6

하였다. 단지 이 중에는 고문과 금문이 함께 포함되었을 것이다.

4) 경제景帝2년(전158년)부터 26년간 재위한 하간헌왕河間獻王(전133년 졸卒)이 조지趙地에서 널리 「先秦古文舊書」를 수집하였다. 그는 또한 국내에 『毛詩』와 『左氏春秋』의 2개 박사관을 설치하였다.

5) 무제武帝말년에 노공魯恭[共]왕이 공자 댁을 헐다가 그 벽에서 다수의 고문경전들을 얻었다.

이 가운데 공자의 집에서 나온 전적들은 곧 공안국孔安國이 무제武帝에게 올렸으나 무고巫蠱의 난이 발생하여 시행되지 못하였다. 여타 계통에서 나온 전적들은 학관學官에 세워질 수도 있었을 것이나 이들 고문경전은 배제되고 금문경전들만이 중앙정부의 학관을 독차지하게 된 것은, 금문경학은 스승과 제자가 구송口誦하며 전습傳習해와 그 경에 통달한 전문경학자가 그 경전과 함께 있었기 때문이다. 반면에 고문경학은 수집이나 발견되기 이전에는 이를 익힌 학자를 구하기 어려웠다. 즉 구전의 금문경학은 협서율挾書律이 시행되던 시기에도 학습과 전승이 가능하였으나 고문경학은 불가능하였다. 단지 비서각의 전적들을 열람하여 학습할 수는 있었으나 한초에 이를 열람한 예는 태사령太史令이었던 사마천 부자의 경우 외에는 거의 없었던 듯하며, 게다가 사마씨 부자의 경우는 경학 연구라기보다는 사관의 직책에 의한 것이고, 일반 학자로서는 그 예가 없다고 하겠다. 또한 처음 학관에 세워진 것이 경제景帝 때의 금문『시경』이었고, 이후 무제 초 금문이었던 춘추공양학의 박사 동중서董仲舒가 중용되면서 그 주변의 금문경학자가 다수 채용된 때문이다. 금문경학자들은 주로 『공양전』의 경의經義 해석에 의거하여 정치와 학술 사상계를 지도하였다.

유흠은 1세기 정도 이어진 금문경학 독존의 전통과 현실에서 고문경전의 존재와 그 중요성을 크게 주창하였다. 이하『한서』권36유향 및 유흠전에 의거하여 유흠이 고문경전을 현창하게 된 과정과 배경을 살펴보고자 한다. 그는 한의 종실宗室 가계였다. 그의 부친 유향은 일찍이 선제宣帝로부터 당시 처음 학관에 설치된 금문今文『곡량춘추』를 받고, 황명에 의해 석거각에서 오경을 강론하기도 하였다. 그는 전장군前將軍 소망지蕭望之와 소부少傅 주감周堪 등과 함께 당시 전횡하고 있던 환관 홍공弘恭과 석현石顯, 외척 왕봉王鳳의 무리를 질타하는 상소를 수차례 올리다가 탄압을 받기도 하였다. 그는 당시 자주 보이는 재이災異 현상을 들어 외척 왕씨의 화를 황제에게 경각시키고자 노력하였다. 성제 즉위 후 왕봉이 태후를 배경으로 형제 7인을 모두 열후列侯로 봉하고 전권을 누리고 있을 때 유향은 황명으로 비서秘書를 교서校書하는 기회를 갖게 되었다. 그의 저서인『新序』와『說苑』및 유흠까지 이대에 걸쳐 이루어진『七略』의 성과는 이를 통해 얻어진 것으로 보인다. 그런데 부친 유향이 비서秘書를 교감하고 있을 때 당시 황문랑黃門郎이었던 유흠도 부친과 함께 황명으로 비서를 교감하였다. 또한 유흠은 이 때 육예전기六藝傳記를 강講하였고, 제자諸子 · 시부詩賦 · 수술數術 · 방方 기技를 궁구하지 않음이 없었다. 애제哀帝 즉위 초에 당시 대사마였던 왕망王莽이 유흠을 종실宗室과 재행才行으로서 시중대중대부侍中大中大夫로 천거하였다. 이어 기도위騎都尉를 거쳐 봉거광록대부奉車光祿大夫가 되어 황제의 귀행貴幸을 얻고 있다. 이 때 그는 오관중랑장五官中郎將 방봉房鳳, 광록훈 왕공王龔과 함께(『한서』권88유림전) 재차 황명으로 (비서각의) 오경의 교서校書작업을 관장하는 일을 부여받아 부친의 전업前業을 이어받았고,『七略』의 완성은 이 시기에 이루어졌다. 그는 이때 비서秘書 가운데서『春秋左氏傳』을 발견하고 이를 매우 좋아하였다. 당시 승상사丞相史 윤함尹咸이『左氏』를 능치能治하고 있어서 그와 더불어 경전을 대교對校하였다.『한서』권88유림전에 의하면 윤함은『좌전』을 그 부친 윤경시尹更始로부터 수업 받았고, 윤경시가 장우張禹로부터 수업 받은『좌전』은 한초 가의賈誼로부터 몇 사람을 거쳐 전해온 것이었다. 윤경시는 대표적인 곡량학자였던 채천추蔡千秋를 사사師事하였고, 감로원년甘露元年 황제의 명에 의해『곡량』과『공양』의 동이同異를 의론하게 하였을 때 유향과 함께『곡량』편의 논자로 참여한 바가 있었다. 즉 윤경시는『곡량』과『좌전』을 모두 전수받았다. 윤함은 새로 비서秘書에서 발견된『춘추좌씨전』을 보기 전에 그전부터 부친으로부터 받은 별본別本의『左氏』를 통해通解하고 있었고, 이를 알고 있던 유흠이 그를 초대하여 신출의『춘추좌씨전』을 함께 해독하면서 경전을 대교對校하였다. 이 때 두 사람이『춘추좌씨전』만 가지고 함께 해독한 것이 아니다.『한서』의 본문「당시 丞相史 尹咸이『左氏』를 能治하여 유흠과 더불어 함께 經과 傳을 對校하였다.」는, 바로『좌씨』를 잘 통해하는 윤함의 도움을 받아 이를 경經과 전傳의 대교에 활용하였다는 것을 말한다. 그리고 그 경經은 당연히『춘추』이다. 그래서 이어지는 글에「유흠이『左氏』를 治함에 있어 傳의 글을 引하여 經을 解하니 轉相發明되고, 이로부터 章句 의리義理가 갖추어지게 되었다」고 하였다. 바로 앞의 다음 글은 중요하다.「처음『좌씨전』에 古字 古言이 많아서, 學者는 단지 訓詁하여 전할 뿐이었다(初左氏傳多古字古言, 學者傳訓詁而已.)」라고 하였다. 이에 의하면『좌전』은 민간에 통용되어 왔었음을 알 수 있다. 단지 고자古字와 고언古言이 많아서 학자들이 그에 대한 기본적인 자구字句 해석[訓詁] 만을 전승할 따름이었다. 아울러『좌전』도『공양전』과 마찬가지로『춘추』의 사실을 부연설명하고, 경의經義를 밝혀 시비是非 포폄襃貶하는 내용을 해설하고 있다는 점도 발견하였다. 단지 주지하다시피『춘추』경문과『좌전』은 서로 일치하지 않는 부분이 있고, 기사記事의 유무가 엇갈리는 부분이 있으며, 시작과 끝의 기술 시점도 어긋나는 부분이 있다. 본래『좌전』이『춘추』의 전傳으로 만들어진 것인가에 대해서는 여러 이론이 있다. 그러나 경經의 전으로 보지 않으면 안될 내용이 대부분이다. 유흠은『공양전』과『곡량전』에 비해서『좌전』이 더 귀중하다는 점을 다음과 같이 말하였다.

> 「左丘明은 好惡함이 聖人(孔子)과 같고, 夫子(孔子)를 親見하였으나,『공양전』과『곡량전』은 七十子의 후에 나온 것이니 傳聞한 것과 親見한 것으로 인해 그 상세함과 간략함이 다르다.」　　　　　　　　　　　『漢書』卷36 楚元王傳

호오好惡함이 성인과 같다고 한 것은『논어』公冶長에「巧言令色으로 공경치레 하는 것은 좌구명이 이를 부끄러이 여기는 바이고, 丘도 또한 부끄러이 여긴다. 원망함을 숨기고 친한 듯 대함은 좌구명이 이를 부끄러워하는 바이고, 丘도 또한 부끄러워한다.」에 의하였다. 공자와 동시대인이었던 좌구명이『좌전』의 저자인가에 대해서는 아직 여러 이론이 있다.『좌전』에는 공자 사후 77년과 94년에 일어났던 삼가분진三家分晉(전403년)과 전씨대제田氏代齊(전386년)의 기사가 있다.25) 그러나 후대에 추가된 것으로 볼 수 있는 소지도 있다. 여기서 논하고자 하는 것은 그 사실여부의 문제가 아니라 유흠이『

좌전』을 현창한 진실성의 여부를 판가름하는 데에 있다. 어떻든 이 글에 의하면 그는 저자와 내용 양면에서 『좌전』이 월등하다고 보았다.

유흠은 애제哀帝로부터 금문今文 『곡량전』을 영수領受하여 지니고 있던 부친 유향에게 자신의 입장에서 자주 비판하였으나 유향은 응대하지 못하고 단지 곡량의穀梁義만 스스로 지녔다. 이어 유흠은 황제의 근신近臣이 된 것을 기회로 『좌전』・『毛詩』・『逸禮』・『古文尙書』를 학관學官에 열렬하게 할 것을 진언하였다. 이에 애제는 오경박사와 함께 금고문 양 경전의 의義에 대해 의론하도록 하였으나 여러 박사들이 응대하지 않았다. 그래서 유흠은 태상박사에게 이서移書하여 이를 꾸짖었다. 그는 무제기武帝期 학관 설치 때의 사정과 현실을 다음과 같이 말하고 있다.

> 「一人이 홀로 그 경을 모두 지니지 못하여 혹은 雅를, 혹은 頌을 지니다가, 서로 합쳐서 만들기도 한다. 泰誓는 나중에 얻게 되어 박사들이 모여서 이를 읽었다. 까닭에 詔書에서 이르길 "禮樂이 붕괴되고, 書簡은 결탈되었으니 짐이 매우 안타깝게 생각한다."고 하였다. 그 때 漢이 건립된 지 이미 칠팔십년, 전체 경전의 모습을 떠난 지 이미 오래되었다.」
> 　　　　　　　　　　　　　　　　　　　　『한서』권36유흠전

금문으로 복구된 경전들이 학관에 세워지긴 하였으나 불비된 부분이 많았음을 지적하고 있다. 새로 발견된 고문경전들을 활용하고,

---

25) 徐中舒, 「左傳的作者及其成書年代」(『徐中舒歷史論文選集(下)』, 北京, 中華書局, 1998), p.1138.

학관에 세워야 할 당위성으로서 기존 학관에 있는 경전의 불비와 탈루된 부분이 많은 것을 말한 것이다. 이어 그는 고문경전이 공자의 집 벽에서 나왔으나 무고巫蠱의 난으로 활용되지 못하였음을 말하고, 성제成帝가 잔결된 것이 많음을 안타까워하여 비서각의 구문을 발굴 교리校理하게 하였는데 이 때 고문구서古文舊書인 『좌전』이 어떤 본은 많게는 20여 통이 비부에서 발견되었다고 하였다. 『한서』는 이를 「秘府에 간직되어 갇혀져 드러나지 못하였다」[26]라고 기술하고 있다. 즉 유흠이 이 때 발견한 수십 종류의 『좌전』본들이 비부의 구석에 쌓여져 있어 발견되지 않았다는 것이다. 『한서』권30 예문지藝文志에 유흠의 『七略』의 성과를 인용하여 당시(후한초) 전해지고 있던 제가의 서書를 분류하고 있다. 그 총 항목에 易13家 294편, 詩6家 416권, 禮13家 555편, 樂6家 165편, 春秋23家 948편, 論語12家 229편, 孝經11家 59편, 小學10家 45편 (以上 六藝), 儒53家 836편, 道37家 993편, 陰陽21家 369편, 法10家 217편, 名7家 36편, 墨6家86편, 縱橫12家 107편, 雜20家 403편, 農9家114편, 小說15家 1380편 (以上 諸子), 賦20家 361편, 賦21家 274편, 賦25家 136편, 雜賦12家 233편, 詩·賦106家 1318편, 兵權謀13家 259편, 兵形勢11家 92편, 陰陽16家 249편, 兵技巧13家 199편, 兵書53家 790편, 天文21家 445권, 歷譜 18家 606권, 五行31家 652권, 蓍龜15家 401권, 雜占18家 313권, 形法6家 122권, 數術190家 2528권, 醫經7家 216권, 醫方11家 274권, 房中8家 186권, 神僊10家 205권, 方技36家 868권, 이상 총계 6略 38種 596家 13269卷이라 하였다. 이 가운데 상당수는 비부에 있던 것을 유흠이 조사하여 등록한 것으로 보인다. 이 가운데

---

26) 「藏於秘府, 伏而未發,」

유흠은 유독 『좌전』의 발견에 크게 기뻐하였다. 그런데 전술한 바와 같이 사마천과 하간헌왕 및 윤함의 사례로부터 『좌전』이 한초 이래 사회에 전습되어 온 것으로 보아야 한다. 그렇다면 비부의 『좌전』 발견이 어떠한 뜻을 지니기에 유흠이 그토록 기뻐하고, 적극 현창하게 되었을까. 유흠은 종전에는 『좌전』에 대해 별로 학습을 않은 듯하다. 한무제 이후 이 때 까지 중앙의 지식인 및 학계에는 거의 금문경학 일색이었다. 사마천과 하간헌왕 및 윤함의 사례는 각기 사관, 특정 지역, 극소수의 고문古文 전가傳家에 해당하는 것으로 이해된다. 유흠은 중앙정계에서 활동하였고, 그 부친 유향은 황제로부터 금문 『곡량전』을 받아 연찬한 바가 있었기 때문에 어려서부터 금문학의 분위기에서 성장하였을 것이다. 이렇게 금문경학의 세계만 접해 오던 그가 비부의 전적을 열람하다가 『좌전』을 발견하게 된 것이다. 물론 그는 『좌전』에 대해 익히 알고 있었을 것이나 이를 자세히 연구한 바는 없었을 것이다. 그는 이 때 어떤 이유에서인지 수십 종류의 『좌전』본本을 본 순간 크게 흥취를 느꼈다. 그리고 중앙정계에서 『좌전』에 깊은 조예가 있는 것으로 지명知名이 있는 윤함의 도움을 받아 연찬하고자 하였다. 그 연구 과정에서 『좌전』의 사안별 줄거리를 『춘추』 경문의 해당 사항에 연계하여 읽게 되면 바로 경經에 대한 전傳의 뜻을 갖는 것임을 깨닫게 되었다. 「유흠이 『左氏』를 治함에 있어 傳의 글을 引하여 經을 解하니 轉相發明되고, 이로부터 章句 義理가 갖추어지게 되었다」(『한서』권36유흠전)고 한 것이 곧 이를 말한다. 그리하여 종래 『춘추』를 이해하는데 금문 『공양전』과 『곡량전』에만 의거하여 왔던 것이 여러모로 충분치 못하였고, 불비不備하였던 것임을 알게 되었다. 그는 앞의 두 전傳 보다 분량과 내용 양면에서 『좌전』이 더 알차고 자세하며 중요하다는 판단을 한 것 같다. 그래서 그는 황제에게 『좌전』을 학관에 세울 것을 건의하였고, 황제는 이 문제에 대해 박사관들과 의론해 보게 하였다. 그러나 금문경학의 박사관들은 자신들이 펴고 있는 학설이 침해되고, 그 위상이 위협받게 되어서인지 이 의론을 회피하였다. 이에 유흠은 태상에 속한 박사관에게 글을 보내어 이들을 꾸짖게 된 것이다.

그는 중앙의 학관에서 전습하고 있는 경과 전이 크게 불비되어 있는데도 민간에서 전해져 온 전적들을 학관을 비롯한 중앙학계에서 폭넓게 활용하지 않는 현실을 크게 통탄하고 있다. 그리하여 이제껏 학문을 한다는 사람들이 경전의 결락됨을 문제 삼지 아니하고 단지 「견문이 적음으로 인해 좁은 일면 만에 향하고, 글과 글자를 분석하는 데만 치중하니 言辭가 번쇄하다(因陋就寡, 分文析字, 煩言碎辭.)」고 하였다. 그래서 학자가 노인이 되어서도 일예一藝 조차 능히 궁달하지 못한다고 하였다. 게다가 벽옹辟雍·봉선封禪·순수巡狩 등의 국가 대사大事에 임해서도 그 근원을 알지 못하면서도 잔결殘缺의 경전만을 지키면서 자신들의 입지가 침해받을 것만 두려워하는 사심만 있고, 종선복의從善服義하는 공심公心은 없으며, 혹은 질투하고, 사실은 고려하지 아니하면서 뇌동雷同하며 서로 따르고, 말소리 따라 시비함을 질타하고 있다. 또한 『상서』가 다 갖추어진 것이라 하고, 『좌전』은 『춘추』의 전傳이 아니라 하며, 금문경전 외의 도를 막아버리는 금문학자들의 태도를 질타한다. 또한 이전에 그 의義가 상반되는 경전도 함께 학관에 치치하였고, 고문경전도 각기 대소의 의義를 포함하고 있는데 어찌 한 면만 치우치게 단절시키고자 하는가 라고 한다. 만약 오로지 잔결된 경전만 지키고, 동문끼리 당을 이루며, 진도眞道를 질시하고, 황제의 명조明詔를 위배하여 성의聖意를 잃어버린다면 문리文吏의 의론에 빠진 것이니 심히 군자가 취할 바가 아니라고 비판하였다.27)『한서』권88유림전에 의하면 그는 이 때『좌전』의 학관 설치를 위해 승상 공광孔光을 수차례 찾아가 도움을 요청하였으나 거절당하였다.

『한서』의 저자는「그 말이 매우 간절하여 諸儒가 모두 원한을 갖게 되었다.」(『한서』권36유흠전) 하고 있다. 이 때 명유名儒 광록대부 공승龔勝은 유흠의 이서와 상소에 크게 자책하여 사직을 청함으로써 유흠에 대항하였고, 대사공 사단師丹도 대노하여 유흠이 구장舊章을 어지럽히고 선제가 세운 것을 비난하며 훼손시키고 있다고 상주하였다. 황제는 이에 대해「유흠은 道術을 넓히고자 한 것인데 어찌 비난하고 훼손시키려 한 것이겠는가?」라 하며 유흠을 두둔하고 있다.28) 유흠은 집정대신과 중유衆儒들의 비난을 받고 복주伏誅될까 두려워 지방관으로 보임補任해줄 것을 청하여 하내태수河內太守가 되었다가 종실은 삼하三河지역을 관장하지 못하도록 되어 있는 까닭에 오원五原과 탁군涿郡 군수를 역임하였다. 수년 후 병으로 면관免官되었다가 다시 안정속국도위安定屬國徒尉가 되었다. 그 때 애제哀帝가 붕어하고, 왕망이 집정하게 되었다. 왕망은 젊은 시절 유흠과 함께 황문랑黃門郎으로 있었던 적이 있었기 때문에 그를 애중하여 태후에게 고하니 태후는 유흠을 우조태중대부右曹太中大夫에 임명하였다. 이후 중루교위中壘校尉와 희화羲和[太史令], 경조윤京兆尹을 역임하였고, 명당과 벽옹의 치수治修임무를 부여받았으며, 홍휴후紅休侯에 봉해졌다. 또한 유림사복儒林史卜의 관직을 맡아 율력을 고정考定하고,『三統曆譜』를 지었다. 이어 왕망이 황위를 찬탈한 이후 그 조정에서 국사國師가 되었다.

---

27) 이상의 기술은『한서』권36 劉歆傳에 의거함.
28) 위와 같음.

왕망 왕조에 참여한 이후의 그의 사적은 『한서』권99왕망전에 전한다. 왕망은 원제 황후의 조카이다. 원후의 부친과 형제는 원제와 성제 사이에 아홉 제후와 다섯 대사마를 배출하며 보정輔政의 자리를 독점하였다. 왕망이 백부伯父 왕봉王鳳 등 사부四父를 이어 보정을 할 수 있게 된 것은 성제成帝 수화원년綏和元年(전8년), 38세 때부터이다. 그는 앞의 보정자輔政者들보다 더 큰 명예를 얻고자 하여 극기克己 불권不倦하였고, 현량을 초빙하여 연사掾史로 삼았으며, 읍邑과 전錢을 상사賞賜하여 향사享士하고, 검약하였다. 그러나 왕망은 애제 즉위(전7년) 초 애제의 조모 부태후傅太后와 모 정희丁姬의 미움을 사 면관되어 실권하였다가 애제가 즉위 6년여에 붕어하자(전1년) 태황태후에 의해 즉시 복직되어 다시 전권專權을 행사하게 되었다. 그는 9세의 평제平帝를 직접 옹립하고 보정輔政하기 시작하였다.

유흠이 비부의 『좌전』 등을 발견한 시점은 애제 즉위 후 1 내지 2년 사이인 것으로 짐작된다. 이 때 왕망은 애제의 외척세력에 밀려 중앙정계를 떠나 있었다. 즉 유흠이 비서각秘書閣에서 『좌전』을 비롯한 고문경전을 발견하고 이를 적극 현창하는 활동을 한 기간에 왕망은 실권失權한 상태에 있었다. 유흠이 비록 왕망의 추천으로 기도위騎都尉를 거쳐 봉거광록대부奉車光祿大夫의 직위에 있었지만 정치계에서 추락한 왕망의 현달을 위해 고문경전을 위조할 사정도 아니었고, 그러한 일을 벌일 이유도 없었다. 고문경전 몇 가지를 학관에 세운다고 해서 실각한 왕망이 복권될 수 있는 것이 아니었다. 그러한 일이 애제 붕어 후 왕망의 재집정으로부터 왕망이 한을 찬탈하여 새 왕조를 개창한 무렵 사이에 일어났다면 혹 가정해볼 수는 있다. 그러나 그 이전에 이미 새로 발견된 『좌전』 등의 전적을 황제에게 올린 바 있고, 학계에 공개하여 학관에 세울 것을 의론한 바 있는 것을 현재 그 인물들이 생존해 있는데 불과 10년도 못된 사이에 어떻게 그 내용을 위조할 수 있었겠는가. 위에 길게 설명한 그의『좌전』현창의 사유서에서 금문경전의 불비不備와 결락의 문제를 해결하여 경의經義를 온전히 이해하고, 성의聖意를 올바로 파악하고자 하는 열의와 진실이 뚜렷하다. 황제로부터 금문경전을 받았다고 하여 여기에만 편집偏執되어 자신이 발견한 고문경전들을 받아들이지 못하는 부친을 힐난할 정도로 그의 열의는 대단한 것이었다. 이렇게 본다면 유흠이 왕망의 섭정과 새 왕조 창립의 당위성을 이론적으로 선전하기 위해 고문경전을 위조하여 현창하였다는 청대금문학자와 고힐강 등의 견해에는 찬성할 수 없다. 따라서 유흠의 행동을 정치적 동기로 보아서는 안 되고 순수한 학문적 열의로 보아야 한다는 견해를 제시한 서중서徐中舒의 설이 타당하다고 본다.29)

왕망의 재집권 후 전술한 바와 같이 유흠은 왕망의 지지를 받아 희화義和·경조윤京兆尹 등의 요직을 거치면서 명당과 벽옹의 치수治修, 유림사복儒林史卜, 율력 고정考定,『三統曆譜』의 저술 등 문화사업 분야를 이끌고 있다.『한서』권88儒林傳贊에 반고班固가「平帝時, 又立『左氏春秋』·『毛詩』·『逸禮』·『古文尚書』」라 한 것은 어느 연도인지는 명확하지 않으나 이들 고문경전의 학관 설치를 염원하던 유흠이 후원자 왕망의 지지로 이룬 일일 것이다. 이 조치는 일찍이 고힐강이 말한 바와 같이 한대 학술사상 일대개혁이었다.30) 이어 평제平帝 원시元始4년과 5년에 걸쳐『樂經』을 학관에 세우고 박사원博

---

29) 徐中舒,「經今古文問題綜論」(『記念顧頡剛學術論文集(上册)』, 成都, 巴蜀書社, 1990), p.69.
30) 顧頡剛,「今古文問題」(『顧頡剛古史論文集』第三册, 北京, 中華書局, 1996.4), p.377.

士員을 각 경經에 5인씩 증치增置하였으며, 일예一藝에 통한 자, 교수教授11인 이상, 『逸禮』·『古書(古記)』·『毛詩』·『周官』·『爾雅』·天文·圖讖·鍾律·『月令』·兵法·『史篇』文字(小學史篇)·方術·『本草』·五經·『논어』·『효경』에 통한 자를 경사京師에 오게 하니 수천인이 모였다. 조정에서는 이들로 하여금 궁정에서 서로 기설記說하며 어긋난 곳을 바로 잡고 이설異說을 하나로 하도록 하였다.31) 고힐강은 유림전찬儒林傳贊에 기재된 네 경전 뿐 아니라 『周官』·『爾雅』 등 위 서목書目 모두 이 때 학관學官에 설치된 것으로 보았다. 그 근거로 『한서』예문지 기사記事 「『周官經』六篇」의 주注에 「王莽時, 劉歆置博士.」라 한 기사를 들고, 다른 경전도 이에 미루어 함께 설치된 것으로 본다고 하였다.32) 그리고 『說文』서序에 왕망 섭정 시 대사공大司空 견풍甄豊 등을 시켜 문서지부文書之部를 교정케 하니 그가 고문古文을 개정하여 육서六書로 작작作作하게 되었다는 기사가 있는데, 이 육서六書[古文, 奇字, 篆書, 左書, 繆篆, 鳥蟲書] 가운데 고문古文을 맨 앞에 두고 이를 「孔子壁中書」라고 규정함으로써 벽壁 중에서 나온 서書를 독존獨尊의 지위에 올렸다 하고, 이는 유흠이 이제껏 주장해 왔던 것으로 왕망의 지원으로 성취된 것이라고 하였다.33) 그러나 유흠이 적극 학관에 설치할 것을 주창한 비부 발견의 『좌전』이 (孔子 宅의) 벽壁 중에서 발견된 것인지는 분명치 않다. 청대 금문학을 개창한 인물로 꼽히는 유봉록劉逢祿은 이 『좌전』을 벽중서壁中書로 보았으나 근래 서중서徐中舒는 이를 잘못된 견해로 크게 비판하면서 비서각祕書閣 소장所藏의 『좌전』은 한초漢初 북평후北平侯 장창張蒼

---

31) 王莽傳과 平帝紀元始5년조의 기사를 합하여 기술함.
32) 顧頡剛, 앞의 글, p.378.
33) 고힐강, 앞의 「今古文問題」, p.379.

이 헌상한 고문구서古文舊書로서 벽중서가 아니고, 벽중서는 육국六國의 고문古文 구서舊書라고 하였다.34) 더구나 그 때 발견된 『좌전』본이 많은 것은 20가지나 된다고 하였다. 또한 유흠은 어디까지나 『좌전』을 학관에 설치하여 경의經義를 올바로 폭넓게 이해하는데 활용하자는 뜻이었기 때문에 어떠한 자체로 쓰인 것인가는 별 문제가 아니었다. 또한 이 작업을 한 사람은 유흠이 아니었다. 또한 고힐강은 이 고문현창운동으로 말미암아 금고문의 분계가 확실히 건립되었고, 모든 경서經書가 금학今學과 고학古學으로 분립하게 되었다고 하였다.35) 그러나 『좌전』과 같은 경우는 이미 이 이전에 금문인 『공양전』이나 『곡량전』하고는 완연히 구분되어 있었다. 그 밖에 동일 경전이 금문과 고문 두 계통으로 전해진 경우도 그 편수도 다르고 내용도 다른 곳이 있어 이미 한초 이래 구분되어 전해질 수밖에 없는 것이었다. 단지 왕망 섭정기에 이루어진 이 운동은 중앙 학계 및 교육계에서 거의 무시되어 온 전적들을 총망라하여 연구 활용해야 한다는 취지였다. 즉 한초 이래 겪어 온 전적典籍의 탈루와 착간錯簡 및 불비不備의 현실을 타개하자는 뜻이었다. 앞의 전적 목록에 고문경전이 많은 것은 한초 이래 이 계통의 전적들이 거의 활용되지 못하였기 때문에 당연한 것이며, 금문경학으로부터 나온 도참圖讖 계통도 포함되어 있는 점에 유의해야 한다. 금고문今古文의 분립을 조장한 것은 유흠이 아니라 오히려 그 때까지 금문경학으로 입신출세해 온 기득권자들이 고문경전을 받아들이지 아니한데서 분계分界가 있게 된 것으로 보아야 한다. 그들의 기득권이 침해받게 될 사정이 분명한 것이라면 오히려 이 면에 더 문제가 있었다고 보는 것이 타당

---

34) 徐中舒, 앞의 「經今古文問題綜論」, p.70.
35) 위와 같음.

하다.

왕망의 섭정 및 이어지는 역성혁명의 당위성을 고문경전에서 구하였다는 논의도 재고가 필요하다. 이에 대해서는 다음 장에서 논의한다.

Ⅱ. 『신학위경고新學僞經考』의 위작설 비판

강유위康有爲는 『新學僞經考』의 서序에서 그의 논지를 요약하고 있다.[36] 그는 작위作僞가 시작되고 성제聖制가 어지럽혀진 것은 유흠으로부터 이고, 위경僞經을 포행布行시키고 공자의 법통을 찬탈한 것은 정현鄭玄에서 이루어졌다고 하였다. 또한 공자의 경을 빼앗아 주공周公에게 주었고, 공자를 눌러서 전전傳으로 하였으며, 이에 공자가 개제改制한 성법聖法을 일소해버렸다고 하였다. 그래서 그는 위로는 성경聖經을 찬탈한 적賊이고, 아래로는 국가의 짐독鴆毒이라고 하였다.

공자의 경을 빼앗아 주공周公에게 주었다는 것은, 전한에서 금문가今文家가 공자를 천명 받아 제례작락制禮作樂한 소왕素王으로 보는데 반해 고문가古文家는 주공이 성왕成王을 보輔하여 관채지난管蔡之亂을 평정하고 제례작락制禮作樂하여 주실周室을 태평으로 이끌었다 하고, 금문가는 공자가 「作六經」하였다고 하는데 비해 고문가는 「述而不作」하였다고 하는 대립이 있었던 것에 의거한 말이다. 왕망은 고문가의 설을 이용하여 주공이 성왕을 보정輔政한 것을 자신의 위상位相에 빗대었고, 더 나아가 거섭居攝에서 즉진即眞[진황제]으로 나

---

36) 『新學僞經考』(上海, 商務印書館, 1936, 初版), pp. 2-4.

아가는데 이론적 근거로 삼았다는 것이다. 물론 왕망이 거섭에서 가황제를 거쳐 진황제로 나아가는 과정에서 중신重臣들의 왕망 추대 상소에 주공의 보정과 주周의 예禮가 자주 등장한다. 그러나 주공은 황제에 오르지는 않았다.37) 주공의 사례는 거섭단계에서는 도움을 주는 것이었다 하겠지만 황제에 오르려는 왕망에게는 오히려 걸리는 사항이다. 또한 주공의 사적事蹟은 고문경전에서만 전하는 것이 아니라 금문 고문을 막론하고 전하는 사실이다. 더구나 왕망의 황제 즉위 직전에는 천공사天公使가 정장亭長 신당辛當에게 몽중夢中에 「攝皇帝가 응당 眞황제가 될 것이다」라 하였고, 신정新井이 발견되었다든가, 파촉의 석우石牛와 옹雍의 석문石文이 미앙궁에 이르렀는데 그 글에 「天告帝符, 獻者封侯. 承天命, 用神令.」이라 하였다는 등이 연이어 발생하고 있는데38) 이러한 조작은 금문경학에서 발전한 참위를 이용한 것이다. 또한 서중서徐中舒가 지적한 바와 같이 고문가가 주공을 선성先聖으로 보는 것은 전한 말에 등장한 신설이 아니라 전한 이래의 구설이었다.39)

또한 금문학과 고문학이 전한 말에서 후한 초 사이에는 그 정치이념이나 사상에 큰 차이가 있는 것으로 인식되지는 않았다. 후한 초 광무제가 고문경전들을 학관에서 제외시킨 것은 적대하였던 왕망이

---

37) 『新學僞經考』는 劉歆이 『明堂位』를 僞作하여 「周公踐天子位」라 하였는데 이는 先聖을 誣하여 篡逆者(왕망)를 도운 것이라 하였으나 이에 대해 錢穆은 해명하길, 周公의 踐天子位에 대한 기록은 이미 『荀子』儒效, 『尸子』와 『韓子』難二(『예문유취』권6所引), 『예기』文王世子, 『회남자』氾論訓, 『韓詩外傳』권3및 권7 등에 나오는 구절이니 劉歆의 僞作이라 할 수 없고, 이전에 이러한 기사가 나오게 된 것은 周公을 크게 높이어 추앙하고자 한 때문이라고 하였다. 錢穆, 앞의 「劉向·歆父子年譜」, pp.112-113.
38) 『한서』권99上 왕망전.
39) 徐中舒, 앞의 「經今古文問題綜論」, p.69.

추존한 학이었기 때문이었다. 광무제 건무建武4년 상서령尚書令 한흠韓歆이 『費氏易』과 『좌씨춘추』의 박사관을 세우자고 상소함에 운대雲臺에서 이에 대한 논의를 하게 하였는데 이 논의에서 입학立學을 반대한 박사 범승范升은 그 이유를 말하길, (1)『좌씨』는 공자를 조祖로 하지 아니하고, 좌구명으로부터 나왔으며, (2)사도師徒가 상전相傳해온 바가 없고, (3)선제先帝가 지니던 것이 아니어서 근거 없이 세울 수 없다, (4)학學의 조그마한 결락을 안타까워하여 경전마다 여러 가지를 세워주다 보면 이단이 난립하여 분쟁에 빠지게 된다, (5)본사本師가 없고, 반이反異되는 것이 많아 선제先帝가 이를 의심하였다, (6)건국 초에 아직 시서詩書등의 학관에 제자도 없는 형편인데 『좌전』과 『費氏易』을 세우는 것은 아직 급한 일이 아니라고 하고 있다.[40] 즉 정치이념이나 통치사상에 관련된 문제나 차이는 언급되고 있지 않다. 『좌전』과 『공양전』의 정치이념 및 통치사상에서의 차이에 대한 해석이나 의론은 후한 초 이후에나 일면에서 전개되는 정도이다. 유흠 당시에 양자의 차이가 뚜렷이 부각되거나 인식되어 있지는 않았다고 생각한다. 양자의 정치사상과 통치이념 상에서의 차이는 사실 훨씬 후대인 강유위에 의해서 의도적 해석과 조작에 의해 조성된 면이 많다.

한편 『新學僞經考』는, 『사기』의 여러 기사에 의거하여 고문경전이 전한 전 기간에 완비되어 유통되었다고 한다. 그 근거는 다음과 같다. 첫째, 진시황 때의 분서시焚書時 박사직에 있던 경전들은 구존具存되었다. 둘째, 승상 이사李斯가 소장하고 있던 서책들이 유방의 함양 점령 때 소하蕭何에 의해 보존되었다. 셋째, 당시 어사御史였던

---

40) 『후한서』권36 范升傳.

장창張蒼이 소장하던 서책들이 헌상되어 비부에 보관되었다, 넷째, 공씨에 세전世傳되어 온 경전은 본래 결손되지 않은 채로 전래되었다, 다섯째, 제로제생齊魯諸生의 육경독본六經讀本이 결락되지 아니한 채로 전수되었다, 여섯째, 장서藏書의 금禁이 겨우 4년 밖에 지속되지 않았기 때문에 보존된 책들이 반드시 많았을 것이다. 일곱째, 예전에 전경專經에 풍송諷誦한 바가 있었던 까닭에 구전본口傳本이 있어서 결락되지 않았다.[41] 따라서 전한 말에 유흠이 고문경을 비부에서 새로 발견하게 되었다는 것은 실은 그가 이를 위조한 것이라고 주장한다. 그러나 당시 이미 고문경전들이 민간과 중앙학계에 충분히 유통되고 있었다면 어떻게 공지公知의 경전을 위조할 수 있을까. 예컨대 『좌전』이 이미 널리 전습되고 있는데 구태여 같은 『좌전』을 널리 활용되게 하기 위해 새로 위조할 필요가 있을까. 기존의 『좌전』과 내용을 크게 달리하는 『좌전』을 위조한 것이라면 왜 당시 양자의 이동에 대한 논의가 없었을까. 그리고 이미 많은 고문경전이 유통되고 있었다면 유흠이 경전의 결락을 보완하기 위해 고문경전을 활용할 것을 애타게 촉구한 것은 우스꽝스러운 일이 되어버린다. 강유위가 지적한 항목 가운데 구전본口傳本의 전수를 말한 항목은 금문경전의 전승에 해당되어 고문경전의 보존으로 말할 사항이 아니지만 대체로 그가 지적한 바와 같이 여러 경로를 통해 고문경전은 보존되고 전습되어 온 바가 있다. 그러나 대부분이 비부의 먼지 속에 있거나 일부 지역의 민간에서 전습되고 있었을 뿐 중앙정계와 학계에서는 거의 도외시되어 온 것은 분명하다. 사마천이 비부의 고문경전을 참고하였고, 공씨 전래의 경전을 공안국孔安國을 찾아가 참조한

---

41) 앞의 『新學僞經考(上)』, pp.1-9.

것은 『사기』 저작 과정에서 필요하였던 사적 자료열람이었다.

유흠의 의론의 초점은 『좌전』이 『춘추』의 전傳으로서 활용되어야 한다는 것이었다. 강유위는 별다른 근거 없이 『춘추』의 전은 『공양』과 『곡량』의 이가二家 뿐이라고 단정하고 있다.[42] 이러한 입장은 전한 후기 기성 관학을 이끌던 금문경학자들의 것이기도 하다. 유흠의 발견은 전에 없던 『좌전』을 발견한 것이 아니라, 그 『좌전』이 곧 『춘추』의 전傳임을 발견한 것이다. 그는 이미 『좌전』을 부친으로부터 전수 받아 능치能治한 윤함尹咸과 적방진翟方進을 알고 있었는데 어찌 『좌전』이 이미 세간에 전해지고 있었음을 몰랐겠는가. 그러하건대 어찌 비부에서 발견한 『좌전』을 없던 자료를 새로 발견한 것이라고 선전할 수 있었겠는가. 그가 이 『좌전』을 황제에게 올린 것은 이 『좌전』의 기사를 『춘추』의 해당 기사에 배치하여 읽어보면 『춘추』의 사실이 자세히 드러나고 그 뜻을 이해하는데 큰 도움을 준다는 사실을 전하고자 함이었다. 황제는 유흠의 해설에 이를 좋아하였다. 그리하여 『좌전』을 정식 학관에 세우고자 하여 학자들로 하여금 논의케 한 것이다. 그러나 『춘추』의 전傳은 자신들이 전습해 온 『공양』과 『곡량』 뿐으로 자임하고 있던 그들로서는 이해관계에 얽히어 선뜻 이에 응할 수 없었던 것이다.

또한 『신학위경고』는 전한의 황제들이 경전을 헌상하는 길을 설하고, 서사書寫하는 관직을 설치하는 등 경전의 불비不備와 결락을 보완하기 위해 상당한 노력을 기울이고 있는 점을 간과하고 있다. 간독簡牘에 기록된 고문경전들이 비록 보존된 사례가 여러 경로에 걸쳐 있었지만 탈락과 착간錯簡이 많았고 이를 정리하고 보완할 만

---

42) 앞의 『新學僞經考(上)』, p.19.

한 인적 자원이 거의 없었다. 즉 자료와 인적 자원이 연계되어 온 경우가 비교적 드물었다. 그러나 구전되어 오다가 한漢에서 예서隸書로 필사된 금문경전의 경우는 그 경전과 함께 그에 대해 연찬해 온 인적 자원이 함께 갖추어져 있었다. 즉 각 경전에 대한 사법師法의 전승이 지켜져 왔다. 고문경전은 탈루된 자료만 있었지 사법의 전승이 별로 없었다. 물론 고문경전의 사승도 있었지만 금문 계통에 비해서는 월등히 적었고, 일찍이 중앙정계에 가까이 이르지 못하였다. 춘추 공양학자 동중서가 초기 학관설치 시기 이 분야를 주도함으로써 중앙학계를 금문경학 독존으로 나아가게 하는데 상당한 역할을 하였다.

강유위의 『新學僞經考』는 『좌전』을 유흠이 위작하였다는 것이 주조를 이루는 것이지만 이를 주장하는 과정에서 그 근거의 하나로서 『사기』에도 유흠이 찬입한 문구가 다수 들어 있다 하고 그 사례를 일일이 제시하고 있다. 이 부분에 대한 반론이 비교적 자세히 이루어지지 않았기 때문에 여러 사례 가운데 대표적인 몇 사례를 검토하여 비판하고자 한다.

고힐강이 인용한 걍유위의 『新學僞經考』後序에는[43] 그가 유흠의 고문현창운동에 대한 문제의식을 갖게 된 과정이 제시되어 있다. 강유위는 『사기』의 하간헌왕전河間獻王傳과 노공왕전魯共王傳을 읽다가 고문경전에 대한 내용이 전혀 없는데 크게 놀라고 의심이 들어 『한서』의 하간헌왕 및 노공왕전·유림전儒林傳을 『사기』와 대조하여 읽어보니 『한서』에는 고문에 대한 내용이 자세히 기재되어 있었으나

---

43) 힐강이 인용한 것은 重刻 『新學僞經考』後序로 되어 있다(앞의 『顧頡剛古史論文集』第三冊, pp.382-3). 본고가 저본으로 한 『新學僞經考(上, 下)』 (上海, 商務印書館, 1936, 初版)에는 이 後序가 실려 있지 않다.

『사기』는 이와 반대인 것을 발견하게 되었다. 그리고 『사기』의 태사공자서太史公自序에는 천하군국의 많은 서적들을 모두 서사書寫하여 부본副本을 만들어서 비부에 간수하였다 하였으니 일찍이 사마천이 이들 서적들을 보았고, 또한 그 생년이 하간헌왕과 노공왕魯共王의 후後인 까닭에 헌서獻書와 벽중서壁中書의 발견사실을 알았을 것인데도 벽중서에 대한 기록이 『사기』에는 없기 때문에 이 부분의 『사기』 기사는 유흠의 위찬僞竄이 의심할 바 없다고 하였다. 그는 이 사실을 계기로 『사기』를 주主로 하여 『한서』를 두루 살펴 분별하고, 금문을 주로 하여 고문을 분별하며, 주周 진秦 서한西漢의 제서諸書를 두루 살펴보니 위의 사실에 부합되지 않는 것이 없었다고 하였다. 즉 여러 전적에 유흠의 위조가 확인되었다는 것이다.

여기에서 고문경전에 대한 기사가 없었다는 것은 곧 『좌전』의 전수傳受와 입학立學 등의 일이 기재되어 있지 않다는 것으로 유흠의 위작 이전에는 『좌전』이 전해지지 않았다고 한 강유위 자신의 주장을 오히려 입증해주는 것인데도 기재되지 않은 것을 유흠이 일부러 『사기』에서 해당 내용을 삭제한 것이라 하고 있으니 실로 자가당착이 아닐 수 없다. 겸전정鎌田正도 지적한 바 있지만[44] 만약 유흠이 『좌전』의 문文을 『사기』에 찬입竄入한 곳이 많았다면 이렇게 중요한 기사를 중요한 자리에 찬입竄入하지 않았다는 것 자체가 불가해不可解한 일이 되어버린다. 『좌전』의 전수나 입학立學의 사항이 『사기』에 기재되어 있지 않다는 것이 오히려 『사기』竄入說을 부정하고 있는 것이다. 한간헌왕 때의 『좌전』 입학을 기술하지 않은 것은 사마천 당시에는 아직 그 사실이 널리 알려지지 않은 때문이었을 가능성

---

44) 鎌田正, 앞의 책, pp.201-2.

도 있다. 또 『사기』儒林傳에 『좌전』의 전수에 대한 기사가 없는 것은 동同 십이제후연표서十二諸侯年表序에 기재한 까닭에 생략한 것일 수가 있다. 『사기』에 보이지 않는다고 하여 허구로 보는 것은 지나친 단순 논리이다.[45] 또한 『사기』권59五宗世家에 실려 있는 하간헌왕河間獻王과 노공왕魯共王의 기사 뿐 아니라 다른 왕들의 기사도 매우 간략하여 출생과 입왕立王년도, 몰년沒年, 간략한 행적 정도로 전체 한 두 줄 정도에 불과하다. 그래서 고문경古文經 수집이나 학관설치, 발견 등에 대한 기록이 생략된 것일 가능성도 있다. 그리고 『한서』는 어디까지나 유흠의 기록이 아니고 반고班固의 기록이다. 반고는 왕망 정부를 제거하고 다시 한실漢室로 복구된 후한의 유신儒臣으로 왕망을 비난하길, 「書傳이 亂臣賊子와 無道之人을 싣게 된 뒤로부터 그 禍敗를 생각하건대 왕망과 같이 심한 예는 아직 없었다. 예전에 秦은 『詩』『書』를 불태워 私議를 세웠고, 왕망은 六藝를 誦하여 姦言을 章하였다.」고[46] 하였다. 이러한 시각을 지닌 반고가 왕망의 정부에 참여하고 방조한 바 있는 유흠의 설에 조금이라도 거짓이 있는 것으로 알았다면 이를 그대로 기록하였을 리가 없다. 반고가 무슨 이유로 『사기』에는 보이지 않는 고문경전의 사事를 있지도 않은 일이었는데 거짓으로 기록하였겠는가. 주지하다시피 『한서』편찬의 취지 가운데는 『사기』의 불비不備를 보완한다는 사항이 있었다. 전반적으로 『한서』는 전한 일대一代의 사史인 만큼 2,500년에 걸친 『사기』에 비해 한대漢代의 분량이 몇 배는 더 많다. 특히 문예文藝와 학술면에 대한 기술이 『사기』에 비해 월등히 많다. 유가儒家 정통주의자였던 반고班固로서는 유가儒家가 풍미하게 된 후한초의 분

---

45) 위와 같음.
46) 『한서』권99下왕망전의 贊曰.

위기에서 당연히『사기』에 기록되지 않은 유가의 기본 경전에 대한 여러 사실들을 기록하여 전할 필요가 있었을 것이다. 사마천이『사기』를 작성하던 시절은 아직 금문과 고문의 논쟁이 일어나기 전이었다. 그는 비부秘府의 고문경전을 보고 있었기 때문에 그 밖의 고문 관련 사事를 특기할 필요가 없었던 것으로 볼 수도 있다. 그러나 반고班固의 시점에서는 그러한 사실들이 이제 매우 중요한 의미를 지니는 것이 되어 입증을 위해서 기록해두지 않으면 안 되었다. 그 자신이 금고문경전의 논쟁인 백호관논의白虎觀論議에 참여하였고, 그 내용을 글로 지은 바가 있다. 그는 이 문제에 대해 해박한 지식을 지니고 있었고 많은 자료를 섭렵하였다. 만약 그가 고문경전에 관련한 사실을 잘못 기술하였다면 당시『한서』는 각계각층으로 부터 숱한 비판을 받지 않으면 안 되었을 것이다. 그러나 그 사례는 보이지 않는다. 그의 유흠과 고문경전에 대한 기록은 객관성을 갖추고 있다고 본다.

『新學僞經考』는 또『사기』의 논찬論纂에서「古文」의 자구가 들어간 부분을 거의 모두 유흠이 첨부한 것으로 단정한다. 여러 예 가운데 몇 가지만 든다. 이를테면「五帝本紀」論纂에 다음의 글이 있다.

> 「학자들이 五帝에 대해 말한 것이 오래되었다. 그러나『상서』는 堯 이래의 것만 기재하고 있고,『百家』는 黃帝를 말하지만 그 글이 정확하지 못해 믿기 어려워서 縉紳선생(여기서는 史官)도 분명치 않다고 말한다. 孔子가 전한『宰子問五帝德』과『帝系姓』을 어떤 儒者는 혹 傳習하지 않는다. 내가 일찍이 서면으로 空桐(감숙성 平涼縣에 있는 산), 북으로 탁록(涿鹿), 동으로 해안에 이르고, 남으로 江淮에 갔

을 때 이르는 곳마다 長老들이 모두 각기 자주 황제와 堯舜의 事蹟에 대해 말하였는데 단지 각 지역의 풍속교화는 본래 다른 바가 있었지만, 종합컨대 <u>古文의 記事에 위배되지 않아서 사실에 가까운 것이었다(總之, 不離古文者, 近是.)</u>. 내가 『춘추』와 『국어』를 읽어보고 『五帝德』과 『帝系姓』의 기록이 분명한 것을 알게 되었는데 단지 학자들은 이를 깊이 고찰하지 않는다. 실은 그 表記한 바가 모두 허구의 것이 아니다. 『상서』는 (黃帝에 대한 기사가) 결락되어 얼마간의 기간이 空白으로 되어 있으나 그 유실된 사적에 대해서는 자주 그 밖의 서적에서 散見된다. 好學 深思하며, 그 뜻을 잘 이해하는 사람이 아니고는 본래 얕은 견문 과문(寡聞)한 이들에게는 말해주기 어려운 법이다. 내가 이들 자료 가운데 그 말이 더욱 믿을 만 한 것을 택하여 순서대로 논한다. 까닭에 본서의 시작을 (黃帝로부터) 하여 기술한다.」

『宰子問五帝德』과 『帝系姓』은 『大戴禮記』 중의 편명이고, 『百家』는 『한서』예문지에 제자략諸子略 소설가로 분류된 『百家』139권이다. 강유위는 이 가운데 「總之, 不離古文者, 近是」를 유흠이 첨가한 것이라 한다. 『주관』·『좌전』·『국어』 같은 고문古文은 (사마천이 배제한) 복희伏羲·신농神農·소호少昊가 첨부되어 있으나 『사기』는 이들과는 크게 다른데 어찌 갑자기 '고문古文이 사실에 가깝다'고 함으로써 스스로를 모순에 빠지게 하였겠는가 하는 것이 그 이유이다. 주지하다시피 사마천은 고문전적을 많이 활용하였다. 그가 본기本紀에서 의거한 고문전적은 『상서』·『대대례기』·『국어』·『좌전』·『世

本』·『장자』·『맹자』·『한비자』·『전국책』·『여씨춘추』·『예기』·『회남자』 등이다.[47) 여기서 지칭하고 있는 '고문古文'은 당연히 이들 서목書目이다. 물론 여기서는 이 가운데 오제五帝시대에 대한 기사가 없는 책은 제외된다. 전목錢穆은『사기』에 나오는 '고문古文'은 대부분 나중에 나온 백가서百家書(家言)와 구분하여 육예六藝를 지칭한 것이라 하고, 자주 나오는 「詩書古文」은 곧 시서詩書 등 육예인 고문古文을 뜻한다고 하였다.[48) 그는 그 근거로서 『한서』예문지에서 육예와 제자서를 나누고 관학官學과 가언家言을 대열시킨 것을 들고 있으나 본래 유흠이 『七略』에서 모든 전적을 7개 분야로 나눈 가운데 육예와 제자서諸子書는 분명히 구분되는 것으로 사마천이 육예만 고문으로 칭하여 여타의 전적과 구분할 이유는 없었다고 생각한다. 전목錢穆도 지적한 바와 같이 사마천 당시에는 아직 후대의 개념인 고문가古文家와 금문가今文家의 구분이 아직 이루어지지 않았고,[49) 다음에 인용하는 글 가운데 「그 중의 『曆譜諜』과 『終始五德之傳』을 살펴보니 古文과 모두 같지 않고 어긋나있었다」(『사기』三代世表贊)고 한 것에 의하면 고서 가운데 전국戰國 이래의 위탁서僞托書 등 신빙하기 어려운 것을 제외하고, 육예六藝와 제자서諸子書 등 전통의 고전으로 인정받는 고서를 지칭하는 것으로 보아야 할 것이다. 위 논찬論贊에 의하면 오제五帝에 대한 내용은 너무 오래된 일이고 확증할 수 없는 것이기에 당시 학자들이 고문古文전적(전통의 고전)에 실려 있는 사적을 신뢰하지 않는 경향이 많았음을 알 수 있다. 그러나 사마천이 여러 지역을 순방하면서 각 지역의 장로長老들로부터 청문

---

47) 전게 『史記論纂輯釋』序論, p.10.
48) 錢穆, 앞의 「兩漢博士家法考」, 『兩漢經學今古文評議』, pp.202-205.
49) 錢穆, 앞의 책, p203

한 바에 의하면 고문(전통의 .고전)에 기재된 내용이 거의 사실에 합치되는 것임을 알게 되었다. 그래서 그는 자신 있게 그러한 자료를 활용하여 오제본기五帝本紀를 지었고, 그 내용이 원고遠古의 사적임에도 불구하고 상당히 풍부하다. 이러한 뜻으로 위 논찬을 이해한다면 당연히 「總之, 不離古文者, 近是」의 구절은 사마천이 본래 기록한 문구로 보아야 한다.

또 『사기』三代世表贊에

> 「내가 『諜記』를 읽어보았는데 黃帝 이래의 年數가 모두 기재되어 있었다. 그 중의 『歷譜諜』과 『終始五德之傳』을 살펴보니 古文과 모두 같지 않고 어긋나 있었다. (그래서) 夫子는 그 年月을 論次(編次)하지 않았으니 어찌 虛曠하다 하겠는가? 이에 『五帝系諜』(『大戴禮記』의 『五帝德』과 『帝系姓』)과 『상서』로써 世系를 黃帝로부터 共和에이르기까지 편집하여 『(三代)世表』로 한다.」

고 하였는데, 강유위는 이 문단에서의 「古文」도 유흠이 첨부한 것이라 하고 그 이유를 「『諜記』와 추연鄒衍의 『終始五德之傳』은 같지 않아서 어긋나 있다고 하였는데 어찌 '고문'의 이자二字가 기재될 수 있는가?」라고 하였다. 『諜記』는 『한서』권30예문지 역보조曆譜條에 『黃帝五家曆』·『전욱력』·『전욱오성력』·『古來帝王年譜』등을 말하는데 모두 춘추 이후의 위탁서僞托書로 사마천은 믿을 수 없는 것으로 보아 취하지 않았다.[50] 『終始五德之傳』은 동同 예문지藝文志 음

---

50) 앞의 『史記論贊輯釋』, p.78.

양가陰陽家에 있는 『公檮生終始』·『鄒子』 등을 말한다. 사마천에 의하면 이들 전적은 고문(전통의 고전)에 어긋나 있는 곳이 많아 신빙할 수 없어 사마천도 의거하지 않았고, 일찍이 공자도 황제 이래의 연수를 계고稽古할 수 없어 기재하지 않았다는 것이다. 그래서 앞에 열거한 고문 전적 가운데 『大戴禮記』의 『五帝德』과 『帝系姓』 및 『상서』에 의거하여 편차하게 되었다는 것이다. 따라서 사마천이 『諜記』나 『五德終始』의 서적들을 고문古文에 의거하여 평정한 것을 말한 해당 문구는 당연히 「고문(전통의 고전)」의 이자二字가 본래 들어가 있어야 뒤의 내용과 통한다. 뒤에 첨가된 말이 아니다.

또한 유흠이 구태여 『사기』의 이 부분에 이 구절을 첨부할 필요가 있었을까 하는 것도 문제이다. 그가 왕망의 거섭居攝 기간에 여러 신하들과 함께 왕망을 칭송하는 글을 표하면서 주공周公의 섭정에 빗대어 그 덕을 장식하고 있으나 이 주공의 사적은 금고문을 막론하고 다 공인하는 사실이다. 그가 이전에 왕망과 같은 직책에 있었던 인연으로 왕망의 힘을 받아 종전에 뜻을 이루지 못한 몇 가지 고문경전의 학관설치의 결실을 보게 되었지만 이는 어디까지나 학자적 열정에 의한 것이었지 정치적 의도에 의한 것은 아니었다고 본다. 고문古文이든 금문今文이든 왕망의 역성혁명을 이론적으로 뒷받침하거나 합리화 할 수 있는 자료는 얼마든지 있었다. 고문경학에 의거하여 주공周公을 제례制禮 작락作樂의 선성先聖으로 보고 주공과 같은 위상에 있던 왕망이 자신도 그와 같이 제례 작락의 위업을 새로 확립하고자 한 바는 있다. 그리하여 행정제도와 그 명칭을 상당부분 주周의 고제古制로 개혁하기까지 하였다. 그러나 이러한 조치도 본래 고문경전에 기재되어 있는 내용에 의거한 것이었지 먼저 그러한 기획을 구상하고, 그 구상에 의거하여 새로운 경전을 지어낸 것은 아니었다. 즉 없던 것을 새로 위조해 낸 것도 아니고, 기존의 전해져 온 경전이나『사기』와 같은 사서史書의 일부 내용을 첨삭한 것은 아니었다. 정치와 학계의 중심에서 활동하면서 이미 여기저기서 유통되고 있는 전적을 첨삭한다는 것은 매우 그 가능성이 희박하다. 쉽게 그 행적이 드러나기 때문이다.

이와 같이 강유위의『新學僞經考』는『좌전』의 유흠위작설劉歆僞作說만 주장한 것이 아니라『史記』에도 유흠이 위작한 부분이 있다고 하였다. 그러나 그 주장은 강변強辯에 의한 일방적 논리전개에 지나지 않아 그 모순이 쉽게 드러난다.

또한『신학위경고』는『한서』예문지의 전 내용이 본래 유흠의『七略』을 그대로 옮긴 것이라는 사실을 바탕으로 본 예문지에서 공자로부터 한말에 이르기까지 경전經傳의 전승사傳承史를 개략한 내용을 완전히 유흠에 의해 조작된 것으로 매도하였다. 주지하다시피『한서』예문지의 이 기사記事는 공자 사후死後 칠십자七十子의 전승, 진시황기의 분서갱유와 한무제기의 문헌 복구 노력을 거쳐 전한말의 사정까지를 통관한 기술로서 이 분야를 이해하는데 가장 핵심 되는 자료로 이용되어 왔다. 본 지志에서는, 공자 사후 미언微言이 끊어지고 칠십자 이후에는 대의가 어긋남으로부터 각 경전이 각각 수개數個의 제가로 나누어져 분쟁이 시작되었고, 진시황의 분서焚書로 인해 한초漢初에서 무제에 이르기까지 이를 복구 수습하기 위한 개헌서지로開獻書之路, 치서사지관置書寫之官 등 여러 조치가 이어짐으로써 비부에 상당수가 갖추어지게 되었으나 성제시成帝時에 이르러 다시 산망散亡된 것이 나오게 되어 알자謁者 등을 전국에 파견하여 구서求書하였고, 마침내 유흠이 부업父業을 이어 군서群書를 총괄하고, 교서校書 및 목록 분류 작성들의 사업을 하게 된 경위를 기술하고 있다. 이에 대해 『신학위경고』는 공자 이래 지금까지 미언대의微言大義가 상전相傳되어 구존具存되어 있으니 미언대의의 괴절乖絶이나 문헌의 간탈簡脫과 예락의 붕괴 등의 기술은 모두 유흠이 위조한 사설에 인한 것이라고 주장한다. 이어 유흠은 금학今學인 진경眞經을 공격하여 고학古學인 위경僞經을 창創하였다고 한다. 그래서 400여년 간 지속되어온 미언대의微言大義가 실은 유흠에 의해서 괴절乖絶된 것이며, 『춘추』에는 『공양』과 『곡량』 외에는 본래 『좌전』은 없었고, 『詩』에도 제齊·로魯·한韓의 금문 외에는 고문인 『毛詩』가 없었다 한다.[51]

그러나 예문지의 학술사 내지 경전 전승의 개설은 여타의 여러 관련 기사記事에서도 사실로 인정되는 바이다. 진시황의 분서로 경전이 모두 인멸된 것은 아니지만 초한楚漢전쟁 등 전란이 이어진 사실도 있고 하여 한초의 상당 기간 동안 일반 사회와 중앙 및 재야의 학계에 그 전승이 중단되거나 겨우 몇 곳에서 명맥이 유지되는 사례가 많았던 것도 여러 정황과 사례로부터 충분히 입증되는 바이다. 또한 사마천이 일찍이 『좌전』을 많이 활용한 바 있는 등 유흠 이전부터 『좌전』은 전해지고 있었기 때문에 『좌전』이 『춘추』의 전傳인가 아닌가의 문제를 떠나 유흠이 이 때 새로 만들 필요가 전혀 없었다. 이미 비부에 있고, 주변에서 읽히고 있는 것을 어찌 새로 만들 수 있겠는가. 전술한 바와 같이 유흠은 다만 『좌전』이 『춘추』의 전傳이 될 수 있는 것임을 발견하고 이를 공지公知시키고자 한 것뿐이다. 또한 유흠은 『좌전』 등의 고문을 현창하였을 뿐 금문경전을 비판하거나 공격한 것도 아니었다. 그가 비판한 것은 당시 중앙관학을 장악하고 있던 학자들의 금문今文 편집偏執과 사의私意의 태도이다.

---

51) 앞의 『新學僞經考(上)』, pp.39-41.

금문경전의 내용을 비판한 것은 아니다. 그러나 『신학위경고』는 이러한 사실을 무시하거나 간과하고 있다.

이러한 류類의 강변强辯에 대해 하나하나 모든 조목에 걸쳐 그 잘못을 지적하기에는 지면 관계상 곤란하기 때문에 위의 몇 가지 사항을 소개하는데 머무른다.

Ⅲ. 고힐강의 의론과 그 문제점

고힐강顧頡剛은 시대상으로나 학설상으로나 청대 금문학자와 현대사학의 중간에 위치하고 있다. 처음 고문가의 의론에 쏠리었다가 강유위康有爲의 『新學僞經考』와 『孔子改制考』 및 청대 금문학자들의 글을 섭렵하게 되면서 고전자료를 회의懷疑하는 입장을 견지하게 되어 그 진위를 분별하는 작업을 일생동안 계속함으로써 소위 고사변학파古史辨學派를 창도하였다. 그의 연구는 거의 금고문의론에 관련되어 있다.[52] 『古史辨』 제1책은 1926년에 제7책은 1941년에 출판되었다. 그는 강유위의 주장을 탁식卓識으로 받아들이며 큰 영향을 받았으나 그 태도(의도)에는 전혀 패복佩服하지 않았다. 그는 청대의 금문학자들에 대해 다음과 같이 비평하고 있다.

---

[52] 그의 학문역정에 대해서는 고힐강 자신의 글인 「我是怎樣編寫『古史辨』的?」 및 그의 『古史辨(第一冊)』自序(『古史辨』卷一, 上海古籍, 1982.11, 所收) 참조. 고힐강의 금고문논의에 대한 정리분석은 湯志鈞, 「『古史辨』和經今文---紀念顧頡剛先生」 (앞의 『紀念顧頡剛學術論文集(上)』 所收) 참조.

「단지 나는 금문가의 태도에 전혀 佩服할 수 없다. 그들은 辨僞를 수단으로 삼고, 改制를 목적으로 삼고 있다는 것을 깨닫게 되었는데 이는 정책을 운용하기 위함이지 학문을 연구하기 위함이 아니었다. 그들의 정책은 그 第一步로 먼저 上古를 추번(推飜)시키고, 第二步로 孔子가 託古하여 六經을 지어 改制하였다고 설하고, 더 나아가 第三步는 자신들이 改制하는데 孔子를 그 先例로 끌어들이는 것이었다. 때문에 그들의 목적은 단지 정책 운용에 자신들의 방편을 만드는 것이었으며, 때문에 비록 극히 비루(鄙陋)한 참위(讖緯)라 할지라도 이를 빌려 자신의 무기로 삼으려 하고 이를 던져버리지 않았다. 때문에 그들은 정책과 학문을 혼합하여 하나로 삼았고, 그래서 학문상에 있어서도 자기의 이성을 가볍게 怪妄의 說의 아래에 굴종하는 방향으로 나아갔다.」[53]

즉 청대 금문학자들의 정치적 의도를 뚜렷이 지적하고 있다. 이러한 금문학자들의 태도나 의도에 대한 비판 뿐 아니라 만년晩年에는 금문가의 학설상의 여러 견해에 대해서도 반론을 펴고 있다. 이를테면 『周禮』를 위서로 주장한 금문가의 설에 반대하여, 『周禮』와 『管子』는 통일천하의 대군大君 출현을 이상으로 하고 그 준비를 위해 제齊의 직하학사稷下學士 그 중에서도 특히 법가 계통에서 전국기戰國期에 전영역과 民을 엄밀히 세분하여 조직해야 한다는 방안을 펼친 것이며, 따라서 제국인齊國人의 작作으로 단정한다고 하여, 한대

53) 顧頡剛, 앞의 『古史辨(第一册)』自序, p. 43.

위작설漢代僞作說을 따르지 않았다.[54] 그는 육경을 공자가 탁고託古
하여 산술刪述한 것이라고 주장하는 금문학자들의 설에도 따르지 않
았다. 전현동錢玄同에게 보낸 서신에서 다음과 같이 말하고 있다.

> 「六經은 周代로부터 통행되어 오던 幾部의 書이다.『논어』
> 에는 一句도 (6경) 산술(刪述)의 말이 보이지 않는다.『맹자』
> 에 이르러서야 비로소 그가(공자가)『춘추』를 지었다는 말
> 이 나오고,『사기』에 이르러서야 비로소 그가『易』을 贊하
> 였고,『書』를 序하였고,『詩』를 刪하였다고 하였으며,『尚
> 書緯』에 이르러서야 비로소 그가『書』를 刪하였다고 하였
> 고, 청대의 금문가에 이르러서야 비로소 그가『易經』을 짓
> 고,『儀禮』를 지었다고 말한다. 요컨대 보아하니 그들은 전
> 적으로 모두 다 공자가 刪한 것이라 하지도 않았고, 전적으
> 로 공자의 作이라 말하지도 않았다. ------- . "六經이 모두
> 周公의 舊典이다"는 一句의 말도 이미 今文家에 의해 뒤엎
> 어졌고, "六經이 모두 공자의 작품이다"고 한 하나의 관념
> 도 현재에는 비판받아 무너져야 할 것이다.」[55]

이와 같이 고힐강은 금문가의 영향을 받고 동조한 바가 많았으나
여러 면에서 그들의 입장을 뛰어 넘는 부분이 있었다.

그러나 그는 강유위의『新學僞經考』와『孔子改制考』의 내용 가

---

54) 顧頡剛 遺作, 「"周公制禮"的傳說和『周官』一書的出現」 (『文史』第六輯,
   1979, 6).
55) 顧頡剛, 「論孔子刪述六經說及戰國著作僞書書」, 앞의 『古史辨』第一冊 本
   文, pp.41-42.

운데 상당부분을 이어받아 여러 전적들을 회의하고 위서로 단정지었다. 그는, 「『(新學)僞經考』이 書는 의론에 혹 착오가 있기는 하지만 단지 그 중심사상과 고증의 방법은 틀리지 않다.」하고,[56] 「유흠이 다투어 몇 가지 고문경전의 설립을 주창한 것에 대해 우리는 그의 好意를 인정하긴 하지만 단지 그가 위조하였다는 것만은 一件의 확연한 사실이다.」고[57] 하였다. 그는 『한서』권88유림전에 한초 장창張蒼·가의賈誼·장창張敞·유공자劉公子가 『춘추좌씨전』을 修修하였고, 그 가운데 가의가 전수한 것이 몇 대를 거쳐 윤경시尹更始와 그 아들 윤함尹咸 및 적방진翟方進에게 전해졌다는 기사를 인용하고, 이와 같이 고문학파의 연원이 지장至長하고 학자도 매우 많았으며 또한 하간헌왕河間獻王은 두 가지 고문을 박사관에 설치한 것으로 보면 고문경학은 바로 '현학顯學'일 것인데 왜 유흠은 금문경학자들에게 '미학微學을 절멸시키려 한다' 고 하였는가 하고 있다.[58] 즉 한초 이래 『좌전』등 고문학이 현학이었고, 유흠이 말한 바와 같은 미학이 아니었다는 것이다. 그러나 유림전儒林傳의 이 기사에 의하면 비록 하간헌왕의 국國에서 『좌전』과 『毛詩』의 박사관을 설치한 바가 있었지만 한 지방에 국한된 일이었고, 한초 이래 『좌전』이 겨우 그 명맥을 이어 간 모습이었다는 것은 여러 기사를 통해 충분히 알 수 있는 사실이다. 그래서 전기한 바와 같이 후한 광무제 때 운대雲臺의 논의에서 범승范升 등이 『좌전』의 학관설치를 반대하면서 『좌전』등은 「師徒의 相傳한 바도 없다.」고 비판하고 있는 것이다.[59] 이 때 까지 금문경전

---

56) 고힐강, 「今古文問題」, 앞의 『顧頡剛古史論文集』第三册, p.383.
57) 『古史辨(第五册)』自序.
58) 顧頡剛, 앞의 「今古文問題」, pp.382-383.
59) 『후한서』권36 范升傳.

처럼 중앙의 학관에 세워진 적이 한 번도 없었고, 중앙 학계와 정계의 주무대에서 거의 도외시되어 왔다. 유흠이 어찌 공론公論하는 글에서 미학이 아닌 것을 억지로 미학으로 강변할 수 있었겠는가. 이미 공지公知의 사실이기에 그렇게 말한 것이다.

또 고힐강은 주장하길, 「同 儒林傳에는 『좌전』이 尹咸으로부터 劉歆으로 전해졌다고 하였는데 그렇다면 왜 그가 秘書를 校書하다가 비로소 이 書를 발견하였다고 하였는가」라고 하여60) 유흠이 비부에서 교서校書중에 『좌전』을 발견하였다는 사실조차 회의하고 있다. 그러나 동同 유림전儒林傳의 기사는 유흠이 비부의 『좌전』을 발견하고 이를 좋아하게 된 이후 윤함이 전습해 온 『좌전』도 함께 받아들여 전한 것을 말한 것으로 보아야 하지 않을까. 또한 비부에서 발견된 수십본의 『좌전』을 황제에게 올린 바가 있고, 황제가 이를 보고 좋게 생각하여 여러 학자들에게 의론하게 하였으며, 유흠이 당당하게 의론에 응하지 않는 금문학자들을 성토하고 있다. 따라서 운경시와 윤함에게 전해온 『좌전』을 새로 발견된 것으로 거짓 증언하며 황제에게 올린 것으로 보는 것이 오히려 지나친 억견이다.

또 유흠이 자신이 발견한 비부 소장의 고문전적들의 내원來源을 노공왕魯共王이 공자 댁에서 발견한 벽중서壁中書로 말한 것에61) 대해 고힐강은 『사기』魯共王世家에는 공자 댁의 벽중서 발견의 기사가 없고, 이를 헌상했다는 공안국孔安國은 『사기』 저작시에 이미 사거死去하였으며, 무고난巫蠱難으로 시행되지 못하였다고 하나 사마천은 무고난 이전에 사거하였으며, 노공왕魯共王 사후로부터 무고난 까지는 36년간인데 이 기간 동안에 학문을 장려하고 있던 무제에게 왜

---

60) 앞의 「今古文問題」, p.382.
61) 『한서』권36 劉歆傳.

헌상하지 않고 늦게야 헌상하게 되었는가 라고 하여 유흠의 설을 거짓말이라 하고 있다. 이 문제는 이미 강유위도 주장한 바 있고, 그에 대한 반론은 앞에서 논급한 바 있다. 설령 유흠이 벽중서로 본 것이 잘못된 것이라 하더라도 이를 의도적인 왜곡이 아니라 사실을 제대로 알지 못한 때문으로 볼 수도 있다. 전술한 바와 같이 사마천은 벽중서의 발견 이전에 이미 비부에 있는 『좌전』을 비롯한 수많은 고전들을 열람하고 『사기』에 인용하였다. 강유위는 유흠의 위조 이전에는 「좌전」이 없었고, 구본舊本『국어』를 본으로 유흠이 『좌전』을 위조한 것이라 하였으나 겸전정鎌田正은 사마천이 『사기』의 도처에서 『좌전』을 인용하되 이를 당시 쓰는 용어로 바꾸거나 다른 말을 보충하여 문의文意를 명료히 하고, 대명사 추상어를 구체화 하는 등 평이平易하게 변형하여 인용하고 있으며, 『좌전』을 자료로서 인용하고, 『좌전』의 논평인 「君子曰」을 간략히 하여 인용서술하고, 『좌전』의 구체적 인물을 추상화 하여 군자로 칭하고 있는 등의 사례를 근거로 『사기』 이전에 사마천이 자료로 참고한 『좌전』이 실재하였음을 논증한 바 있다.62) 때문에 벽중서를 제외하더라도 비부에는 여러 경로를 통해 입수된 전적들이 있었다. 유흠이 벽중서를 언급하지 아니하더라도 자신이 발견한 전적들의 내원來源을 충분히 입증시킬 수 있었겠으나 벽중서를 들어 말한 것은 아마도 공자 댁에서의 벽중서 발견 사실이 상당히 널리 인지되어 있었기 때문이 아닐까 한다. 즉 벽중서 발견의 일은 당시에 공지共知의 사실로 받아들여지고 있었기 때문에 이를 들어 말한 것이 아닐까 하는 것이다.

또 고힐강은 왕망의 거섭居攝 기간에 이루어진 2차에 걸친 심정문

---

62) 鎌田正, 앞의 『左傳の成立と其の展開』 第二章 「康有爲の左傳僞作說に關する考察」 pp.102-169.

자審定文字에서 1차에는 당시 통행하고 있던 문자의 총수(5,340자)를 심정審定하였고, 2차에는 각종의 자체字體를 심정하였는데 여기에서 정리 개정한 육서六書 가운데 첫 번째가 고문古文이라는 사실을 들어 이것은 유흠이 왕망의 권력에 의지하여 그의 숙일宿日의 주장을 관철시킨 것이며, 바로 '고문古文'과 '고문경古文經'의 대운동이었다고 하였다.[63] 고힐강의 주장은 유흠의 의도적 고문운동을 비판하는 것이지만 오히려 이러한 문자정리사업이야말로 유흠의 학자로서의 열정을 보여주는 것이라고 생각한다. 왕망의 2차에 걸친 문자심정文字審定은 문화사업의 기초라 할 수 있는 것으로 이것이 신정부의 창설을 준비하는 선전활동으로서의 문화사업이었고, 고문가의 활동을 지원하기 위한 정책에서 비롯된 것이라 하더라도 문자의 정리는 대단히 소중한 작업인 까닭에 이를 비판적 시각에서만 볼 필요는 없다고 생각한다. 고문경전의 학관설치에 따라 당연히 새로운 자료를 통해 새로 얻어지고 보게 된 많은 문자를 심정審定한다는 것은 어느 정부나 당연히 하지 않으면 안 될 책무이다. 유흠의 고문현창운동이 후반에는 왕망의 집정 시기와 맞물리게 되고, 나중에는 그 도움을 받아 소기의 성과를 이루게 되어 부득불 정치적 의도에 의한 운동이라는 의혹과 오명을 얻게 된 것이라고 생각한다.

이와 같이 고힐강은 청대 금문학자의 주장이 지니는 정치적 의도를 날카롭게 지적한 바는 있으나 위조설僞造說에는 상당부분 동조하고 있다. 이상 간략히 검토한 바에 의하면 그가 동조하는 근거는 타당하지 않다는 점을 지적하고 싶다.

---

63) 고힐강, 앞의 「今古文問題」, pp. 378-379.

제 5 장
진한秦漢의 사회보장제도와 태평도

서 언

　하夏·상商·주周 삼대의 여러 사정을 전하는 고전 문헌들에 의하면 거의 현대의 사회보장제도에 비견되거나 부분적으로는 더 잘 갖추어진 면도 있다. 다방면의 정밀한 사회보장 내지 복리 후생의 제도가 시설되어 있었음을 알 수 있다. 당시 정치인들은 도처에서 애민愛民·애민哀愍·보민保民·대동大同·애경哀敬의 정신 내지 치도治道 이념을 강조하고 있다. 그리고 그 정신과 이념을 구현하는데 핵심이 되는 과제가 바로 사회 불우계층에 대한 사회보장 차원에서의 여러 지원책이었다. 불우계층을 적극 긍휼矜恤하는 것은 애민愛民 내지 애민哀愍의 정情에 의한 것이기도 하였지만 또한 국가지배의 당위성 내지 국가존립의 관건이 되는 사업으로 인식한 때문이기도 하였다.

　고전에 명시된 여러 사회보장제도는 당시 뿐 아니라 후대에까지 면면히 그 실행이 계승되었다. 그러나 정치적 혼란이 이어지는 난세에는 국가의 보민保民이 제대로 시행되지 못하거나 방기放棄되는 경우가 많았다. 이러한 사태는 어디에서나 종종 불가피하게 일어나는 일이다. 대체로 이러한 시기에는 재지在地의 향촌 공동체별로 호혜互惠 호조互助의 활동이 정부의 기능을 대신하였다. 그 향촌공동체적 기능에 종교 신앙이 어울려져 종교공동체로서 그러한 활동이 펼쳐지는 때에는 그 응집력과 성과가 배가되는 것이 보통이다. 그 구체적인 실례로서 후한 말 삼국 전란기에 크게 위세를 떨친 태평도와 천사도(오두미도) 집단을 들 수 있다. 후한 중기 이래 이들 집단의 급격한 성장에는 여러 요인이 있었지만 정부를 대신한 사회보장의 여러 활동도 주요 배경 가운데 하나였다.

본고에서는 우선 진한秦漢 사회보장 복리 정책의 연원이라 할 수 있는 여러 고전과 사서史書에 보이는 사회보장 내지 복리 후생의 이념과 제도 및 그 구체적 시행 사례들을 살펴보고 그것이 진한에서 적극 계승되고 있는 면을 설명하고자 한다. 그리고 그러한 사회보장과 복리를 구현하는 체제와 활동이 종교공동체로서 태평도와 천사도 집단의 혁명 및 복리 후생의 활동과 어떠한 관련이 있는가를 살펴보고자 한다. 이를 통해 보민保民 시혜施惠의 고대정치 이념과 활동 및 후한말의 민중도교집단의 반란이 지니는 역사적 의미의 일단이 드러날 수 있을 것으로 기대한다.

고대의 사회보장제도에 대한 기본적 내역은 이미 여러 연구에 의해 상당 부분 검토되고 정리된 바가 있다.1) 세부사항에 있어서 약간

---

1) 王衛平,「論中國古代慈善事業思想基礎」(『江蘇社會科學』, 1992) ; 同「論中國古代傳統社會保藏制度的初步形成」(『江海學刊』2002-5) ; 同「大同理想與先秦時期的社會保障思想」(『蘇州科技學院校報(社科版)』, 2004-8) ; 穆森·田志剛, 「論『管子』的社會保障思想」(『稅務與經濟』, 2005.6) ; 衛興華,「中國社會保障制度研究』(中國人民大學出版社, 1994) ; 王文濤,『秦漢社會保障研究--以災害救助爲中心的考察』(北京, 中華書局, 2007) ; 王文素,『中国古代社會保障研究』, 中国財政經濟出版社,

의 이론異論도 있지만 대체로 여러 사실을 발굴하여 정리 소개하는 글이 많다. 국내에서는 주로 황정荒政의 문제를 중심으로 분석 총관하고 연구사 전반을 정리 비평한 금석우金錫佑의 연구가 괄목할 만하다.[2] 단지 그는 황정荒政사상에 대한 법가와 유가의 입장을 크게 다른 것으로 보거나 종래 한대인漢代人의 황정 주장을 재이론災異論의 관점에서만 다루었기 때문에 한대의 역사적 공간과 무관하게 진행되었다고 하고, 한에서 경전을 근거로 어떠한 황정의 주장을 전개하였는지를 궁구해야 한다고 하였다.[3] 그러나 법가인 상앙商鞅이 만든 법을 근간으로 하는 진한秦漢의 법률 조목에 주周에서 전국기에 이르는 여러 사회보장 복리의 제도가 시설되어 있고, 한대漢代 국가의 시행 조치도 그 법에 의거하고 있다. 특히 사회보장 복리 제도 가운데 황정의 분야는 재해가 일어난 지역과 시기에 한정된 조치이기 때문에 항상적인 복리 후생과는 구분된다. 평상시 불우계층을 적극 지원하고 보호한다는 것은 경전의 이념에 따른 것으로 법가는 유가에 비해 비교적 소극적일 수 있으나 경전에 의거하는 것은 법가도

2009.5 ; 郭亞雄,「中國古代社會保障思想及其行爲探究」(『江西財經大學學報』, 2005.5) ; 劉德增,「古代中国的養老與敬老」(『民俗研究』1992-1) ; 謝偉峰,「西周敬老養老制度及其對我国建設和諧社會的啓示」(和田師範專科学校學報<漢文綜合版>』2007-1) ; 張仁璽,「齊魯先秦諸子的社會保障思想」(『東方論壇』, 2003.2) ; 王子今 等,『中國社會福利史』(北京, 中國社會科學出版社, 2002) ; 王子今,「秦漢時期的社會福利法規」(『浙江社會科学』2002-4) ; 劉厚琴,「漢代社會保障体制及其特征」(『開封大學學報』2004-4) ; 王子今,「兩漢救荒運輸略論」(『中國史研究』1993-3).
2) 金錫佑,「荒政 연구의 대상 --漢代 荒政史 연구를 위한 예비적 검토--」(『중국사연구』32, 2004, 10) ; 同,「漢代 荒政史의 연구 현황과 과제」(『중국사연구』30, 2004.6).
3) 앞의「漢代 荒政史의 연구 현황과 과제」, 322-3면.

마찬가지였다. 그런데 황정의 경우는 자연재해와 전란으로 한 지역 또는 국가가 상당한 위기에 처한 경우가 많기 때문에 그 구호에 법가와 유가가 따로 달라질 수 없는 일이다. 또한 한漢의 황정에 대한 종래의 연구도 재이론災異論에만 입각하여 설명된 것도 아니라고 본다. 사실 대부분 선진先秦의 여러 고전古典과 기사記事 자료를 통해 그 연원과 배경을 설명하고 있다. 요컨대 기존 연구 성과에 대해 다소 과민한 비평의 면이 보인다.

태평도와 천사도의 여러 활동에 대해서는 수많은 연구가 있고 그집단에서 이루어진 종교공동체적 구호 활동이 논급된 바 있다. 그래서 본고가 전혀 새로운 사실을 밝혀 입론할 것은 아니다. 단지 여러 사실들을 새로 정리 해석하면서 국가와 민, 종교공동체에서 펼쳐진 고대사회의 보민保民 인보隣保의 틀을 재조명하여 그 특장과 의미를 모색하는데 머무른다.

Ⅰ. 국가의 보민·시혜책과 인보의 사회보장제도

전국진한戰國秦漢의 사회보장 내지 복리 후생의 제도는 거의 모두 주대周代 이래의 관련 이념과 제도에 의거한 것이다. 따라서 그 연원과 계승의 면을 밝히는 면에서 우선 선진先秦시기의 관련 사항을 정리 해석하고자 한다.

상당히 선진적인 고대국가의 통치체제를 일찍이 갖춘 중국고대 왕조에서는 통치자의 보민保民을 유달리 중시하고 강조하였다. 상대商代의 군주들도 이미 그러하였고, 주문왕周文王과 무왕武王의 창업

도 소민小民과 여러 불우층(이하 노인·과부·고아·독거노인·빈민·잔질인殘疾人, 불구자, 이재민 등을 총칭함)에 대한 보민의 이념으로 함화만민咸和萬民함으로써 민중의 옹호와 지지를 받은 때문이라고 하였다(『書』無逸). 또 상商(殷)의 반경盤庚은 신하들에게 당부하길, "너희들은 노인과 약자·고아·어린애들을 모욕하지 말아야 한다"고[4] 하였다. 주의 문왕은 선조의 법을 준수하여 "독인篤仁, 경로敬老, 자소慈少"하였다고 하였다.[5] 통치자는 항상 실민失民을 경계하여 불우층이나 약자에 대한 여러 보민책을 강구하도록 해야 한다는 주공의 당부에서 보듯이 주된 보민책은 바로 여러 불우층에 대한 시혜施惠였고, 그것이 곧 덕정德政의 근간이 되는 것이었으며, 득민得民의 바탕이 되는 것이었다.[6]

중국고대의 사회보장제도는 『周禮』나 『管子』 등에 비교적 상세한 내역이 기술되어 있고, 그 통치이념과 사상적 배경인 애민愛民·애민哀愍·보민保民·대동大同·애경哀敬·인애仁愛의 정신에 대해서는 『書』를 비롯한 여러 고전에 뚜렷이 부각되어 있다. 사회보장 시행의 구체적 실례들은 여러 사서를 비롯한 고문헌들에서 충분히 찾아볼 수 있다. 또한 근래 다수 출토된 전국 진한 시기의 여러 법률문서에서도 관련 규정이 상당수 보이는데 거의 모두 『주례』나 『관자』에서 이미 제정되었던 사항과 일치하는 것이어서 그 계승이라 할 수 있다.

『주례』의 성서成書 시기에 대해서는 고래로 여러 견해가 있고, 그 내용의 실재성에 대해서도 여러 의혹이 제기된 바 있지만, 신출자료

---

4) 『書』盤庚에 "汝無侮老成人,無(侮)弱孤有幼"
5) 『사기』권4周本紀
6) 書』梓材 및 酒誥·

들이 연이어 나오고, 연구가 축적될수록 그 신뢰성과 활용도가 높아지고 있다. 단지 『주례』의 내용에는 다소 작위적으로 형식화 내지 구도화 하거나 번잡하게 중복된 부분들이 있기 때문에 온전히 사실을 반영한 것은 아니라고 본다. 그렇지만 관직명과 그 직책 등은 실재하였던 것들로 보지 않을 수 없다. 특히 사회보장제도 관련 사항들은 대부분 이후의 여러 자로에서 입증되고, 실제로 시행되고 있기 때문에 주대周代에 실재하였던 제도일 가능성이 크다.

『주례』地官 대사도大司徒의 직책 가운데 황정荒政12 즉 흉년 기근의 시기에 백성을 구제하는 12항목의 시책이 있다. 1, 산리散利는 흉년 때 민에게 종자와 식용의 곡물을 대여해주는 것이다(정사농鄭司農의 주석). 2는 징세를 가볍게 하는 박정薄征, 3은 완형緩刑, 4는 노역의 부담을 줄여주는 이력弛力, 5는 관시關市와 산택山澤의 금禁을 풀어 주는 사금舍禁, 6, 거기去幾는 시장에서의 교역활동이 활발히 일어나도록 규찰을 풀고 그 거래에 면세免稅하는 것이다. 7은 길례吉禮에 들어가는 비용을 크게 줄이도록 하는 생眚(省)례禮, 8은 상례의 비용을 줄이게 하는 살애殺哀, 9, 번蕃(藩)악樂은 악기를 폐장閉藏하고 연주하지 않는 것이다. 10, 다혼多昏(婚)은 결혼할 때 갖추는 재물들을 크게 줄여 쉽게 취처娶妻할 수 있도록 하는 것이다. 11, 색귀신索鬼神은 예전에 모시다가 중단된 제사를 찾아 다시 모심으로써 그 신들의 노여움을 푸는 것이다. 12는 도적을 제거하는 것이다.

한편 평시에 백성을 보양保養하는 업무들이 설정되어 있다. 동同대사도 직책 가운데 「保息六養」이 그 대표적 실례이다. 1, 자유慈幼는 유아幼兒를 보살피는 것이고, 2는 양로養老, 3, 진궁振窮은 처妻가 없는 노인, 과부, 고아, 독거노인의 네 궁민窮民을 보살펴주는 것, 4는 빈궁한 자를 구율해주는 휼빈恤貧, 5, 잔질인殘疾人에게 요역 부담을 줄여주는 관질寬疾, 6, 안부安富는 부자富者라고 해서 혹독하게 많이 부과하지 아니하고 균평하게 징세하도록 하는 것이다. 6의 안부를 제외하면 모두 유아幼兒 내지 불우계층에게 국가적 배려로 여러 혜택을 주고 있다. 모두 현대 사회복지의 근간이 되는 항목들이다.

평시平時와 황정荒政을 대표하는 위의 보장제도는 모두 국가 주도로 펼쳐지는 시책들이다. 한편 이와는 달리 민간의 향촌 조직을 통해 자체에서 상보相保 호조互助의 활동이 구현되도록 설계하고 있다.

동同 대사도조大司徒條 인보조직隣保組織의 시행령에 "매년 정월 吉日에 邦國 都鄙에 처음 布敎하여, ---------, 각기 그 다스리는 民에게 가르쳐서 令하길, 五家를 比로 하여 相保하게 하고, 五比를 閭로 하여 서로 受하게(불안정한 宅舍의 사람과 재물을 받아들이게 함)하며, 四閭를 族으로 하여 相葬하게 하고, 五族을 黨으로 하여 相救하게 하며, 五黨을 州로 하여 서로 賙(구휼)하게 하고, 五州를 鄕으로 하여 서로 賓하게 한다"고[7] 하였다. 이 인보隣保체제는 동同 소사도 조小司徒條의 군려軍旅와 전역田役 및 추서追胥(捕盜, 警察)와 공부貢賦 운영을 위한 조직인 "五人爲伍, 五伍爲兩, 四兩爲卒, 五卒爲旅, 五旅爲師, 五師爲軍." 및 "以任地事以任地事, 而令貢賦"를 위한 "九夫爲井, 四井爲邑, 四邑爲丘, 四丘爲甸, 四甸爲縣, 四縣爲都"와 구분되어 있다. 즉 사회 기층을 이루는 누층의 여러 단위 조직 체제 가운데 사회보장을 위한 인보조직은 여타 목적의 조직과 다르게 따로 설치되어 있었음을 알 수 있다. 단지 비록 이들 누층의 단위 집단의 이름은 도처에 보이지만 실제로 인보조직이 따로 설치된 것인지는 확인하기 어렵다. 그렇지만 다른 조직으로 시설되지는 않았다 하더

---

7) "正月之吉, 始和布敎于邦國都鄙, -------, 使之各以敎其所治民, 令五家爲比, 便之相保, 五比爲閭 使之相受, 四閭爲族, 便之相葬, 五族爲黨, 使之相救, 五黨爲州, 使之相賙, 五州爲鄕, 使之相賓"

라도 인보의 조직과 기능은 후대의 여러 사실을 통해서 보더라도 실재한 것으로 보아야 한다. 또한 사회 구성단위별로 자체에서 상보相保 호조互助의 사회보장이 구현되도록 매년 정월 포교布敎의 지시가 내려지고 있다. 이러한 시책은 정부 주도의 사회보장이 미치지 못하는 부분을 향리의 공동체 자체에서 자발적으로 이루어질 수 있도록 한 것이다. 따라서 민의 자발적 참여를 위해 훈도와 교화가 필요하다. 특히 공자의 대동大同사상은 이를 핵심으로 한다. 대도大道의 실행은 천하를 공公으로 하는데 있기 때문에 "사람은 그 양친만 오직 양친으로 여기지 않으며, 그 자식만 오직 자식으로 여기지 아니한다. 노인들이 유종有終할 수 있도록 하고, 청장년들은 잘 소용될 수 있도록 하며, 어린이들은 잘 양육될 수 있도록 해야 하고, 긍矜·과寡·고孤·독独 및 폐질자를 모두 잘 부양해야 한다. -----, 이를 대동大同이라 한다."(『禮記』禮運)고 하였다. 이는 국가에 대한 당부라기보다는 만민 각자가 지녀야 할 정신으로서 제시된 것이다. 후대에 불우한 이웃이나 지역에 시혜를 베푼 자들이 국가와 민에 의해 크게 표창되는 사례가 많다. 이러한 일은 자연스러운 일이지만 국가가 그러한 기풍을 권장하고 장려하는 뜻이 담겨 있다. 후대에 지방에서 큰 세력을 형성한 자들 가운데 상당수가 이러한 시혜를 통해 민의 존망을 받은 이들이다.

흉년과 재난 때의 구호, 노인과 고아의 양육 등을 위해 사용될 식량을 지역별 사회단위별로 비축하게 하였다. 『주례』地官司徒의 유인遺人 조條에 "邦의 委積[비축]을 맡아 施惠에 대비한다. 향리의 비축으로 민의 재난을 구휼하고, 門關의 비축으로 노인과 고아를 養하며, 郊里의 비축으로 빈객에 대비하고, 野鄙의 비축으로 羈旅(畿外客民의 잠시 寄居)에 대비하며, 縣道의 비축으로 흉년에 대비한다."고

하였다. 또 유인遺人은 도로의 비축을 관장하는데 10리마다 려廬를 설치하고, 려에는 음식을 비치해둔다. 30리마다 숙소를 설치하며 숙소에는 노실路室이 있고, 노실에 식량을 비축해둔다. 50리마다 시市를 설치하는데 시에 후관候館이 있고 후관에 식량을 비축해둔다. 노실과 후관이 모두 관리나 여행객의 기숙寄宿을 위한 여관인데 후자는 전자에 비해 규모가 크고 조망眺望할 수 있는 누정樓亭을 갖춘 것이다. 흉년에 대비한 식량 비축의 필요성에 대해서는 『逸周书』文傳과 『예기』王制에서도 강조하고 있다. 또 동同 사구司救의 조條에 천환민병天患民病(유행병)이 퍼졌을 때에는 국중과 교야郊野를 돌아다니며 왕명으로 시혜施惠한다고 하였다. 동同 수인逐人은 노유老幼 잔질殘疾의 정황을 정기적으로 조사하여 이를 토대로 시혜를 펼 수 있도록 하는 직책을 맡고 있다. 천관天官 소속의 태재太宰는 백성의 공세貢税를 균평히 하여 만민萬民을 양양養하고, '이롭게 함으로써 득민得民하며', '부유하게 함으로써 득민한다'고 하였다.

『관자』에 보이는 사회보장제도는 『주례』의 사항을 포함하여 이를 바탕으로 하면서 더욱 자세히 구체화 된 모습이다. 종래 『관자』에 대한 여러 문헌비판론이 있지만 일부 후대에 첨가된 부분이 있다 하더라도 전반적으로 관중管仲의 정치사상 이념이며 대부분 그가 춘추 초기 제齊에서 실제 실행한 시책들이라고 본다.[8]

순자荀子가 평하길, "晏子는 功用之臣으로서는 子産보다 못하고, 자산은 시혜를 베푼 면에서는 관중보다 못하다"(『荀子』大略)고 하였을 정도로 관중은 다방면으로 사회보장 내지 후생의 시책을 폈다. 그가 강조한 덕정에서 펴야 할 6덕에는 후기생厚其生(후생)·수이재

---

8) 『관자』에 대한 종래의 문헌비판 정리는 박건주, 『管仲과 孔子』(『전남사학』18, 2002.6), 참조.

輸以財(재화로써 공급함)·유이리遺以利(이로움을 널리 폄)·관기정寬其政(시정을 관대히 함)·광기급匡其急(급한 곳을 구제함)·진기궁振其窮(궁한 자를 구휼함) 등이 있다. 이 시정施政은 사회생활의 개선 내지 복리를 위한 것으로 그 중 '광기급匡其急(급한 곳을 구제함)'에 양장로養長老 (장로를 봉양)·자유고慈幼孤(어린애 고아를 자애롭게 돌봄)·휼환과恤鰥寡(독거노인 과부를 구휼함)·문질병問疾病(질병자를 문병 간호)·조화상吊禍喪(화禍와 상喪을 입은 자를 조문함)이 들어 있고, '진기궁振其窮'에는 의동한衣凍寒(추위를 이길 수 있는 의복을 지원)·식기갈食飢渴(굶주리는 자에게 식량 제공)·광빈구匡貧窶(빈궁한 자를 구제함)·진파로振罷露(노쇠한 자를 진휼함), 자핍절資乏絶(식량 의료 등이 떨어진 자들을 지원함) 등 이 들어 있다(『管子』五輔). 모두 불우계층과 고난의 시기에 지원해준다는 사회보장책들이다. 그 구체적 시행령이라 할 입국편入國篇의 '구혜지교九惠之教'에서는 9개 분야별 세부 시책이 기술되어 있다. 70세·80세·90세 이상의 노인에 대해 그 자子를 차등하여 면역시켜주는 '로로老老'가 있는데 진한의 율령에 그 자세한 규정이 시설되어 실행되고 있다. 자녀를 부양하기 어려운 부녀의 부역을 면제시켜주고, 5자녀를 양육해야 하는 경우 국가가 보모保姆를 보내고 2인분의 식량을 지원하는 '자유慈幼', 고아가 된 아이들을 향당鄕黨이나 친구 등에게 거두어 양육하도록 하고 대신에 1명의 고아를 양육해줄 경우 1자子를 면역시켜주고, 2명일 경우 2자, 3명일 경우 전 가족을 면역시켜주는 '휼고恤孤', 귀머거리·맹인·농아·팔다리불구자·반신불수자 등 신체불구자를 병원에서 수양收養케 하고 의식을 제공한다는 '양질養疾', 독거노인과 과부에게 배필을 구해주고 전택을 지원하여 가家를 이루게 하고, 3년이 지나 세역稅役을 징발하는 '합독合独', 사민士民이 병이 들면 담당 관서인 장병掌病에서 군주를 대신하여 고령 순으로 정해진 주기週期에 따라 문병하도록 하는 '문병問病', 거처할 집과 식량이 없는 빈궁인들을 향당에서 보고하도록 하는데 곧바로 보고하면 상을 내리고 보고하지 않으면 처벌한다는 '통궁通窮', 흉년에 고용된 이들이 병이 들어 많이 죽게 되기 때문에 형벌을 완화하고 죄인을 사면하며 비축된 식량을 풀어 구조한다는 '진곤振困', 국사國事나 출전하여 사거死去한 이들의 제사를 이어가도록 국가가 그 경비를 지원하여 그와 가까웠던 이들이나 친구들에게 제사의 일을 맡기는 '접절接絕'이 그 조목들이다. 이러한 시책은 모두 도성과 지역별로 담당 관서를 설립하여 운영토록 하고 있다.

『주례』에 명기된 여러 황정책荒政策도 『관자』의 여러 편(四時·牧民·五捕·侈靡·乘馬數)에 대비책과 구제책의 양 방면에서 더욱 구체화 되어 명시되고 있다. 특히 그 구제책 가운데는 흉년으로 기근이 만연한 때 부자들이 후장厚葬하게 하여 그 공사工事에 빈민들이 참여하고 임금을 받을 수 있도록 하며(치미편侈靡篇), 국가가 궁실 건설 등의 건설사업을 일으켜 빈민들의 일자리를 마련해주도록 한다는 시책(승마수편乘馬數篇) 등은 현대의 관련 시책에 비견되는 것들이다. 관중은 이러한 시책들의 시행을 제환공齊桓公에게 자주 진언하였으며, 이를 실행한 제齊는 민심을 크게 얻어 천하의 패권을 얻는 바탕이 되었다. 그리고 제환공은 패자가 된 후 회맹會盟에서 여러 제후들에게 위의 여러 사회보장제도를 적극 권장하고 있다.9) 그는 구합제후九合諸侯의 제2회에서 여러 제후를 회합시킨 후 고아와 노인을 양호養護하며, 오랫동안 병고에 시달리는 이들을 돌보고, 홀아비

---

9) 『管子』幼官

와 과부를 돌보도록 할 것을 훈도하고 있다.

『좌전』의 여러 기사에 의하면 초장왕楚壯王과 진도공晉悼公 등 다수의 군주들이 위와 같은 사회보장책을 강조하며 시행하였는데 그들의 정치적 성취의 관건이 그러한 시책의 실행에 연유하는 것임을 말하고 있다.10)

상술한 바와 같이 사회보장과 복리 후생을 위한 여러 시책들은 크게 정부가 주도하는 방면과 항리 공동체의 인보隣保 조직을 통해 자체에서 상보相保 호조互助하는 체제의 두 방면으로 구성되어 있었음을 알 수 있다. 그리고 그 가운데 상당수가 전국戰國 진한秦漢 시기의 여러 법령에 명문화되어 있는 점에 대해서는 다음 장에서 논급한다.

Ⅱ. 진한시기의 사회보장체제와 법령

전국 진한 시기의 법령은 형법만이 아니라 행정제도 전반의 운영과 관련된 사항들이 총괄되어 있다. 즉 국정 전반이 모두 법령에 의

---

10) 『左傳』成公元年條에 장왕이 여러 신하들에게 당부하길, "無德以及遠方, 莫如惠恤其民, 而善用之."라 하였다. 晉悼公은 즉위 후 백관에게 명하길, "施舍, 已責, 逮鰥寡, 振廢滯, 匡乏困, 救災患, 禁淫慝, 薄賦斂, 宥罪戾, 節器用, 時用民, 欲無犯時."라 하였다. 그리고 "養老幼, 恤孤疾, 年過七十, 公親見之, 稱曰王父."와 같은 실천을 통해 민심을 크게 얻어 "民이 비판하는 말이 없게 되고" 이로써 晉의 「復霸」를 이루었다고 하였다. (『左傳』成公18年 및 『国語』晉語. 이밖에 楚平王(『左傳』昭公13년, 14년조), 吳王闔閭(『좌전』哀公원년조), 越王勾踐(『國語』越語) 등의 여러 사례가 있다. 이에 대해서는 王衛平, 앞의 「論中國古代傳統社會保藏制度的初步形成」 참조.

해 규정되고 있다. 따라서 그 이념과 시행 기구, 운영에 대한 자세한 법령이 사회정치 전반에 걸쳐 하나의 시스템으로 갖추어져 있다. 사회보장 복리 후생을 전문으로 시설한 율명은 없지만 각 방면의 다수의 율律에 관련 조목들이 포함되어 있다. 사실 복리 후생 등의 업무를 처리하기 위해서는 각 방면으로 여러 관련 부서들이 있게 되어 여러 분야의 율律에 관련 사항이 포함될 것은 당연한 일이다.

『二年律令』傅律 357간簡과 요율徭律 407간에 의하면[11] 면로免老 연령보다 낮은 연령자인 환로睆老 규정이 있는데 이들의 작급爵級 별 연령이 불경不更은 58세, 잠요는 59세 ---- 등으로 작위가 낮을수록 규정 연령을 많게 하여 고령일수록 요역경감의 혜택을 일찍 받게 한 것이다. 이들에게는 읍중邑中의 직무와 같은 덜 힘든 일에 종사하게 하고, 작위 등급별 의무 요역 부과액의 반분을 부과하였다.[12] 환로 보다 더 고령인 면로에 대한 특혜 규정이 요역 뿐 아니라 형벌의 양 등 다방면에 걸쳐 시설되어 있다. 동同 요율 408-409간에는 곡물 등의 운반에 부모를 홀로 모시고 있는 자, 환로, 부모가 피륭疲癃(노쇠 난장이 질병자)인 자 등은 사역시키지 않는다는 규정이 있다. 피륭은 키가 6척2촌(약146cm) 이하이거나 천생으로 잔질殘疾 추악한 자(동同 부율傅律 363간)이다.[13] 또 동同 요율徭律 412-415간에 면로·소미부자小未傅者(요역 징발 명단에 올라 있지 않은 미성년 : 15세 이하)·여자 및 요역면제자를 요역에 사역시키지 않는다는 규정이 있다.[14]

11) 『二年律令』인용은 冨谷 至 編, 『江陵張家山二四七號墓出土漢律令の研究 譯注編』(京都大學人文科學研究所研究報告, 京都, 朋友書店, 2006)에 의거함.
12) 박건주, 『중국고대사회의 법률』(서울, 백산자료원, 2008), p.262.
13) 위와 같음.

또 『이년율령』置吏律 217간에는 관리의 휴가제도로서 "吏와 황제의 近臣, 中從騎에게는 1년에 60일의 휴가를 주고, 그 밖의 內官에게는 40일을 준다. 吏의 근무지가 家로부터 2천리 이상 떨어져 있으면 2년에 한번 귀향하게 하고, 80일의 휴가를 준다"고 하였다.15) 휴가제도 전문의 율律이 중로율中勞律인데 관료의 복무기간에 따라 그 노적勞績을 평가하고 그에 따른 휴가, 진급 및 보임補任의 규정, 가족의 상사喪事 시時 휴가 규정 등이 있다. 동同 구원률廄苑律 등에 관리의 근무 성적 우수자에 대한 포상휴가 규정이 시설되어 있다.16) 조난향趙蘭香의 연구에 의하면17) 한漢의 내군內郡 관리의 정기휴가는 기본이 5일에 하루를 휴목休沐(휴식과 세욕洗浴)일로 하였고, 서북변방 이졸吏卒은 10일에서 30일에 1일씩으로 일정치 않았다고 한다. 병가病假는 보통 30일이었고, 서북변방은 3개월 이내였다. 『風俗通義』過譽에 "漢典에 관리가 병들어 1백일 동안 업무를 보지 못하면 면직 된다"하였고, 실제로 엄연년嚴延年이 오랜 병으로 3개월 동안 업무를 보지 못하여 면직된 사례가 있다.18) 상사喪事 때의 휴가를 '취령取寧' 또는 '귀령歸寧'이라 하는데 『한서』권11哀帝紀에 "前博士弟子의 부모가 死함에 (歸) 寧3년을 주었다"고 하였다. 『한서』권87하 양웅전의 응소주應邵注에 "漢律에서 부모의 喪에 3년의 服을 친히 행하지 않으면 (관리로) 選擧될 수 없다"고 하였다. 보통의 경

---

14) 위와 같음.
15) 整理小組, 『張家山漢墓竹簡(釋文修訂本)』(北京, 文物出版社, 2006.5), p.38.
16) 위의 책, 297면.
17) 趙蘭香, 「漢代西北邊塞吏卒與內郡官吏的休暇制度異同考述」(『簡牘學硏究』제4집(감숙성문물고고연구소 등, 2004.12/2009.1)
18) 『한서』권90 酷吏傳 嚴延年條.

우에는 36일이었고, 복상服喪은 관리의 필수사항이었다. 또한 개인의 급한 일로 휴가를 청하여 임시휴가를 얻을 수 있었다. 이밖에 여러 절일節日의 휴가, 윤번輪番휴가, 2천석 이상 고급 관료에 대해 황제가 내리는 특별 휴가 등이 있었다.

『이년율령』傅律에는 90세 이상의 노인에게 국가에서 죽미鬻米를 지급해주는 규정(354簡), 70세 이상 노인에게 왕장王杖을 하사하는 규정(356簡), 다산자多産者를 우대하는 규정(358簡)[19] 등이 있다.『후한서』권3章帝紀 元和三年조에 "영아嬰兒와 부모친속이 없는 이들과 아이들이 있는데 양육할 수 없는 이들에게 율律에 따라 식량을 지급하라"는 조령을 내리고 있다. 이에 대한 율이 있었음을 알 수 있다.

『이년율령』賜律에서 관리가 담당 향부鄕部를 순행하며 질병이 있는 자를 수용하여 음식을 제공해주고, 추위에 시달리는 자에게는 옷을 빌려주어야 한다고 하였다(286簡).[20] 아울러 관리가 사거死去한 경우 관棺과 의衣를 사여하는 규정이 있다(283-284簡).

이밖에 『수호지운몽진률』에는[21] 신장 6척(1.38m) 이하인 자의 죄에 대해 처벌을 경감하는 조항이 있고, 한초 혜제惠帝는 10세 이하인 소년에게는 육형肉刑을 내리지 못하게 하고 있다.[22] 경제景帝는 후원後元3년(전141)의 조령詔令에서 8세 이하와 임신부에 대해서는 형구刑具를 쓰지 못하도록 하고, 이를 저령著令하게 하였다.[23] 성제

---

19) "民이 아이들을 다섯 이상 낳았는데 아들은 傅籍되었고, 딸이 12세가 되었으면 父를 免老토록 하며, 그 父가 大夫이면 免老한다" 앞의 『張家山漢墓竹簡(釋文修訂本)』
20) "吏各巡行其部中, 有疾病色(？)者收食, 寒者叚(假)衣, 傳詣其縣"
21) 睡虎地秦墓竹簡整理小組, 『睡虎地秦墓竹簡』(北京, 中華書局, 1978)
22) "不滿十歲, 有罪當刑者, 皆完之"(『한서』권2惠帝紀)
23) "其著令, ----八歲以下, 及盈者未乳 --- 頌系之"(『한서』권3경제기 후원3년조)

成帝 홍가원년에는 7세 이하인 자가 고의 또는 격투하다 살인한 경우와 수사죄殊死罪를 범한 경우 정위廷尉에게 상청上請 보고하여 감사減死하도록 하였다.24) 또한 출산한 家에 2년 내지 3년 동안 요역을 면제하는 영슈(산자복령産子復令), 회임자에게 식량을 사여하고 부夫의 요역을 1년 면제하는 영슈(태양령胎養令)이 종종 내려지고 있다. 후한 헌제獻帝 때 진국상陳國相 낙준駱俊은 출산한 부녀에게 미육米肉을 많이 제공하였다.25) 후한 안제安帝 연광원년(122년) 27군국郡國이 대풍우로 많은 사상자가 발생하였을 때 재해를 당한 가家의 남아 있는 이들을 군현에서 수양收養하도록 하였다.26) 또 후한 말 헌제는 삼보三輔에 대한大旱이 들었을 때 태창太倉의 미두米豆를 내어 미죽(싸래기 죽)을 공급하도록 하였는데 사자死者가 줄어들지 않자 친히 죽을 만들어보고 부정의 사실을 파악하여 관련자를 처벌하였다.27) 이는 군주들이 민생의 구호를 위해 어떠한 자세를 지니고 있었는가를 단적으로 보여주는 일례이다.

또 전한 소제昭帝 때 염철회의에서 문학이 "지금 50 이상 60세에 이른 이들이 자손과 함께 수레를 끌며 모두 요역에 복무하고 있는 것은 養老의 뜻에 어긋난다"고28) 비판하였다. 전술한 환로睆老와 면로免老의 율律이 무제武帝 시기 전란이 이어지던 상황에서 제대로 지켜지지 않았기 때문에 이를 지적한 것이다. 무제는 어려운 시기였지만

---

24) 『한서』권23형법지
25) 『후한서』권50효명팔왕전 所引『謝承書』. 위의 몇 가지 사항에 대해서는 앞의 王文濤, 『秦漢社會保藏硏究』, 165-8면 참조.
26) 『후한서』권5安帝紀 연광원년조
27) 『후한서』헌제기 홍평원년(194년)조.
28) 馬非百 注釋, 『鹽鐵論簡注』未通 (北京, 中華書局, 1984) p.119에 "今五十已上至六十, 與子孫服挽輪, 并給徭役, 非養老之意也."

수재水災로 기민饑民이 격증한 산동지역을 구휼하기 위해 인군의 창고를 비어 지원하도록 하고, 호부豪富를 모집하여 서로 빌려주게 하였으며 그래도 지원이 부족하자 빈민 70여만 구를 삭방朔方 이남의 신진중新秦中에 이주시키고 관부에서 의식을 지원하도록 하였다. 수년 후에는 이들에게 산업할 수 있는 재물 농구를 빌려주고 사자를 지역별로 파견하여 이를 보호하도록 함에 관리들의 관冠과 거車의 덮개가 가득하였으며, 그 비용이 억계億計에 이르러 현관縣官이 텅 비게 되었다.29) 당시의 어려운 사정으로서는 재해민 구조를 위해 갖가지 수단을 동원하며 전력투구한 셈이다. 애제哀帝는 영천군穎川郡에 큰 수해로 많은 피해가 발생하자 "朕의 不德으로 인한 것인데 民이 오히려 화를 입게 되었으니 짐이 매우 두렵다"하고, 광록대부를 보내어 조사토록 하여 사자死者에게 관전棺錢으로 1인당 삼천전三千錢을 사여하고, 40% 이상의 재해를 입은 가家로 재산이 10만전 이하인 자의 금년 조부租賦를 면제시켰다. 이러한 사민徙民이나 재화의 사여, 부세역賦稅役의 면제에 의한 구호책은 전국 진한에 걸쳐 자주 시행되었다.

고래로 노인에 대한 공경과 후례厚禮의 정신이 강하였다. 천자는 향리의 고로古老인 삼로三老에 대해 부친으로 모시고, 오경五更에 대해서는 형兄으로 모신다고 하였다.30) 한문제漢文帝는 즉위한 해에 "80세 이상인 자에게 매월 米一石, 肉20斤, 酒五斗, 90세 이상인 자에게 추가하여 帛二匹, 絮(솜)3근을 사여하도록 한다"는 조령詔令을

---

29) 『사기』권30평준서.
30) 漢議郞衛宏撰, (淸) 孫星衍校集, 『漢舊儀補遺』卷下 (『漢官六種』, 北京, 中華書局, 1990, p.103)에 "三老, 五更 三代所尊", "天子父事三老, 兄事五更".

내렸다. 한무제는 80세가 되면 이산二算을 면제하고, 90세가 되면 갑졸甲卒의 역(병역)을 면제하라는 조칙을 내렸다. 또한 90세 이상인 노인에게 국가에서 죽粥을 내리는 법이 있다는 것을 주지시키고 나아가 그 자子와 손孫의 부세 요역을 면제하라는 조칙을 내리고 있다.[31] 선제宣帝는 "지금으로부터 80세 이상인 모든 사람이 무고죄나 살상죄를 지은 경우를 제외하고는 모두 처벌하지 않는다"(『한서』권8宣帝紀元康4년조)는 조령詔令을 내렸다. 대체로 한대에 군주의 사회복리 후생 관련 조령은 기존의 율律에 의거하여 그 구체적 시행을 영令한 것이다. 후한 명제明帝는 "三老、五更에게는 모두 二千石의 祿으로 종신토록 부양하도록 하라. 천하의 三老에게 1인당 술 1石, 고기 40근을 내리도록 하라. 관부는 노인을 잘 모시고, 幼孤를 구휼하며, 독거노인과 과부에게 시혜를 베풀어 짐의 뜻에 어긋남이 없도록 하라"(『후한서』권2명제기 영평2년조)는 조칙을 내렸다. 이러한 류의 노인·고아·독거노인 과부에 대한 시혜施惠의 사례는 매거하기 어려울 정도이다. 왕문도王文濤가 양한 시기 중앙정부가 이들 불우계층에 대해 시혜를 베푼 사례를 조사하여 표로 종합정리한 성과에 의하면 전한시기에 30회, 후한시기에 28회이다.[32] 재난시의 구호활동을 제외하면 양한에서의 시혜는 대부분 이들 불우계층을 대상으로 하였다. 이는 주대周代 이래 사회보장의 주요 대상이 이들 불우계층에 있었던 점과 일치한다.

선제宣帝 때 대사농중승大司農中丞 경수창耿壽昌이 진언하여 설치한 상평창常平倉의 곡물비축과 진휼, 곡가 조절 및 곡물상인들의 독

---

31) 『한서』권5무제기 建元元年條에 "春二月, 赦天下, 賜民爵一級. 年八十復二算, 九十復甲卒", "民年九十以上, 已有受鬻法, 爲復子若孫"
32) 王文濤, 앞의 『秦漢社會保障制度』, pp.141-6의 표4. 1-1과 1-2.

점 방지 기능도 『주례』나 『관자』에서 이미 시설된 사항들이다.

한대 관노비의 수는 수십만에 이르렀는데 그 노동력을 민간에서 활용할 수 있도록 일정 기간 고용이 가능하도록 하였고, 애제哀帝 즉위년에 50세 이상의 관노비를 면하여 서인庶人으로 회복시켰다. 또한 30세 이하의 액정궁인掖庭宮人을 출가시켰으며,33) 후한 광무제가 죄수를 변경 등지로 사민徙民하여 농사로 자립할 수 있도록 지원하는 정책도 펼치고 있는데 이러한 류의 종속신분에 대한 해방과 자활自活 지원책이 종종 시행되고 있다.

한편 재해 시 현지의 피해상황을 살피는 것은 구호 대책을 세우는 데 필수의 사항이었다. 정부는 재해 때마다 각 지역에 조사관을 급파하여 현황을 파악하고 긴급히 지원토록 하였다. 왕문도王文濤의 조사에 의하면 그러한 조치가 양한에서 23회에 이른다.34) 1989년 감숙성에서 발견된 『武威漢簡』의 법률에 지방군현의 리吏는 그 부내部內에서 발생한 병충해와 수재, 화재에 대해 도적에 관한 일과 마찬가지로 그 현황보고와 함께 구호를 요청하는 문서를 상부에 보고하지 않으면 내사구형耐司寇刑에 처한다는 조목이 있다.35) 그 구호 조치는 곡식의 대여貸與, 부세의 감면과 면제, 위문, 우경牛耕의 지원, 소금 값의 인하, 의약의 지원, 관목棺木의 지원 등이었다.

한편 전한의 선제宣帝는 부자, 부부간에 서로의 범죄사실을 감추어주는 것을 허용하는 다음과 같은 이른바 용은容隱의 영令을 내렸다.

---

33) 『한서』권11哀帝紀 즉위년조.
34) 앞의 『秦漢社會保障制度』, pp.253-4의 표7.1
35) 「吏部中有蝗蟲水火比盜賊, 不以求移, 能爲司寇( ) (/)」『武』12(李均明·劉軍, 「武威旱灘坡出土漢簡考述 ---兼論'挈令'」(『文物』1993-10), p.36. 이 조목은 田律에 속한 것으로 보인다.

地節4년(전66년) (선제가) 조칙을 내려 말하였다. "父子之親과 夫婦之道는 天性이다. 비록 환화(患禍)를 만나더라도 죽음을 무릅쓰고 이러한 천성을 유지해야 하는 것이다. 진실로 사랑이 마음에 맺혀지는 것이 仁厚의 지극함인데 어찌 이를 위배할 수 있겠는가. 지금으로부터는 子가 먼저 부모를 은닉하고, 妻가 夫를 은닉해주며, 손자가 조부모를 은닉해주는 사안에 대해 모두 처벌 하지 말라. 부모가 자식을 은닉하고, 夫가 妻를 은닉하며, 조부모가 손자를 은닉해준 사안에 대해서는 그 죄가 사형에 해당하더라도 모두 위로 廷尉에게 보고하라.36)

이는 『論語』子路에 "子는 父의 죄를 감추어주고, 父는 子의 죄를 감추어주는 데에 바로 그 中(正道, 올바름, 至當함)이 있다."37)고 한 容隱의 정신에 의거한 것이라 할 수 있다. 이 사항은 여타의 사회보장 정책과 구분되는 것이지만 부자 간 범죄사실의 은닉을 보장해주는 것이라는 점에서 형벌에 대한 일종의 사회보장제도라 할 수 있다.

이상에서 일부의 사례만 든 셈이지만 전국 진한대의 율령, 군주나 관리들의 후생 복리와 사회보장의 시행, 그리고 『주례』나 『관자』의 3자 모두 상호 일치하고 있다. 진한의 사회보장 복리 후생의 시행은

---

36) 『漢書』권8宣帝紀 地節四年條에 "地節四年 詔曰, 父子之親, 夫婦之道, 天性也. 雖有患禍, 猶蒙死而存之. 誠愛結於心, 仁厚之至也, 豈能違之哉. 自今子首匿父母, 妻匿夫, 孫匿大父母, 皆勿坐. 其父母匿子, 夫匿妻, 大父母匿孫, 罪殊死, 皆上請廷尉以聞"
37) "孔子曰, ------, 子爲父隱, 父爲子隱, 直在其中矣"

모두『주례』나『관자』의 조항에 입각해 있다. 즉 주대周代 이래 보민·애민의 시혜 이념과 정책이 일맥으로 계승되고 있다.

향리의 인보隣保조직을 통한 자조自助, 호조互助의 활동과 기능도 약간 다른 형태이지만 유지되고 있었음을 알 수 있다.『한서』권24상 식화지에서는 "(재물이) 부족한 것을 근심하지 아니하고 균등하지 못한 것을 근심하며, 빈한한 것을 근심하지 아니하고 평안하지 못한 것을 근심한다. 대저 균등함이 없게 되면 빈한함이 있게 되고, 화목함이 없게 되면 부족함이 있게 되며, 평안이 없게 되면 기울게 된다."는38)『논어』季氏의 구절을 인용한 후 이민理民의 도道로써『주례』에서와 같은 경계經界(집단 단위)를 누층累層으로 획정하는 정전제井田制를 기술하고 있다. 이어 이러한 인보隣保조직을 통해 "出入에 相友하고, 守望 相助 하며, 질병이 있으면 서로 구하니 民이 이로써 화목하게 되고 教化齊同 하며, 力役 生産이 균평하게 될 수 있다"고 하였다. 즉『주례』나『관자』에서와 같이 인보조직을 통해 자체적으로 상부상조 등 복리 후생의 기능이 이루어지는 길을 이민의 도로써 제시하였다. 그 저자는 후한 초 대표적 유교 지상주의자였던 반고班固이다. 유가에 있어서도 균분均分의 이념은 사회보장과 구호 복리 후생 유가의 근간이 되는 것이었음을 알 수 있다.

그러나 한대에도 인보隣保와 시오什伍제도가 운용되었지만 이전에 비해 상당히 느슨해지고 소략해졌다. 그래서 이에 의거한 자조 호조互助의 권장 보다는 종족집단 내에서의 호조를 월령으로 권장하였고, 민이 독자로 결성하거나 지방관이 지방 유지를 중심으로 결성토록 한 탄僤조직을 통하여 구휼과 호조가 이루어지고 있는 면이 있다. 일

---

38) "不患寡而患不均, 不患貧而患不安；蓋均亡貧, 和亡寡, 安亡傾."

찍이 『예기』월령月令에 중춘지월仲春之月에는 "養幼少, 存諸孤" 할 것을 교도敎導하고 있는데 한대漢代의 월령에서는 종족집단 내에서의 구휼이 강조되고 있다. 이를테면 『四民月令』에 의하면, 3월에는 9족 가운데 친한 순서로 궁핍한 자를 진휼하고, 9월에는 종족 대성이 동종을 두루 살펴보며, 특히 孤·寡·老·病者·不能自存者를 위문하고, 의복과 식량을 지원하며, 10월에는 종족 대성大姓이 전종족을 규합하여 상장喪葬에 어려움을 겪는 종족을 함께 돕도록 하고, 12월에는 전종족을 소집하여 서로 화목할 수 있는 예禮를 강설하여 돈독한 유대를 이어가도록 하였다. 월령은 일반의 율령과 마찬가지로 구속력을 지니는 것이었고, 매년 정기적으로 황실과 관부에서 이를 공고하여 그 시행을 장려하였다. 실제로 종족이나 향당에 재산을 기진하여 구휼에 힘쓴 자의 사례가 양한兩漢의 여러 사서에 걸쳐 자주 보인다(소광疏廣, 사단師丹, 마원馬援, 송홍宋弘, 위표韋彪, 선병宣秉, 장비張備, 유반劉般, 유덕劉德, 주휘朱暉, 요부廖扶 등).[39] 또 고약孤弱 빈궁한 종족 자제를 수양하고, 종족에게 두루 재산을 나누어 준 사례도 많다.[40] 물론 종족 내에서만이 아니라 기근이나 재난 시에 자신의 재산이나 봉록을 지역민들에게 나누어주어 많은 생명을 구한 사례도 산견된다. 이를테면 후한 말 조온趙溫은 그러한 시혜施惠로 1만 명의 생명을 구하였다.[41] 또한 『走馬樓吳簡』의 여러 곳에 '과수寡嫂'·'고형자孤兄子'·'질자姪子'·'외질자外姪子' 등이 나오는데 왕자금王子今의 연구에 의하면 이들은 독립호가 아니고 형제의 호적에 속한 자들로서 형제가 자발적으로 부양하고 있는 자들이라 하고, 일반사

---

39) 이에 대해서는 앞의 王文濤, 『秦漢社會保障研究』, pp.123-4 참조.
40) 앞의 책, pp.126-8.
41) 『후한서』권27趙典傳.

서에서 그러한 실례들을 들어 이를 논증한 바 있다.42) 이 또한 월령月令 등 국가의 장려가 상당한 영향을 준 것이라 하겠다.

탄단(彈, 單, 墠)조직에서의 탄단(彈, 單, 墠)은 청결하고 신성한 제사터를 뜻한다. 이곳을 중심으로 한 향리의 공동체 성원이 상호의 이익이나 특별한 목적을 위해 행동 규약을 지킬 것을 약속하고 이곳에서 모임을 결성하였다. 이 조직의 명칭을 전하는 인印과 비문碑文 등의 자료는 67(혹68)개에 이르며, 그 규약 내용을 전하는 것으로는 후한 장제건초章帝建初2년의 1977년 하남성 언사현 출토『侍廷里父老僤約束石卷』의43) 부로탄父老僤과 후한 진류군陳留郡의『酸枣令劉熊碑』에44)보이는 정탄正彈, 후한 남양군의『魯陽都鄉正衛彈碑』에45) 보이는 정위탄正衛彈 등이 있다. 부로탄은 이부로里父老의 활동 경비 혹은 제사비용 마련을 위한 공동기금 모금 및 재산 순서에 따른 이부로직里父老職의 임명과 교체를 위해 리里의 유지들이 모여 결성하였다. 정탄은 문경門更을 만들어 노역 부담을 균등히 하기 위함이고, 정위탄은 기금을 조성하여 그 이식으로 정위正衛와 천경踐更에 복무하는 자에게 급여함으로써 요역 부담을 경감시키고 균등히 하는 것이 목적이었다. 위 자료의 해석 차이로 인한 몇몇 의론이 있지만 요역이나 직역職役 및 부세의 균평과 상호 부담 경감을 위한 관민 합

---

42) 王子今,「三國孫吳鄉村家族中的"寡嫂"和"孤兄子"--以走馬樓竹簡爲中心的考察」(『簡牘學硏究』제4집, 감숙성문물고고연구소 등, 감숙인민출판사, 2004.12/2009,1)

43) 黃士斌,「河南偃師發現漢代買田約束石卷」(『文物』1982-12).
김병준,「後漢時代 里父老와 국가권력 --「漢侍廷里父老僤買田約束石卷」의 분석을 중심으로-」(『동양사학연구』35, 1991.1)

44)『隸釋』권5(『隸釋 隸續』(北京, 中華書局, 1985), pp.64-68.

45) 俞偉超,「中國古代公私組織的考察--論先秦兩漢的單-僤-彈」(北京, 文物出版社, 1982)

작에 의한 공동체 성원의 자발적 조직이라는 것은 분명하다. 여타의 보장제도와는 성격을 달리하지만 민간에서 상호 복리와 후생을 위한 조직이라는 면에서 인보隣保조직의 성격을 지니며, 그 전통과 일맥 상통하는 면이 있다. 여타의 조직은 그 명칭으로 보아 상호 복리와 상부상조, 구호를 위한 상락단常樂單, 동지단同志單, 도단徒單, 중인사단衆人社單, 장정안락단長征安樂單, 안민천세단安民千歲單, 안구단安久單, 익락단益樂單, 신령단新寧單, 시락단始樂單, 시성단始成單, 신안단新安單, 신성순덕단新成順德單, 양로養老와 건강장수를 목적으로 하는 공생단攻生單, 장수단長壽單, 천세단千歲單, 장생단長生單, 만세단萬歲單, 천추낙평단千秋樂平單, 장생안락단長生安樂單, 익수단益壽單, 증수단增壽單, 장수만년단長壽萬年單, 우경牛耕 협서協鋤(協農)의 조직과 운영을 위한 정가탄正街彈, 도집단都集單, 그밖에 적자단迹者單, 주단酒單 등이 있다.

Ⅲ. 태평도와 천사도의 보민·복리이념과 그 활동 및 의의

이른바 민중도교 내지 과의도교科儀道敎로 칭해지는 후한 후기의 태평도太平道와 천사도天師道(五斗米道)는 후한 중기 이래 민중 속에서 그 세勢가 급격히 확장되어 황건란黃巾亂이라는 대반란을 일으키기에 이르렀다. 이 집단의 급격한 성장 배경에는 여러 사항이 있지만 그 주요한 요인 가운데 하나는 바로 집단 자체 내에서 상부상조와 구호의 시스템을 갖추고 적극적인 상호 시혜施惠의 활동을 펼침으로써 민심을 크게 얻을 수 있었다는 점이다. 이들에게는 사회구호와 복리, 부富의 균등 등은 당연히 이루어지고 갖추어져 있어야 할 사회정의社會正義였다. 그들의 이념은 이러한 당위성을 바탕으로 하고 있다.『태평경』권67의『六罪十治訣』에 "쌓아놓은 재물이 억만인데 곤궁함이 급한 곳에 두루 구호하지 않아서 기한飢寒으로 죽게 한다면 그 죄는 씻어질 수 없다"고 하였다. 또한 이러한 부의 독점과 시혜施惠를 행하지 않는 것은, "하늘에 원수가 되고 땅에 재앙이 되며, 사람에게 큰 원수가 되고, 百神이 이를 증오한다"고[46] 한다. "재물은 천지 中和의 所有"인 까닭에 정부의 재화 창고에 있는 재물도 1인의 독점물이 될 수 없는 것이며, 만민이 공양共養해야 할 것들이다. 쌓아만 두고 있으면 이 또한 부富의 독점이다. 그래서 "재화가 부족한 자는 마땅히 모두 거기에서 取해야 한다"고[47]하였다. 즉 재화의 균분均分과 구호가 이루어지지 않으면 그것을 강제로 취해야 하는 것이라고 하였다. 또한 "智者는 응당 愚者를 苞養해주어야 하는데 오히려 이를 기만함은 一逆이고, 힘이 강한 자는 응당 힘이 약한 자를 돌보아야[養] 하는데 오히려 이를 기만함은 二逆이며, 後生은 응당 노인을 돌보아야 하는데 오히려 이를 기만함이 三逆이다"고[48] 하였다. 혁명을 일으키는 당위성이 이미 여기에 드러나 있다. 이를테면 노인을 부양하는 것은 마땅히 해야 할 도道이다. 이를 행하

---

46) "與天爲怨이며, 與地爲咎이고, 與人爲大仇이며, 百神憎之한다."

47) "此財物天地中和所有, 以共養人也. ----此大倉之粟, 本非獨鼠有也. 少內之錢財, 本非獨以給一人也. 其有不足者, 悉當從其取也." (王明 編,『太平經合校』(北京, 中華書局, 1980), p.242.

48)『太平經鈔』辛部第十四葉(위의『太平經合校』前言, p.8에서 인용).『道藏』에 수록된『태평경초』는 唐末 閭丘方遠(～ 902)이『태평경』을 10권 30篇으로 節錄한 것이다.

지 아니하고 오히려 기만함은 도를 거슬리는 것이니 이를 역逆이라 한다. 이를 '역逆'이라 지칭한 것은 국가에 대한 대역무도大逆無道의 죄과 같은 대죄大罪라는 뜻으로 그에 상당한 책벌을 받아야 한다는 것이 된다. 同 권110 '大功益年書出歲月戒'에 "神은 서로 愛 하고, 아는 사람끼리 서로 가르쳐주며, 奇文異策이 있으면 서로 보여주고, 결원이 있으면 서로 추천해주고 相保하며, 조금이라도 다른(잘못된) 바가 있으면 서로 諫正해주고, 진기한 것이 있으면 서로 남겨준다"고[49] 하였다. 이러한 상애相愛·상조相助·상보相保의 행은 선인善人의 마땅한 행으로 하늘이 베푼 것을 알아 천의天意에 거슬리지 아니하고 따르는 행이라 하였다. 또한 이러한 행은 개인에게는 익년益年익수益壽의 복을 가져다준다고 한다. 『주례』 등이 국가 내지 치자治者의 보민책保民策을 편 것이라면 『태평경』은 개인의 행덕行德에 따른 익수·양성養性·양생養生 등의 복과福果로 귀결되고, 개인의 행덕은 또한 천지자연天地自然과 인간, 국가의 삼자 간 상호 조화와 보존의 바탕이 된다. 즉 『태평경』에서의 사회 구호와 시혜施惠의 실천은 『주례』 등에 비해 개인의 수양과 복덕이 된다는 측면이 추가되어 있다. 전자가 국가의 복리책福利策이라면 후자는 개인의 복리도 되고 천지자연과 국가의 복리도 된다. 아울러 후자는 개인에 대해서 뿐 아니라 전술한 바와 같이 국가에 대해서도 복리후생의 실천을 강조하고 있다. 그리고 국가와 개인에 대한 시혜 실천의 요구에는 종교 신앙적 도덕관념으로서의 카리스마가 보인다. 즉 이러한 교의는 종교적 신념화 되어 강력한 집단적 행동으로 표출될 수 있다.

후한 중기 이후 환관정치와 서강西羌의 연이은 침입으로 국정은

---

49) 앞의 『태평경합교』, p.539.

혼란에 빠져 민생을 제대로 돌볼 상황이 되지 못하였다. 전술한 바와 같이 이 기간에도 황제가 시혜의 조치를 내린 바는 있으나 사회 전반적으로 시혜와 구호의 기능이 마비되어 가고 있었다. 태평도의 위와 같은 강렬한 도전의 자세는 그러한 시대 사정에서 배태된 것이라 할 수 있다.

한편 전한에서 혹형酷刑의 일부분이 완화된 면이 있었고, 후한 중기까지 형벌의 완화로 인한 후유증을 제기하면서 다시 혹형으로 복원할 것을 주창하는 의론이 일어났다. 그러한 가운데 사회 전반적으로 환관정치로 인한 부정부패와 가렴주구, 호족겸병의 심화로 형벌의 남용 또한 피하기 어려웠다. 난세의 상황에서 엄벌주의가 필요함을 역설하는 주창도 나왔다.[50] 민民의 생존을 항상 위협하는 형벌의 위세에 당면하여 사회복리와 후생을 주요 이념의 하나로 하는 태평도에서 이를 방관할 수 없는 일이었다. 그들은 최상의 정치란 "형벌없이 自治가 이루어질 수 있도록 하는 것이다"고[51] 하였다. 형벌 없는 자치自治의 사회란 고래古來로 전해지는 요순시대의 이상향이었고, 한초에 유행한 황로黃老사상에서는 그러한 무위정치無爲政治의 실현을 표방하였다. 이는 당시 일부 유가儒家 논자들의 완형緩刑주의하고는 구분되는 것이다. 장로張魯 치세治世의 천사도天師道(五斗米道)에서는 죄罪의 증거는 병에 걸린 것이었고, 고백과 참회 기도를 닦게 하여(三原) 병이 치유되지 않으면 행형行刑하였다. 장리長吏를 두지 않고 모두 종교공동체 자체의 단위(部) 장長인 제주祭酒가 다스리니 민民이 모두 편리하게 되어 즐거워하였다고 한다. 이로써 파한巴漢

---

50) 孫達人,「『太平淸領書』和太平道」(『中國農民戰爭史論叢』2輯, 河南人民出版社, 1980), pp.144-5.
51) 앞의 『太平經合校』권47, p.140에 "敎其無刑而自治者, 卽其上也"

지역에 웅거하길 30년 동안 한漢에서도 이들을 정벌하지 못하고 장로張魯를 진민중랑장鎮民中郎將과 한령태수漢寧太守에 임명하였으며, 단지 공헌만 하도록 하였다.[52] 즉 종교신앙이 가미된 완형緩刑과 종교공동체에 의한 자치自治의 일면을 보이고 있다. 그리고 그러한 통치가 민의 호응을 얻어 상당 기간 동안 웅거할 수 있게 한 바탕이 되고 있다.

또 『태평경』에서 "天이 人君에게 명한 것은 본래 강한 자를 다스려 열약(劣弱)한 자를 돕는 것을 직책으로 한 것인데 도둑떼 같은 관리가 도리어 이로써 열약한 자를 엄중히 두렵게 한다."고[53] 하였다. 천명天命사상 또한 고래古來의 것이고, 맹자의 혁명론의 바탕이 되는 것이지만 그 천의天意가 약자를 돕는데 있다고 강조한 것은 주로 불우계층과 재난 피해자를 위한 사회보장의 이념과 활동과 상통한다. "형벌이 없고, 재물에 곤궁함이 없으며, 억울한 民이 없어야 한다"는[54] 『태평경』의 삼대강령三大綱領이라 할 주장은, 곧 사회보장(保民)이 태평도의 핵심 과제 가운데 하나였음을 말해주고 있다.

전술한 바와 같이 『한서』식화지에 제시된 '이민理民의 도道'가 공자의 균분均分 이념을 근간으로 한 사회보장 복리 후생의 구현이었다. 그 저자는 후한 초 유교 지상至上의 관념에 젖어 있던 반고班固였

---

52) 『삼국지』권8에 "又置義米肉, 縣於義舍, 行路者量腹取足. 若過多, 鬼道輒病之. 犯法者, 三原, 然後乃行刑. 不置長吏, 皆以祭酒爲治, 民夷便樂之. 雄據巴、漢垂三十年. 漢末, 力不能征, 遂就寵魯爲鎮民中郎將, 領漢寧太守, 通貢獻而已";『후한서』권75劉焉傳附劉璋傳에도 거의 같은 내용이 실려 있다.

53) 앞의 『태평경합교』권47, p.145에 "天之命人君也, 本以治弱助劣弱爲職, 而寇吏反以此嚴畏之"

54) 앞의 『태평경합교』권54, p.206에 "無有刑, 無窮物, 無冤民"

다. 즉 균분의 이념은 유사儒士에 있어서도 사회 정의正義와 치도治道의 핵심 사항으로 간주되었다. 도道·유儒양자의 균분이념은 상통하는 것이었지만 전자는 종교적 신앙으로 무장되어 혁명의 강령으로 진전될 수 있는 성향을 지니고 있었다. 또한 반고의 시기는 후한의 번영기였고, 태평도의 발흥기는 몰락과 혼란의 시기였으며, 호족의 겸병으로 불균평不均平이 심화되던 때였다. 양자에 상통하는 균분이념이었지만 후자는 반정부의 투쟁으로 이끌었다.

파촉巴蜀지역에서 성행한 천사도(오두미도)도 그 교의는 장각張角의 태평도와 비슷하였다고 한다.『후한서』권75劉焉傳附劉璋傳 所引의『典略』에 의하면, 장로張魯는 의사義舍를 세우도록 하고, 여기에 의사米肉을 비치하여 행인이 머무르며 숙식할 수 있도록 하였다.『삼국지』권8魏書8의 張魯傳에서는 이 의사를 "如今之亭傳"이라 하였고,『후한서』권75의 劉璋傳에서는 "여러 祭酒로 하여금 각기 路에 義舍를 세워서 亭傳과 같게 하도록 하였다"고 하였다.『삼국지』의 저자 진晋의 진수陳壽 시대의 정전亭傳은 한대의 그것과 다를 바가 없다. 진한의 우역郵驛제도에 의하면 지역에 따라 10리 또는 20리·30리마다 전서傳書 업무 수행이나 공무로 여행하는 관리를 위해 숙식 시설과 말 등을 갖춘 (驛)전사傳舍가 시설되어 있었다.[55] 그러나 일반민은 사용할 수 없었다.『한서』권24하 식화지하에 기술된 왕망王莽의 시책 가운데 "工匠·醫巫·卜祝·方技·商販·賈人·坐肆列[좌점상]·里區謁舍는 모두 각기 그 소재지 관청에 각기의 영업 액수를 신고하되 그 본전을 제하고 그 이익을 계산하여 이를 11分해서 그 一分을 貢으로 납부하게 하였다"[56] 고 한 제도가 있다. 이 가운데

[55)『二年律令』行書律에 의하면 각 驛傳에는 長安 지역의 24室, 여타 지역은 12室을 갖추게 되어 있었다. 264-7簡.

이구알사里區謁舍가 있다. 여순如淳은 이를 주석하길 "居處 所在地가 區이고, 謁舍는 지금의 客舍이다"라 하였다. 이곳에 대해 수익금의 11(10)분의 1을 징수한다 하였기 때문에 오늘날의 여관과 같은 숙박업소일 것이다. 이 이구알사를 줄인 말이 이사里舍이고, 당시의 사서史書에 종종 보인다. 『후한서』권51橋玄傳의 "(橋)玄이 병에 든 것을 이유로 면직되어 광록대부에 拜되었다가 光和元年에 太尉가 되었다. 수개월 후 다시 병으로 면직되어 太中大夫에 拜되고 醫里舍에 갔다"에[57] 보이는 '의리사醫里舍'는 아마 의약업무도 함께 하는 이사里舍이고, 『후한서』권21劉植傳의 "그 때 眞定王 劉揚이 起兵하여 王郞에 붙었는데 무리가 십여만이었다. 世祖[광무제]가 劉를 보내어 (劉)揚을 설득케 하니 揚이 이에 항복하였다. 世祖가 이로 인해 眞定에 머물게 되어 郭后를 받아들였는데 (郭)后는 바로 (劉)揚의 조카였다. 까닭에 이렇게 맺어진 것이다. 이에 (劉)揚 및 諸將과 함께 郭氏의 漆里舍에 술자리를 마련하였다"에[58] 보이는 '곽씨郭氏의 칠리사漆里舍'는 혹 칠漆의 업무도 보는 이사里舍가 아닐까 한다. 단지 『후한서』권45 張酺傳의 "---於是策免. (張)酺歸里舍, 謝遣諸生, 閉門不通賓客"이나 『후한서』권69何進傳의 "太后乃恐, 悉罷中常侍小黃門, 使還里舍.--"와 같은 경우는 향리鄕里(故鄕)의 사택舍宅 내지 사택私宅을 지칭한 것으로 보인다. 어떻든 리里의 구역별로 숙박업 내지 곳에 따라서는 의약이나 칠공漆工의 일도 보는 이사里舍가 있었고, 그것은

---

56) "工匠·醫巫·卜祝·及它方技·商販·賈人·坐肆列·里區謁舍, 皆各自占所爲於其在所之縣官, 除其本, 計其利, 十一分之, 而以其一爲貢"

57) "(橋)玄託病免, 拜光祿大夫. 光和元年, 遷太尉. 數月, 復以疾罷, 拜太中大夫, 就醫里舍"

58) "時眞定王劉揚起兵以附王郞, 衆十餘萬, 世祖遣植說揚, 揚迺降. 世祖因留眞定, 納郭后, 后即揚之甥也, 故以此結之. 迺與揚及諸將置酒郭氏漆里舍"

영리를 위한 영업시설이었기 때문에 유료의 시설이었다. 천사도의 의사義舍는 곧 기존의 영업시설인 이사를 무료의 봉사시설로 만든 것이라 할 수 있다. 의사는 누구나 무료로 이용할 수 있는 시설이었다. 단지 필요 이상 과다하게 이용하면 귀鬼가 능히 병에 걸리게 한다고 하였다.59) 전술한 전사傳舍와 이구알사里區謁舍, 그리고 장로張魯의 의사는 모두 앞에 든『주례』지관 사도司徒 유인遺人의 직책에 "10里마다 廬를 설치하고, 廬에는 음식을 비치해둔다. 30里마다 宿所를 설치하며 숙소에는 路室이 있고, 路室에 식량을 비축해둔다. 50리마다 市를 설치하는데 市에 候館이 있고 候館에 식량을 비축해둔다"고 한 제도에 유래한 것이겠지만『주례』의 시설이 이 3자 가운데 어디에 해당하는 것인지는 불분명하다.『주례』의 위 시설은 국가의 식량비축 사업의 일환으로서 설치된 식량저장과 숙식 시설이기 때문에 국가시설로서의 전사傳舍에 가깝다. 그러나 숙식의 기능도 있기 때문에 민간인도 이용하였을 가능성을 배제할 수 없다. 장로張魯의 의사는 고래古來의 제制에 영향 받은 것이거나 존재하였다가 중단된 동류의 시설을 복원한 것이었을 가능성도 있다. 즉 그의 의사 운영은 참신한 것이었지만 고래 전통의 후생 복리 이념에서 무연無緣한 것은 아니었을 것이다. 진수陳壽가 이 의사를 당시의 정전亭傳과 같다고 한 것은 숙식시설을 갖추어 이용하게 하는 일면을 보아 말한 것이라 하겠다. 그렇지만 정전은 일만민은 사용할 수 없었고, 영리를 위한 시설이 아니었기 때문에 모든 면에서 의사와 같은 것은 아니다. 또한 의사는 이사와 기능은 같으나 영리시설이라는 점에서 다르다. 후한말의 혼란으로 전래의 사회복지 기능이 거의 망실된 상황에서

---

59)『후한서』권75劉焉傳附劉璋傳에 "過多則鬼能病之"

그러한 기능을 종교적 신념에 따라 보다 적극적으로 시행한 것이라 하겠다.

장로張魯의 세력근거지는 파군巴郡 지역이었고, 이어 한중漢中으로 진출하여 점거한 후 건안建安20년 조조曹操에게 항복할 때까지 약 30여 년 간 이 지역에 천사도의 종교국가가 이루어졌다. 특히 파巴와 한중漢中지역은 관중關中과 관동關東의 난민들이 대거 사천지역으로 몰려오는 관문이었고, 한수韓遂와 마초馬超의 난으로 관서關西의 피난민 수만가數萬家가 몰려온 지역이었다.[60]따라서 유민과 난민들에게 의사義舍는 매우 적절한 시설이 될 수 있었다. 또 장로張魯가 "月令에 의거하여 春夏에 禁殺하고, 또 禁酒하게 하니 流移하여 그 지역에 寄住하게 된 이들이 감히 받들어 행하지 않음이 없었다."고[61]한다. 월령月令을 통한 복지와 후생 활동의 진작振作은 전술하였지만 당시에는 국가의 월령 지도 역할 또한 거의 중단되어 있었기 때문에 그에 대신하여 종교 국가 체제에서 이를 더욱 강력하게 시행한 것이라 할 것이다.

보민保民과 사회복리 후생의 이념이 종교적 신념으로 무장되어 혁명을 일으켰고, 그 와중에서 이루어진 이념의 실천의 일단을 보게 된다. 비록 일부 지역에 수십 년 간 펼쳐진 것이고, 그 집단 내에는 다른 방면으로 여러 잡다한 모습이 있지만 사회복지와 후생을 위해 그 당위성을 주창하고 구현을 위해 노력했던 부분만은 중국고대사상 중요한 성과로서 평가되어야 하지 않을까 한다.

---

60) 『삼국지』권8 張魯傳.
61) 『후한서』권75劉焉傳附劉璋傳 所引의 『典略』에 "又依月令, 春夏禁殺, 又 禁酒, 流移寄在其地者, 不敢不奉也"

제6장

적미난赤眉亂 시기의 사대부사회와
후한왕조

서 언

한대의 호족은 무제기 이후 급성장하고 있다. 여러 자료에 빈출하는 그들은 대체로 두 가지 다른 면모를 보인다. 첫째는 대토지소유자로서 종족·빈객·부곡·노비 등을 지니고 그 힘을 이용하여 향곡鄕曲에 무단횡포 하며, 갖가지 산업을 운영하면서 간리奸利를 취하고, 세민細民을 침탈 겸병하는 부정적인 면모이다. 둘째는 경학經學과 시부詩賦에 상당한 소양을 갖춘 지식인으로서 사대부士大夫로서의 자부심을 지니고 상호 교유하면서 절의節義·경신敬信·위민爲民의 사도士道를 실천 궁행하는 긍정적 면모이다. 이들을 각각 탁류사대부와 청류사대부로 구분하여 칭하는 것이 근래 학계의 일반적 경향이다.

『한서』나 『후한서』에서 이들에 대한 호칭은 때에 따라 사대부士大夫·사士·호족·저성著姓·사인士人·족성族姓·사족士族·유사儒士·사중士衆·문사文士 등으로 혼용하고 있다. 이 가운데 '사士'를 제외하면 '사대부士大夫'를 양서兩書에서 가장 많이 사용하고 있는데『한서』에서는 38회,『후한서』에서는 36회 사용되고 있다. 즉 이 계층을 지칭하는데 당시 가장 보편적으로 통용되던 용어가 '사대부'였다. '사'는   유사遊士·술사術士·기사畜士·병사兵士·전사戰士·기사騎士 등도 포괄하게 되어 '사대부'와는 약간 다른 용어가 될 수 있다. 사대부는 지식인으로서 국가 내지 지역사회에서 존망을 받는 사람들이고, 어느 정도 학적 소양을 갖춘 사람들이다. 호족은 경제적 여유로 어려서부터 교육을 받아 대부분 지식인이 되고 있다. 그래서 호족은 대부분 사대부로 칭해질 수 있는 계층이며, 호족사대부로 칭하기도 하고, 양자가 혼용되기도 한다. 단지 호족이 아닌 사대부도 있다. 그래서 '호족사회'라 칭하기 보다는 '사대부사회士大夫社會'로 칭하는 것이 더 적합하다. 본고에서 기술하는 사대부란 당시 '사대부'로 통칭되던 호족(族姓, 大姓, 世族), 지식인(儒士, 學生, 文士, 學士 등), 관리 등을 포괄한 범칭이다.

　무제기 이래 관동 호족을 대대적으로 삼보三輔의 능읍陵邑에 사민徙民하는 강간약지의 정책이 이어지고 있지만 전한 말에 전지와 노비수를 제한하는 의론이 자주 제기된 것에 의하면 호족의 성장 추세를 막지 못한 것으로 보인다. 호족의 이러한 부정적 측면에 의하면 호족과 민을 상가하호上家下戶의 경제적 지배관계로 보는 우도궁청길宇都宮清吉의 입장이 비교적 타당하다.[1] 한편 허탁운許倬雲은 국가와 호족 사대부층의 관계를 정치권력조직과 사회질서 영수領袖의 관계로 보고, 한초는 불간섭 정책, 무제기는 격렬한 충돌, 소제昭帝 선제宣帝시기는 전자가 후자를 채입採入, 원제元帝 성제成帝시기는 양자

---

1) 宇都宮清吉,『漢代社會經濟史研究』(東京, 弘文堂, 1955), p.79.

가 천하를 함께 영위하는('共天下') 양태로 변천하였다고 하였다.[2] 이에 의하면 호족 내지 사대부는 민간사회질서의 영수이면서 전한 중기 이후에는 중앙정부와 협조 공생하는 관계이다. 이러한 입장은 군현의 말단 행정기구가 재지在地의 토호·호협豪俠과 밀접하게 연계된 상태에서 공권력은 그 토착세력을 이용하는 것에 의해 민간사회에의 침투(지배)를 도모하였다고 보는 증연용부增淵龍夫의 견해를[3] 일면에서 잇는 것이다. 그리고 시기별로 그 관계의 변화를 지적한 점에서 진전된 면이 있다. 사실 사대부사회·중앙정부·민民의 삼자三者 관계는 실로 다양한 측면을 보이고 있어서 일률적으로 논단하여 그 성격을 규정하기 어렵다. 사대부사회의 양태 내지 행태는 시기적으로 변화하는 것이지만 특히 평시와 전시에 따라 그 다른 양상이 훨씬 뚜렷이 부각된다. 또한 전시에는 그들의 활동이 더욱 활발하여 그 영향력이 커지고 잠재적 역량이 현재화顯在化한다.

전후한 교체기의 적미난 시기(후17-40)는 성장해온 사대부사회가 전란의 곤경을 헤쳐가면서 실로 다양한 면모를 보여준 시기이다. 적미난의 전개과정에서 필자에게 특히 뚜렷이 부각되는 사실은 사대부들의 뛰어난 활약상과 역량이다. 그들은 대부분 호족출신이며, 종족·빈객·부곡·노비 등 자신의 수하세력을 주축으로 주변세력을 끌어들이고 거병하여 반란에 동참하거나 반대로 반란집단의 공격에 항거抗拒 자수自守 또는 토벌하는 전투에 참여하고 있다. 여영시余英時의 통계에 의하면 적미난 시기 88개의 거병집단 중 56개가 세족이나 대

2) 許倬雲,「西漢政權與社會勢力的交互作用」(『中央研究院歷史語言研究所集刊』35, 1964), pp.280-1.
3) 增淵龍夫,「漢代における民間秩序の構造と任俠的習俗」(『中國古代の社會と國家』, 東京, 弘文堂, 1960), p.84-87.

성大姓이다.4) 한편 현성縣城이나 향취鄕聚에서 반란집단에 항거 자수한 집단을 이끈 자들은 대부분 군현의 장관이나 장리長吏 및 호족 등의 사대부층이었다. 즉 반란집단에 비해 사대부층의 비율이 훨씬 높다. 단지 이들 항거집단의 사대부 가운데 상당 부분은 반란이 진전되는 과정에서 거대 반란집단에게 투항 하거나 패전하여 흡수되고 있다. 그리고 그 대부분은 군단의 제장諸將 내지 군현의 통치자로서 맹활약하여 후한 정부를 건립하는데 결정적 역할을 하고 있다. 후한 건국 공신의 운대雲臺28장 내지 32장 가운데 마무馬武 1인을 제외하고는 모두 호족 사대부 출신이다.5)

본고는 사대부사회가 적미난 시기에 어떠한 동인動因으로 어떻게 대응하고 있는가, 그들의 활약과 성과를 가능하게 해 준 요인, 그리고 적미난을 거친 후의 사대부사회에 어떠한 기풍이 주조를 이루고 있으며, 그것이 후한 왕조에 어떠한 영향을 주었고, 후한 왕조의 성격을 이해하는데 어떠한 의미를 갖는 것인가에 대해 살펴보고자 한다.

Ⅰ. 적미난시기 사대부사회의 대응과 그 동인

사대부士大夫는 진한의 작제爵制에 의하면 공사公士 이상의 신분을 가리키지만 작제가 엄밀히 시행되던 춘추기 부터 이미 일반 서민과

---

4) 余英時,「東漢政權之建立與世族大姓之關係」(『新亞學報』1-2, 1956), p.226.
5) 藤川和俊,「銅馬軍と後漢軍團」(『中國古代史研究』7, 東京, 硏文出版, 1997), p.182의 『表1』.

구분하여 지식인, 사회지도층, 수학修學하는 자들을 통칭하는 용어가 되고 있다. 여영시余英時는 사대부란 지금의 말로 하면 곧 지식인 ('지식분자')이라고[6] 하였는데 사실에 가장 합당한 해석이라고 생각 한다. 이들은 군주와 서민 사이에 있는 자들이며 크게 재관자在官者 와 재야자在野者('처사處士')로 구분된다. 유자儒者가 그 지식인의 다 수가 되면서 유사儒士가 사대부를 대표하고, 동의어로 쓰이고 있다. 『荀子』儒效篇에 "儒者는 本朝에 있으면 美政하고, 下位에 있으면 美俗한다."고 하였다. 『孟子』梁惠王上에 "恒産은 없되 恒心이 있는 것은 士가 능히 그렇게 할 수 있다."고 하였다. 이 양인의 말은 사대 부의 세계를 이해하는데 중요한 지침이 된다. 여영시는 전국기 일정 한 터전이 없던 유사遊士가 진한秦漢에 들어와서는 사士와 종족의 결 합으로 사족화士族化, 전산田産과의 결합으로 지주화地主化 항산화恒 産化가 이루어져 항산恒産이 없는 사대부는 극소수에 불과하게 되었 고, 향토에 터전을 둔 사士는 이제 더 이상 유사가 아니게 되었다고 하였다.[7] 대체적인 전개양상으로 보면 이렇게 말할 수 있겠지만 적 미난 시기에 대부분의 거병집단 내지 항거집단을 이끈 자들은 빈객 ·망명자·부곡 등의 객민客民을 수십에서 수백명 거느리고 있었고, 이러한 자체 세력을 바탕으로 여타의 인원을 취합하고 있는 것에 의 하면 기식寄食하는 유사의 풍風이 상당부분 남아 있었다고 보아야 할 것이다. 그리고 유사가 기식할 수 있는 호족 내지 유력한 사대부 들이 성장 확대되고 있었다. 봉건종법제하에서 사대부는 봉록·봉읍

---

6) 余英時, 『論士衡士』(上海文藝, 1999), p.14 ; 같은 책, pp.160-162(剛毅進 取의 정신).
7) 余英時, 『中國知識人之史的考察』(『余英時文集』권4, 桂林, 廣西師範大 學, 2004), p.77.

·전지田地 등 항산을 지니게 되어 있었지만 춘추기 이래 이를 갖지 못한 사대부층이 점증되었다. 그와 동시에 봉건종법제의 틀을 넘어 농업과 상공업의 운영을 통해 과대한 가산을 소유한 자들 또한 점증되어 갔다. 이들은 종족·객(빈객, 망명자, 객용농민)·노비 등을 거느린 대토지소유자로써 재지에서 정치적 사회적으로 거대한 영향력을 행사하였다.

전한 일대一代를 통하여 자주 시행된 호족대성豪族大姓의 삼보三輔 지역에로의 대대적인 사민徙民은 그들의 향촌사회에의 영향력과 성장을 막기 위한 것이었다.8) 이들 호족은 경제적 여유를 바탕으로 정치계에의 진출을 도모하여 자제들의 교육에 치중하였고, 그에 따라 이들 종족은 대대로 지식인층에 포함될 수 있었다. 호족이 곧 사대부인 것은 아니지만 사실상 대부분의 호족은 사대부인 셈이었다. 풍부한 가산에 의하지 아니하고 사대부가 된 층에는 공훈으로 관작을 얻은 이른바 벌伐(閥)열閱이 있다. 이를테면 한의 건국공신에 빈한자 내지 무식자 출신들이 상당수 있었다. 그들은 지식인층은 아니었지만 군공으로 고위직에 진출하였고, 항산을 갖게 되어 그 후세들은 수학修學을 통해 사대부가 되었다. 그리하여 그 후세들 가운데는 사대부의 미덕으로 천거되어 입사入仕하는 사례가 나오게 되었다. 한편 위 두 방면에 해당하지 아니하고 빈한한 처지에서 용경傭耕 강업講業등을 통해 근면 수학하고 궁행 실천하여 그 품행으로 천거 입사되는 자들도 나왔다.

한편 무제기 이후 사대부사회는 유사 중심사회로 나아갔고, 전한 말 왕망기에는 그러한 추세가 한층 심화되었다. 황제와 조정 및 지

---

8) 孟祥才,「論秦漢的遷豪、徙民政策」(『先秦秦漢史論』, 濟南, 山東大出版社, 2001), pp.208-211.

방관들의 통치 이념은 유가주의였고, 태학생 수는 3천명을 넘어 1만 명에 이르게 되었다. 이르렀다. 전한 말에서 왕망기에는 오경박사五經博士로서 제자원弟子員을 이끄는 자가 360인, 그 고제高弟로서 시강侍講하는 자가 각 24인이었으며, 박사의 경학經學분야에 30과를 설치하였고, 박사제자원의 수가 1만8백인이었다. 그만큼 유가의 경전을 수학하는 층들이 확장되었다. 대부분의 사대부에게 있어서 경학은 기본이 되어 이를 수학하는 학사가 되었고, 왕망기에 이르기까지 상호 교유하며 교결交結하는 풍風이 성행하였다. 이러한 가운데 당우黨友 당여黨與가 형성되어 서로 천거하고 임용하는 이른바 붕당의 폐해가 크게 일어났다.[9] 또한 당우가 함께 처벌 되는 사례가 자주 일어났다.[10] 전한말의 명신名臣 전장군하무前將軍何武와 후장군공손록後將軍公孫祿은 '상호 천거함'으로 탄핵되어 면직되고 있다.[11]

바야흐로 유교사회의 소담스러운 꽃봉오리가 커가고 그 폐해 또한 성장하고 있을 무렵에 왕망의 황위 찬탈과 적미란이 연이어 발생하였다. 이 시기의 사대부들은 어떠한 대응을 하였을까.『후한서』28上 桓譚傳에 "王莽이 居攝하고 찬시(篡弒)하던 무렵에, 天下之士가 다투어 그 미덕을 칭찬하지 않은 자가 없고, 부명(符命)을 지어 아첨하지 않은 자가 없었다."고 하였다.[12] 물론 이러한 부류가 많긴 하였

---

9) 于迎春, 『秦漢士史』(北京大學出版社, 2000.11), pp.277-281.
10) 이하 『漢書』와 『後漢書』 인용은 대만 鼎文書局本에 의거함.
   『한서』 권60杜周傳, p.2679, "黨友後將軍朱博、鉅鹿太守孫宏、故少府陳咸, 皆免官".
   『한서』 권76張敞傳, p.3223, "公卿奏惲黨友, 不宜處位, 等比皆免."
   『한서』 권73韋賢傳, p.3110. "惲誅, 黨友皆免官."
11) 『漢書』 권99上王莽傳, 同 권86何武傳.
12) 『후한서』, p.956, "當王莽居攝篡弒之際, 天下之士, 莫不競襃稱德美, 作符命以求容媚."

으나 위의 표현은 과장되어 있다. 그러한 부류와는 달리 관직을 버리고 향리로 돌아가거나 멀리 망명하는 자도 있었고, 묵연黙然 무언無言으로 따르지 않은 자, 왕망정부의 징소徵召와 벽소辟召에 응하지 않으면서 거역하는 자, 반역의 거사를 모의하거나 행한 자들도 있었다.13) 그리고 왕망의 실정과 연이은 재해로 민의 가업이 황폐일로로 치닫게 되면서 각지에서 민란이 연이어지고 급기야 전국적인 적미란으로 폭발하게 되었다. 그 기간 동안 각지에서 다양한 동인과 의도로 궐기한 집단들이 있었다. 그들 집단들을 크게 구분하면 굶주림에 지친 유망농민들의 생존을 위한 군도群盗 약탈형의 집단과 왕망 정권을 제거하고 한 왕조를 부흥시키고자 하는 정치적 반란집단이었다. 일찍이 목촌정웅木村正雄은 양 집단을 각각 농민반란과 호족반란이라는 입장에서 개술한 바 있다.14) 대체로 전자의 대표로 적미군을, 후자의 대표로 녹림군을 칭한다. 그러나 이러한 구분은 대략적인 특색에 의한 것이고, 각 집단이 양면을 공유하는 측면 또한 없지 않았다.

적미난 시기 사대부 사회의 일면을 말해주는 소경蘇竟의 기사가 있다. 그는 『易』의 박사로 왕망시에 유흠劉歆과 함께 전적을 교서校

---

13) 『후한서』권26蔡茂傳, p.907, "(蔡茂) 遇王莽居攝, 以病自免, 不仕莽朝."
   同 권28上 馮衍傳, p.963, "新室之興, 英俊不附."
   同 권27宣秉傳, p.927, "宣秉, -----, 見王氏據權專政, 侵削宗室, 有逆亂萌, 遂隱遁深山, 州郡連召, 常稱疾不仕."
   同 권27王良傳, p.932, "王良, ---, 王莽時 浸病不仕."
   同 권27杜林傳, p.935, "杜林, -----, 初為郡吏. 王莽敗, 盜賊起, 林與弟成 及同郡范逡、 孟冀等, 將細弱俱客河西."
14) 木村正雄, 『中國古代農民叛亂の研究』에 수록된 第二章 「前後漢交替期の農民叛亂」 및 第三章 「前後漢交替期豪族叛亂」 (東京大學出版會, 1979 ; 1983).

書한 바 있었다. 그 유흠의 조카 공패龔이 경시말更始末에 한중漢中에서 반기를 들고 거병한 연잠延岑의 호군護軍 등중황의 군단에 모주謀主로 합류하여 남양군 음현 지역을 구략寇掠하고 있는 것을 보고 그에게 서신을 보내어 회유하고 있다. 그 글에 다음의 내용이 있다. 당시 속유말학俗儒末學들이 시세를 의론하길, 어떤 이들은 천하가 바꾸어질 것인데 누구의 천하가 될지 알 수 없으니 칭병稱兵 거토據土하여 불시의 상황에 대비해야 한다 하고, 어떤 이들은 성왕이 아직 드러나지 않았으니 응당 시세의 변화를 살펴보다가 강대한 세력에 의탁해서 자수해야 한다고 하였다.15) 이 두 입장은 관망한다는 점에서는 같은데 전자는 자체의 힘으로 자위自衛함이고 후자는 강자에 의탁하여 자수한다는 점이 다르다. 사실 거병하여 적극적인 군사행동으로 나간 집단을 제외하면 대부분 이 두 방향을 취하고 있었다고 할 수 있다. 『후한서』 권31郭伋傳에 「更始정권이 새로 세워지고 三輔가 연이어 군대의 寇掠을 받아 백성은 크게 놀라고, 强宗右姓은 각기 무리를 옹유하여 保營하면서 먼저 (更始정부에) 歸附하려고 하지 않았다.」고16) 하였는데 이러한 사대부사회의 분위기는 이 지역 이 시점에서 뿐 아니라 적미난 시기에 전반적으로 볼 수 있는 모습이었다. 한편 소경蘇竟은 위의 두 입장을 강하게 비판하고 있다. 사실 이 두 입장은 보신保身주의 뿐이고, 사대부로서 행해야 할 구세救世 위민爲民의 대의大義나 지절志節 충직忠直의 정신이 보이지 않는다. 소경이

---

15) 『후한서』 권30상 蘇竟傳, p.1043, "世之俗儒末學, 醒醉不分, 而稽論當世, 疑誤視聽. 或謂天下迭興, 未知誰是, 稱兵據土, 可圖非冀. 或曰聖王未啟, 宜觀時變, 倚彊附大, 顧望自守. 二者之論, 豈其然乎?"
16) 『후한서』, p.1091, "更始新立, 三輔連被兵寇, 百姓震駭, 强宗右姓, 各擁眾保營, 莫肯先附."

이들을 '속유말학俗儒末學'이라 한 것은 그 때문이기도 할 것이다. 소경은 주로 하늘의 뜻이 한漢에 있으니 이를 거슬리지 말아야 한다는 점을 강조하며, "튼튼한 대들보도 하늘과 다툴 수 없는 것이니 하늘이 멸하고자 하는 것을 사람이 지탱할 수 없는 것이다."고 하였다. 그리고 "盡忠 博愛의 誠이 마음 가득히 솟구쳐 오름을 어쩔 수 없다."는 심정을 토로하면서 유수劉秀에게 항복할 것을 권하니 양인이 항복하고 있다. 경시更始 정부에 실망하여 각지에서 반기를 든 집단이 활동하는 가운데 한漢을 재건한다는 대의大義에 함께 하는 집단은 유수 집단이 성장하면서 이에 합류하게 된다. 물론 이들보다 훨씬 일찍 반란 초기의 거병에 참여한 집단들이 있었다. 남양에서 유수의 형 유연劉縯(백승伯升)이 거병하였다는 소식을 듣고 같은 군 출신이었던 음식陰識은 낙양에 유학 중 귀향하여 자제子弟·종족·빈객 천여 인을 이끌고 유연에 합류하고 있다.17)

왕망의 찬탈 이래 사민士民의 가장 큰 동인動因은 「思漢」이었다.18) 반란 초기 유연劉縯·유수劉秀의 한군漢軍과 신불新市·평림平林의 연합군이 왕망의 토벌군에게 패하자 신시新市와 하강군下江軍 등은 독자 노선을 취하고자 하였다. 이에 하강군의 수령가운데 일인이던 왕상王常은 유연의 한군漢軍에 합종할 것을 주창하면서 다음과 같

---

17) 『후한서』 권32陰識傳.
18) 『후한서』 권21邳彤傳, p.758, "吏民歌吟思漢久矣."
  『후한서』 권12盧芳傳, p.508, "王莽時, 天下咸思漢德, 芳由是詐自稱武帝曾孫劉文伯."
  『후한서』 권12王昌(郞)傳, p.492, "(王郞)以百姓思漢, 既多言翟義不死, 故詐稱之"
  『후한서』28上 馮衍傳, p.963, "新室之興, 英俊不附. 今海內潰亂, 人懷漢德, 甚於詩人思召公也."

이 동료들을 설득하고 있다.[19]

　(1) 왕망이 찬시(篡弒)하고, 잔학(殘虐)天下함에 백성이 思漢하였다. 까닭에 호걸이 함께 봉기하였다. 지금 劉氏가 다시 일어나니 바로 眞主이다.

　(2) (왕망이) 천하를 차지함에 政令이 가혹하여 民이 思漢의 심정을 신음하며 노래한 것이 하루 이틀의 일이 아니다. 까닭에 우리들이 이로 인하여 봉기하였다. 무릇 民이 원망하는 것은 하늘로부터 제거되고, 民이 바라는 것은 하늘로부터 받게 되는 것이다. 大事를 펼치고자 하건데 반드시 민심에 下順해야 한다.

이 연설에 의해 연합이 이루어지고 이후 연승하면서 얼마 후 왕망의 패망과 경시更始정권의 성립이 가능하게 되었다. 따라서 이 일은 난의 흐름에 매우 중요한 전기를 마련한 셈이다. 그런데 왕상의 말에서 주의할 것은 민중의 「思漢」에 부응하여 봉기하였다는 것이다. 한편 주로 호족이 이끌었던 이들 집단과는 달리 적미군은 "이 歲에 赤眉의 力子都·번숭(樊崇) 등이 기근으로 인해 서로 모여 낭야(琅耶)에서 기병하였다."고[20] 한 것에 의하면 기근에서 벗어나기 위한 거병이라는 점을 우선 간과할 수 없다. 목촌정웅木村正雄은 전한 말 이래 청주靑州·서주徐州 등 이차농지二次農地가 많은 지역에서 치수수리治水水利기구가 거의 방치된 가운데 재해까지 겹쳐서 기근에 시달린 농민이 유민화流民化하고, 농지의 회복을 꿈꾸며 일으킨 것이라

---

19) 『후한서』 권15 王常傳.
20) 『한서』 권99下 王莽傳下 天鳳5년조.

하였다.[21] 이러한 면은 주로 반란 초기의 사정이라 하겠고, 이들 또한 「思漢」을 공유하고 있었다고 보아야 할 것이다. 유씨劉氏의 경시更始 정부가 장안에 들어서자 이를 한 왕조의 회복으로 생각하고, 병단을 해산하여 고향으로 동귀東歸하려는 의향이 있었다. 그들은 점령지역을 통치할 수 있는 능력과 여유가 없었다. 그들 수십만의 병단은 우선 굶주림을 면하기 위해 구략寇掠에 의존하였다. 이러한 구략 내지 군도群盜의 행태는 적미군 만이 아니라 경시군更始軍에게도 많았고, 비교적 적었지만 유수劉秀의 한군에게도 있었다. 경시제更始帝가 처음 장안을 점령 입성하여 고개를 숙이고 늘어선 백관들을 쳐다보지도 못하다가 나중에 제장諸將이 들어오니 그들에게 묻기를 "노략한 것이 얼마나 되는가?"라고 하였다.[22] 즉 노략의 성과가 그에게는 가장 큰 관심사였다. 경시정권의 노략행위는 장안 점령 후에도 인근 삼보지역에서 노골적으로 펼쳐졌다. 경시정권이 낙양과 장안에 진주하여 도읍하였을 때 삼보三輔의 이사吏士들이 경시更始를 동편으로 나아가 환영하였으나[23] 경시정권의 군도적群盜的 성향과 폭정·무능·문란에 실망하여 여러 반란집단이 그 명에 따르지 아니하고 독립의 노선을 취하게 되었다. 적미군·서주의 외효隗囂·파촉의 공손술·한단邯鄲의 왕랑王郞·휴양睢陽의 량왕류영梁王劉永·회남淮南의 리헌李憲·랑사琅邪의 장보張步·동해東海의 동헌董憲·한중漢中의 연잠延岑·이릉夷陵의 전융田戎 등이 그 대표적 집단들이다.

　유수劉秀집단은 경시정권에 불복하고 있는 위의 여러 집단들을 평

---

21)　木村正雄, 「前後漢交替期の農民叛亂」, 앞의 『中國古代農民叛亂の研究』, 1983, pp.222-235.
22)　『후한서』 권11 劉玄傳, p.470, "更始羞怍, 俛首刮席不敢視. 諸將後至者, 更始問虜掠得幾何, 左右侍官皆宮省久吏, 各驚相視."
23)　『후한서』 권1上 光武帝紀 更始元年條, "時三輔吏士東迎更始."

정 내지 귀부시키면서 세력을 확장하였다. 그들은 경시정부의 명으로 하북의 조趙·연燕 지역을 평정하여 이 지역에 군림하던 왕랑王郎과 백만 대군을 칭하던 동마군銅馬軍을 제압하면서 대세력으로 급부상하였다. 곧이어 적미와 경시更始의 대결을 틈타 관중으로 진출하면서 이 양 세력을 동시에 공략하고 있다. 유수는 관중 진출에 즈음하여 제장諸將들의 추대로 제위帝位에 올랐다. 당시는 경시제更始帝가 아직 재위하던 때였다. 따라서 유수집단은 경시정권에 불복하던 세력을 평정하는 과정에서 성장하여 자신들도 결국은 경시정권에 불복하여 독립한 집단이 된 것이다. 당시 제위에 오르는 것을 수차례 사양하던 유수에게 경순耿純이 다음과 같이 진언하고 있다.

> 天下의 士大夫가 친척을 버리고, 토양을 버리며 대왕을 따라 矢石이 난무하는 곳에 들어오게 된 것은 용린(龍鱗)을 붙잡고 봉익(鳳翼)에 기대어 그 뜻한 바를 이루고자 굳건히 소망한 때문입니다.[24]

한고조의 9대손인 유수를 따르는 사대부로써 왕조건립의 열망이 가득 차 있다. 새 왕조를 건립하려는 집단들은 대개 황실 유씨를 옹립하거나 한 왕조의 복립復立을 칭하였다. 사대부층 중에서도 특히 재야 내지 지방에 있는 자들이 왕망정부를 대신하여 희망찬 새 정부를 건설하고자 하는 열망이 강하였다. 초기 유수군단의 운대雲臺28장의 출신별 분류에 의하면 남양계南陽系호족이 15인, 하북계河北系호족이 12인, 군국군郡國軍에서의 투항병출신은 없고, 녹림계綠林系

---

24) 『후한서』 권1상 光武帝紀.

민중반란군 출신으로는 1명이 있다.25) 대부분 문사文士출신의 사대부이면서 제장諸將으로서 종군하고 있다.

한편 사대부층으로서 새 왕조 건설의 거병에 참여한 집단들과는 달리 향리에서 반란집단의 공격을 맞아 자수결전自守決戰한 자들도 많았다. 가산家産이 누천금累千金이면서 산업을 영위하지 않고, 호학하였던 후패侯覇는 왕망정권 이래 남양군 가산隨縣의 재宰[현령], 집법자간執法刺姦[자사刺史], 회평淮平[임회臨淮]의 대윤大尹[군태수]에 봉직하면서 호활豪猾, 산적山賊 등을 소탕하는 등 훌륭한 치적을 쌓았는데 적미난 시기에 보고保固 자수自守하여 일군一郡이 무사히 보전되었다고 하였다. 그는 반란군에 항거하였지만 유수는 그를 상서령에 임용하였고, 후한 초 구관舊官이 소수 밖에 없고, 구전舊典도 유실되어 법도를 행하기 어려웠던 사정이 크게 개선된 것은 후패侯覇의 도움에 의해서였다.26) 그는 반란군에 대항하여 임지任地를 자수보전自守保全 하였지만 그 현능賢能으로 반란세력이 세운 정부에서 중용되어 중요한 역할을 하였다. 나중에 운대雲臺28장 가운데 1인이 된 풍이馮異는 영천潁川부성인父城人으로 독서를 좋아하고, 『左氏春秋』와 『손자병법』에 통달한 문사였다. 그가 군연감오현郡掾監五縣의 직책에 있을 때 유수劉秀의 군대가 공격해 왔는데 현성縣城을 굳게

---

25) 藤川和俊, 「銅馬軍と後漢軍團」(『中國古代史硏究』7, 東京, 硏文出版, 1997), p.182의 『表1』.

26) 『후한서』 권26侯覇傳, p.901, "成帝時, 任霸為太子舍人. 霸矜嚴有威容, 家累千金, 不事産業. 篤志好學, 師事九江太守房元, 治穀梁春秋, 為元都講. 王莽初, 五威司命陳崇擧霸德行, 遷隨宰. 縣界曠遠, 濱帶江湖, 而亡命者多為寇盗. 霸到, 即案誅豪猾, 分捕山賊, 縣中清靜. 再遷為執法刺姦, 糾案埶位者, 無所疑憚. 後為淮平大尹, 政理有能名. 及王莽之敗, 霸保固自守, 卒全一郡."

지키며 "왕망을 위하여 漢軍에 항거"하니 한군漢軍이 이를 함락하지 못하였다. 나중에 성 밖에 나왔다가 포로가 되었는데 노모가 성중에 계시니 돌아가서 성을 지키며 보답하겠다고 함에 유수가 풀어주었다. 풍이는 현령을 설득하길, 다른 반란 장군과는 달리 유수는 노략을 행하지 않고, 언행이 범용하지 않으니 이에 따르자고 하였다. 유수가 물러간 이후 경시更始의 장군들이 10여 차례 부성父城을 공격하였지만 함락시키지 못하였다. 후에 유수가 경시정권의 사예교위가 되어 부성을 지나갈 때 풍이가 문을 열고 맞이하여 그 수하에 들어가게 되었다. 이후 풍이는 유수군단의 대표적 맹장猛將으로서 혁혁한 공을 세우게 되지만, 그 이전에는 현 황제 왕망의 신하로서 사대부의 충의를 지키기 위해 반란군에 항전한 것이다.27)

한편 적미·녹림·동마 등의 반란군이 처음 봉기하여 활동한 지역은 관동이었고, 대부분 약탈과 유구流寇의 형태로 활동한 까닭에 반란에 호응하지 않은 사대부들은 향민鄕民을 규합하여 피난하거나 오벽塢壁·영참營塹을 축조하여 보존을 도모하는 길을 택하였다. 그리고 장안이 경시更始와 적미赤眉에게 연이어 차례로 점령되고, 이들

---

27) 『後漢書』 권17 馮異傳, pp.639-640, "馮異, 字公孫, 潁川父城人也. 好讀書, 通左氏春秋、孫子兵法. 漢兵起, 異以郡掾監五縣, 與父城長苗萌共城守, 爲王莽拒漢. 光武略地潁川, 攻父城不下, 屯兵巾車鄕. 異閒出行屬縣, 爲漢兵所執. 時異從兄孝及同郡丁綝、呂晏, 並從光武, 因共薦異, 得召見. 異曰:「異一夫之用, 不足爲彊弱. 有老母在城中, 願歸據五城, 以效功報德.」光武曰「善」. 異歸, 謂苗萌曰:「今諸將皆壯士屈起, 多暴橫, 獨有劉將軍所到不虜掠. 觀其言語擧止, 非庸人也, 可以歸身.」苗萌曰:「死生同命, 敬從子計.」光武南還宛, 更始諸將攻父城者前後十餘輩, 異堅守不下;及光武爲司隷校尉, 道經父城, 異等即開門奉牛酒迎. 光武署異爲主簿, 苗萌爲從事. 異因薦邑子銚期、[四]叔壽、段建、左隆等, 光武皆以爲掾史, 從至洛陽."

집단이 삼보지역을 심하게 유구한 까닭에 삼보지역의 사대부사회에서도 마찬가지로 피난과 자수의 길을 택하는 자가 많게 되었다. 이미 수도를 차례로 점령하여 정부군의 위치에 오른 상태에서 약탈자로 변한 경시와 적미정부에 맞서 나올 수 있는 당연한 모습이었다. 요컨대 경시정권이나 적미 정권 모두 장안 점령 당시에는 유씨를 황제로 옹립하고 있었기 때문에 한조漢朝의 복립復立은 이루어진 셈이 되어 왕망 집정 이후 사민士民의 거대한 동인動因이었던 사한思漢은 퇴조하고, 여전히 계속된 전란과 유구의 상황 속에서 재지在地의 사민士民이 동처同處 상보하는 추세가 주류를 이룬 것으로 본다.

한편 여러 반란집단 자체 병력을 유지하기 위해서는 정상적인 군량조달이 매우 어려운 상황에서 노략의 허용이나 점령 후 전리품으로서 약탈을 허용하는 것이 보통이었다. 이러한 행태가 가장 적었던 한군漢軍(劉秀)도 때로는 이에 의존하기도 하였다. 유수가 경시更始의 명에 의해 소수의 인원으로 하북을 순무하는 도중에 왕랑王郎이 경시정부에 반기를 들어 감단邯鄲에서 칭제稱帝하니 조趙·진晉·연燕의 거의 모든 주군州郡이 이에 귀항하였는데 신도信都태수 임광任光은 이에 불응하고, 속하의 장리長吏들과 합심하여 4천의 병력을 모집하고 고수固守하였다. 당시 유수는 계薊에서 돌아오는 중에 어디로 갈 바를 모르고 곤경에 처하였는데 신도信都의 소문을 듣고는 여기에 들어오게 되었다. 그러나 그 병력으로는 도저히 적에 상대할 수 없는지라 유수는 인근의 큰 반란 세력인 성두자로城頭子路·역자도力子都의 군단에 합류하고자 하였다. 당시 처한 상황이 얼마나 위급하였는가를 알 수 있다. 이 때 임광은 다음과 같이 말하고 있다. "모병해서 奔命하게 하여 인근 현을 공격하면 되는데, 항복하지 않는 곳에 대해서는 마음대로 노략하는 것을 허용해준다고 하면 사람은 재물을

탐하는지라 병력이 모아질 것입니다.”고 하니 유수가 이에 따랐다.[28]
즉 병력을 충원하는 데는 전리품의 획득을 먼저 보장해주는 것이 소
용되었다. 또 건무원년에 광무제의 장군 소광蕭廣이 “병사들을 방종
하게 두어 민간에 횡포하니 백성이 두려워 혼란하게 되었다.”고[29]
하였다. 유수의 제장諸將 가운데 주우朱祐는 사졸士卒의 노략을 금지
하였는데 군인들은 방종放縱을 즐겨한지라 많은 이들이 이러한 금지
를 원망하였다고 하였다.[30] 여남인汝南人 질운郅惲은 건무3년에 적
노적노弩장군 부준傅俊의 군대가 “묘를 파헤쳐 陳尸하고, 백성을 약탈
하고 있다.”는 사실을 부준에게 알려주고 이를 금지시켜달라고 청하
고 있다. 일찍이 질운郅惲은 왕망에게 상주하길, 다시 신위臣位로 돌
아가면 전화위복 할 것이며, 유씨는 향천享天 영명永命할 것인데 이
에 따르지 않으면 제위帝位를 빼앗기게 될 것이라고 하였다가 대역
죄로 몰렸는데 다행히 겨울철이 되고, 사면령을 만나 풀려난 후 남
향하여 창오蒼梧로 피신하였었다.[31]

　또 거록鉅鹿의 창오 대성大姓으로서 왕망 때에 장안에 가서 수학하
고 납언사納言士[상서]에 임용된 바 있었던 경순耿純은 한단邯鄲에서
유수를 따르게 되었는데 종족이 자신을 따르지 않을까 염려하여 그
여사廬舍를 모두 불태워버렸다. 그 까닭을 묻는 유수에게 답한 말 가

---

28) “(任)光曰, ‘可募發奔命, 出攻傍縣, 若不降者, 恣聽掠之. 人貪財物, 則兵可
　　招而致也.’ 世祖從之.”
29) 『후한서』 권21任光傳, p.752, “時將軍蕭廣放縱兵士, 暴橫民間, 百姓惶
　　搖.” 『후한서』 권31杜詩傳, p.1094.
30) 『후한서』 권22朱祐傳, p.770, “朱祐, ------. 又禁制士卒不得虜掠百姓, 軍
　　人樂放縱, 多以此怨之.”
31) 『후한서』 권29郅惲傳, p.1025, “(郅惲)乃上書王莽曰, ‘---, 上天垂戒, 欲
　　悟陛下, 令就臣位, 轉禍為福. 劉氏享天永命, ----, 若不早圖, 是不免於竊位
　　也. ----.’ 遂繫須冬, 會赦得出, 乃與同郡鄭敬南遁蒼梧.”

운데 다음의 내용이 있다.

> 보건대 明公(劉秀)께서는 單車로 河北에 臨하시어 부장(府藏)의 저축도 없이 重賞 감이(甘餌)로 사람을 모을 수 있었으며, 단지 은덕으로 감싸줌으로써 士衆이 즐거이 歸附하였습니다.[32]

사실 여러 거병 집단 중에서도 특히 유수는 군공을 세운 휘하 장병들이나 항장降將들에게 봉후封侯와 식읍의 사여 등을 미끼로 가장 많이 사용하고 있다. 이러한 사항들은 대체로 전시 중에 곧잘 일어나는 일들이지만 당시 사민士民의 활동 동인動因에 중요한 부분을 차지한다는 점을 간과할 수 없다.

왕랑王郎이 독립 칭제稱帝하였을 때 조趙·진晉·연燕의 거의 모든 주군이 이에 따른 것은 그 세력에 굴복한 때문이었다. 당시 경시정부의 사자使者였던 유수의 세력은 미약하였고, 중앙의 경시정부는 이미 사민士民의 지지를 잃고 있었다. 재지在地에서 세력과 거대한 부를 지니고 있는 층은 그것을 지키기 위해 세勢에 기대는 성향이 크다. 반면 그 세勢에 항거하여 사대부의 마땅한 사도士道인 의절義節을 행하고자 하는 이들도 있었다. 유수가 하북에서 곤경에 처했을 때 상곡上谷의 장사長史였던 경단景丹은 일찍이 왕망 때 장안에서 수학하고, 능언어能言語로 입사入仕한 자인데, 상곡上谷 태수 경황耿況과 합심하여 왕랑王郎에 항거하고 병사兵士를 몰아 유수에 합류하였다. 당시 한단(왕랑)의 장수들은 상곡과 어양漁陽의 병력을 발동하여

---

32) 『후한서』 권21耿純傳, p.762, "竊見明公單車臨河北, 非有府藏之蓄, 重賞甘餌, 可以聚人者也, 徒以恩德懷之, 是故士衆樂附."

유수를 공격하겠다고 자주 말한 까닭에 유수는 그러려니 하고 있다가 뜻밖에 그 군병이 자신에게 귀부하여 온 것을 보고 좋아 웃으며 다음과 같이 말하였다. "어떻게 二郡이 진정 나한테 오다니! 이제 士大夫와 더불어 功名을 함께 하고자 하는 것이로다."[33] 인근의 군현이 거의 모두 왕랑의 세勢에 굴복하여 그에 합류한 가운데 경단이 위험을 무릅쓰고 세勢에서는 크게 미약한 유수에게 귀부한 것에 대해 유수는 그 뜻을 '사대부와 공명功名을 함께 하기 위함'이라고 하였다. 경단은 사대부로서 마땅히 행해야 할 의절義節을 실행한 것이었고, 그것은 곧 사대부士大夫가 지향하는 사대부의 도道였다. 세勢보다 도道를 높이는 것이 유가의 이념이었고,[34] 그러한 행은 공명功名으로 칭양될 것이었다. 이렇게 의절義節의 도道를 행한 이들은 당시 이 지역에서 극소수였지만 이들의 도움과 활약으로 수십 배의 세력을 가지고 있던 왕랑王郎집단을 궤멸시키고, 연이어 동마군단을 제압할 수 있었다.[35] 그리고 왕랑에 기대어 그에 합류하였던 호족대성大姓 수백 명이 유수에 패하여 주살誅殺되었다.[36]또한 적미난 기간 동안에 인구가 무려 70% 감소하였다.[37] 적미난 시기는 사대부의

---

33) 『후한서』권22景丹傳, p.772, "更始立, 遣使者徇上谷, 丹與連率耿況降, 復為上谷長史. 王郎起, 丹與況共謀拒之. 況使丹與子弇及寇恂等將兵南歸世祖, 世祖引見丹等, 笑曰 : '邯鄲將帥數言我發漁陽、上谷兵, 吾聊應言然, 何意二郡良為吾來！方與士大夫共此功名耳.' 拜丹為偏將軍, 號奉義侯."

34) 余英時, 『中國知識人之史的考察』(『余英時文集』권4, 桂林, 廣西師範大學, 2004), p.106.

35) 劉秀의 王郎과 동마군 제압의 과정에 대해서는 五井直弘, 「中山の人々」(『中國古代國家の形成と史學史』第6章, 東京, 名著刊行會, 2003), 참조.

36) 『후한서』권21 李忠傳, p.756, "世祖因使忠還, 行太守事, 收郡中大姓附邯鄲者, 誅殺數百人."

37) 전한 平帝時 5959만명에서 후한 광무제 中元2년(후57년)時에는 2100만

도에 어긋난 행을 한 집단들이 상당부분 제거되고 청소된 일면이 있다. 그러한 면은 후한 사대부사회의 기풍을 이해하는데 중요한 지침이 된다고 생각한다.

Ⅱ. 사대부의 의절과 민民의 경신수종敬信隨從

  호족이 비록 종족 빈객 등 자체의 세력을 지니고 있고, 이들을 전시하에서 부곡部曲의 군단으로 조직하여 활동하고 있지만 향민鄕民의 지지를 받아 그 인적 물적 자원을 동원하지 못하면 큰 활약을 할 수 없는 일이다. 재지在地에서 평소에 횡포를 일삼고 주변 세민細民을 침탈해 온 호족이라면 전시에 향민의 지지와 지원을 받기 어렵다. 호족 침탈의 피해를 당하여 빈궁해지고 유민이 많이 나온 지역에서는 민이 쉽게 반란집단에 합류하여 호족과 관부를 공격하는 경우가 많게 된다. 전한 중기 이래 군현의 공조功曹나 독우督郵 등의 장리長吏(極吏)는 대부분 재지在地의 호족 사대부가 임용되었고, 이들이 향민에 대해 갖는 영향력과 지도력은 지대하였다. 장리의 사례는 많지만, 장리가 아닌 향좌鄕佐였던 남양의 장종張宗도 왕망이 패망하고 의병이 각지에서 일어남에 향민 삼사백 명을 이끌고 거병하여 주변을 점령하면서 장안에 이르고 있다.[38] 전란기에 이들의 의향에 따라

으로 급감되었다. 『한서』 권28上地理志八下 및 『후한서』志19 郡國1의 注引『帝王世紀』 참조.
38) 『후한서』 권38張宗傳, p.1275, "張宗字諸君, 南陽魯陽人也. 王莽時, 爲縣陽泉鄕佐. 會莽敗, 義兵起, 宗乃奉陽泉民三四百人起兵略地, 西至長安, 更始以宗爲偏將軍. 宗見更始政亂, 因將家屬客安邑."

그 지역 전체의 진로가 결정되는 경우가 상당히 많았다. 광무제가 오한吳漢을 보내어 경시更始 정부의 유주목幽州牧을 사형시키고, 주부朱浮를 유주목幽州牧에 임명하였는데 그는 풍속의 교화에 매진하여 사대부의 마음을 얻고자(「收士心」) 주州의 명숙名宿을 종사從事로 임명하고, 왕망 때의 고리이천석故吏二千石을 막부幕府에 인치引置하고 있다.[39] 대항하거나 반기를 든 집단 외에는 왕망시의 구관료 사대부들을 등용하는 시정施政은 후한 건립 과정의 광무제 정권에서 거의 일관되고 있다. 이러한 시책은 군현에서 이들이 갖는 세력 내지 영향력을 흡수하기 위함이었지만 그들의 영향력도 실은 향민의 지지를 받아야 실효될 수 있는 것이었다. 이를테면 후일 사공司空에까지 승진하게 되는 풍방馮魴은 남양군의 족성族姓 출신으로 적미란이 발발하자 호양현湖陽縣에서 빈객 호걸을 초빙하고, 영참營塹을 조성하여 대기하였다. 당시 현縣의 대성大姓 우도위虞都尉가 반성反城 칭병稱兵하고, 원한이 있던 동현同縣의 신도계申屠季 일족을 멸하려고 하였는데 도로에서 위기에 처한 그를 풍방이 구출하여 주었다. 이에 신도계가 많은 재물로 보답하고자 하였으나 풍방은 자신의 노친老親 약제弱弟가 모두 적의 성城에 있는데 무슨 재물을 말하는가 하니 신도계가 부끄러워 다시는 말하지 못하였다. "풍방은 이로부터 현읍의 敬信을 받게 된 까닭에 능히 據營自固할 수 있게 되었다."고 하였다. 즉 풍방은 빈객과 영참營塹 등 자체의 힘을 지니고 있었지만 전란기에 자고自固할 수 있었던 것은 그의 의협義俠의 행동에 감동한 현읍민縣邑民의 지지가 있었기 때문이었다.[40] 또 명유名儒 복생卜生

---

39) 『후한서』 권33朱浮傳, p.1137, "(朱)浮年少有才能, 頗欲厲風跡, 收士心, 辟召州中名宿涿郡王岑之屬, 以爲從事, 及王莽時故吏二千石, 皆引置幕府."

의 후손인 복담伏湛은 성제成帝 때 박사제자를 거쳐 왕망 시에는 집법執法(어사御史), 속정屬正(도위都尉) 등의 직을 역임하고, 경시更始 정권 때 평원平原태수가 되었다. 그는 전란 속에서도 교수教授를 이어가며 홀로 안연晏然하였다. 자신은 거친 현미를 먹으면서 봉록을 향리에 나누어주었다. 이에 객客이 백여가百餘家에 이르렀다. 당시 문하독門下督에 있던 자가 거병하자고 하니 그를 참斬하고 성곽에 효수하였다. 이에 "吏人이 信向하여 郡內가 평안하게 되었으니 平原의 一境은 伏湛이 온전하게 한 것이다."고 하였다.41) 그는 광무제에 의해 발탁되어 내직內職의 요직을 거쳐 대사도에 이르렀다. 그 때 획색군獲索軍의 수帥 서이경徐異卿(서소徐少)이 1만여 병력으로 부평富平에서 항거하고 있었는데 광무제의 군대가 이를 공격하였으나 함락하지 못하고 있었다. 그들이 말하길, "師徒 卜公(卜湛)에게 항복하길 원합니다."고 하였다. 이에 황제가 복담을 파견하니 그들이 바로 항복하였다.42)당시(건무3~4년)는 광무제(유수)집단이 이미 가장 강력한 세력이 되어 있던 때였다. 그 대군의 공격에도 패하지 아니하고 필사 항전하던 그들이 복담에게 항복하길 원하였던 것이다. 당시 백성이 위민爲民 의행義行하는 관리를 얼마나 그리워하였는가를 말해주는 일례이다.

---

40) 『후한서』 권33馮魴傳, p.1148, "魴自是為縣邑所敬信, 故能據營自固."
41) 『후한서』 권26伏湛傳, pp.893-4, "更始立, 以為平原太守. 時倉卒兵起, 天下驚擾, 而湛獨晏然, 教授不廢. 謂妻子曰："夫一穀不登, 國君徹膳；今民皆飢, 奈何獨飽?" 乃共食麤糲, 悉分奉祿以賑鄉里, 來客者百餘家. 時門下督素有氣力, 謀欲為湛起兵, 湛惡其惑眾, 即收斬之, 徇首城郭, 以示百姓, 於是吏人信向, 郡內以安. 平原一境, 湛所全也."
42) 『후한서』 권26伏湛傳, p.895, "時賊徐異卿等萬餘人據富平, 連攻之不下, 唯云 '願降司徒伏公.' 帝知湛為青、徐所信向, 遣到平原, 異卿等即日歸降, 護送洛陽."

『荀子』儒效篇에 "이렇게 남에게 義信하면 四海에 통하니 천하가 이에 응하여 오는 것이 시끌벅적한 시장과 같이 될 것이다."고[43]하였다. 적미난 시기에 유가의 이러한 위민爲民 의행義行의 이념과 그 효력이 일부의 사민士民에 의해 구현 증명되고 있다. 복담卜湛의 아들 륭隆 또한 청靑·서徐 2주州에 웅거하고 있던 장보張保등의 반군을 격문을 통해 위협하거나 초회招懷하는 방법을 통해 전투함이 없이 이 지역을 평정하였다. 광무제는 그의 공功을 역생酈生(식기食其)에 비하고 있다.[44] 또 남양南陽 완현宛縣 출신 조희趙憙의 예가 있다. 그는 어려서 이미 절조節操로 이름이 나 있었다. 경시更始가 즉위하였는데 무음舞陰의 대성大姓 이씨李氏가 성城에 웅거하며 항거하였다. 이들은 경시更始가 보낸 장군에게 말하길, "들건대 宛의 趙氏에 孤孫 憙가 있다는데 信義로 저명하다고 하니 원컨대 그에게 항복하고자 합니다."고 하였다. 경시가 이에 희憙를 불렀는데 당시 그의 나이는 아직 20세도 되지 않았다. 이씨李氏의 반군은 곧 그에게 항복하고 있다. 또 당시(광무제 초) 강남 지역은 아직 귀순하지 않아 도로가 불통이었기 때문에 조희를 간양후상簡陽侯相에 임명하고 병사들을 인솔해가게 하였는데 이를 사양하고 단거單車로 간양성에 이르렀다. 그 이민吏民이 성문을 열어주지 않자 밖에서 큰 소리로 국가의 위신을 보여주니 그 거수渠帥가 성문을 열고 자박自縛하여 단거單車 로 귀항歸降함으로써 모든 영벽營壁이 다 항복하게 되었다.[45]

광무제에 의해 어양漁陽태수에 임명된 곽급郭伋은 "信賞을 펴고, 거수(渠帥)를 규륙(糾戮)"하는 신신과 위威로 이 지역을 평정하여 선

---

43) "此若義信乎人矣, 通於四海, 則天下應之如讙."
44) 『후한서』 권26 卜湛傳 附 隆, pp.898-9.
45) 『후한서』 권26 趙憙傳, p.913.

치선治하니 "民이 安業하여 재직 5년에 戶口가 배로 증가하였다."하였다. 이어 군적群賊이 소요하는 영천穎川의 태수에 임명되어 초회招懷로 항복받아 평정하니 그 '위와 신'의 소문을 듣고 "멀리 江南, 혹은 幽·冀州로부터 모두 항복하여 와 그 대열이 끊어지지 않았다."고 하였다.46) 경조인京兆人 왕단王丹은 애제哀帝 평제平帝 때에 주군州郡의 관리로 있다가 왕망 때 물러나 거듭된 부름에도 응하지 않았다. 그는 수천금의 가산이 있었고, 은거하며 주변에 두루 시혜하였다. 농사철에는 자주 술과 안주를 마련하여 논밭에 가서 농민들을 위로하였다. 향읍이 그를 본받아 부지런히 힘써서 풍요하게 되었다. 무위도식하며 방탕한 이들에 대해서는 그들의 부모에게 일러서 출책黜責하게 하였다. 상사喪事에는 부의금을 부내고 직접 장례를 이끌었다. 그리하여 10여년 만에 그 교화의 영향으로 풍속이 독실해졌다. 이후 광무제의 장군 등우鄧禹가 관중으로 서정西征할 때 군량이 결핍하였는데 그는 종족을 이끌고 상품의 보리 천곡千斛을 운반하여 지원하였다. 그는 후에 태자소부太子少傅에 징徵되었다. 이 때 대사도大司徒 후패侯霸가 그와 교우交友하고자 하였으나 허락하지 않았다.47) 당시 사대부 사이에는 뛰어난 학풍이나 의행義行이 있고, 고결한 자들에게 교우를 청하는 일이 많았다. 이 때 이에 응하지 않는 경우는 대체로 두 가지 이유에서였다. 하나는 요청한 자의 인격 품행이 만족스럽지 못한 경우이다. 또 하나는 교결交結로 인해 당우黨友로 연좌되어 화를 입게 될 수 있기 때문이었다. 이를테면 초왕영의 사건에 당우로 연루되어 사형에 처해진 사대부가 수천명에 이르렀는데 그 중에 대부분은 사소한 교우관계 정도에 지나지 않았다. 한편 대사도

---

46) 『후한서』 권31郭伋傳, p.1092.
47) 『후한서』 권27王丹傳, p.931.

와 같은 최고위직과 교유하면 정계에서 세력을 얻을 수도 있는 것이었다. 그리고 후패侯覇는 청렴 강직한 인물로 정평이 있었다. 하지만 왕단은 오히려 정계에서의 그러한 교결交結이 정도에 어긋난 것으로 생각하여 거부한 것이 아닐까 한다. 이와 같이 일인의 뛰어난 행화에 의해 한 지역이 안정과 풍요를 누리게 된 사례가 자주 보인다.

부풍扶風 무릉인茂陵人 두림杜林은 전한말 양주자사凉州刺史를 역임한 업鄴의 자子로서 호학好學 박학博學하였다. 그는 군리群吏로 있을 때 왕망 패망 후 경사京師 지역에 도적이 창궐함에 종족, 우인友人들을 이끌고 하서河西의 외효隗囂에 객客하였다. 외효는 평소 그의 지절志節을 알고 있어서 깊이 경대敬待하고 벼슬도 주었으나 두림은 곧 사양하고 받은 녹식祿食도 돌려주었다. 당시 외효는 하서에 군림하며 독립하려는 뜻을 품고 있었다. 이에 두림은 그의 환대를 물리치고 끝내 굴절屈節하지 않았다. 건무6년에 제弟가 사거死去하여 그 장례를 치르기 위해 고향에 가게 되었다. 외효는 자객을 보내 도중에 그를 살해하게 하였다. 그러나 자객은 제弟의 유체를 실은 차車를 직접 끌고 가는 그의 모습을 보고 탄식하여 말하였다. "當今의 世에 누가 능히 義를 행할 것인가! 내가 비록 소인이지만 어찌 차마 義士를 죽일 수 있겠는가!" 그리고는 그를 놓아주었다. 사실 전란의 시기에 대부분 세勢에 휩쓸려 도의를 버리던 사대부사회에서 두림의 사례는 희소한 것이었다. 또 "그 때는 천하가 아직 안정이 안 되어 士가 대부분 節操를 닦지 않았는데 (孔)奮은 청결에 力行하여 衆人의 비웃음을 받았다."고[48] 한 것도 그러한 사정을 여실히 보여주고 있다.

---

48) 『후한서』 권31孔奮傳, p.1098, "時天下未定, 士多不修節操, 而奮力行清潔, 爲衆人所笑."

그렇지만 후한 성립기에 광무제 집단에 합류한 인사人士들 대부분은 그러한 의행義行 지절志節의 행으로 표창될 수 있는 사람들이었다. 그들의 그러한 인격과 행실이 적미난을 통하여 발휘되고 더욱 빛나게 되었다. 그들의 의행은 당시 희소하였던 만큼 또 후한 정부에서 환영받고 존숭 받아 요직을 거치면서 떳떳한 청절淸節의 정치를 펼칠 수 있었다. 두림杜林이 광무정부에 임용됨에 경사의 사대부가 깊이 존숭하며 삼갔고, 모두 그 넘치는 박식을 선망하였다고 하였다. 그는 광무제의 조정에 들어가 대사도사직大司徒司直을 거쳐 광록훈에 이르렀다. 특히 고학古學에 뛰어나 정흥鄭興, 위굉衛宏 등 당시의 대표 학자들에게 영향을 주고, 그들의 제자들이 두림에게 수학하였다. 그리고 하서河西에서 얻은 『고문상서』1권을 소개하게 되어 이제까지 침체하였던 고문학이 후한 초에 비로소 행해지게 되었다. 또 건무14년에 군신들이 지금의 법령 시행이 너무 경박하니 예전의 엄형중벌로 복귀하자고 상주하였다. 이 때 두림은 "무릇 인정이 좌절되어 모욕당하면 義節의 기풍이 훼손되고, 법률이 번다하면 구차하게 면죄 받는 행이 성행한다."는 논리를 내세웠다. 지금까지의 완형주의를 이어갈 것을 주창한 것이다. 황제는 이에 따랐다.[49] 남양 호양인 번굉樊宏은 향리의 저성著姓으로 대부호였다. 왕망 말에 유백승劉伯升(연습)과 족형 사사賜가 거병하여 호양湖陽을 공격하였으나 함락시키지 못하고 있었다. 그런데 사賜의 여제女弟가 굉宏의 처妻였기 때문에 호양湖陽에서 굉宏의 처자妻子를 붙잡아 죽이려 하였다, 이 때 장리長吏 이하가 함께 말하길, 번굉 부자는 "예의 은덕을 鄉里에 행한 분이다."고 말려서 모면하였다. 나중에 번굉은 종가 친속을 이

---

49) 『후한서』 권27 杜林傳.

끌고 영참營塹 자수自守하니 이에 귀부한 자가 천여千餘 가家였다. 그
때 적미군이 이 지역을 구략寇掠 잔살殘殺하면서 번굉의 영營을 공격
하려 하였다. 이 때 굉宏이 우주牛酒 미곡米穀을 보내어 위로하였다.
적미赤眉의 장로長老가 이전에 굉이 인후仁厚함을 들었었는지라 "어
찌 공격하겠는가!"하고 그대로 물러났다.50) 포악한 행이 만연한 전
란의 와중에서도 평소에 인의仁義의 행을 한 사대부는 향민의 경신敬
信과 지지를 받아 종족을 보존할 수 있었다.

부풍扶風 출신 공분孔奮은 전한 말 어려서 유흠에게 수학하였다.
그런데 도리어 유흠이 말하길, 자신이 이미 그에게 도道를 받았다고
할 정도로 뛰어난 문사文士였다. 왕망 말의 난을 만나 가속을 데리고
하서河西로 피난하였다가 하서대장군 두융杜融에 의해 고장姑臧의 장
長이 되었다. 당시 이 지역은 물산이 풍부하고 강호羌胡와 교역하여
부유한 곳이었다. 때문에 이 지역의 관리가 되면 몇 개월 만에 부자
가 되었다. 그러나 공분 만은 청렴하여 비웃음을 살 정도였다. 후에
하서와 촉蜀이 모두 광무제에게 평정되고, 하서의 수령들이 징소徵召
되어 경사에 가는데 재물을 가득 실은 차車들이 길을 가득히 메웠다.
그 때 공분은 아무런 재물이 없이 단지 단거單車 뿐이었다. 이를 본
지역민들이 감동하여 서로 우마牛馬와 기물을 염출하였는데 그 액수
가 1천만전 이상이었다. 그리고 이를 들고 전송하는 이들의 행렬이
수백리에 이르렀다. 그러나 그는 이것들을 하나도 받지 않았다.51)

증연용부增淵龍夫에 의하면, 유방집단의 약約에 보이는 강한 강제
력을 가능하게 한 것은 내면에서 지탱케 한 심정적 결합유대가 불가
결의 요인이었다. 그리고 그 심정적 결합 유대를 형성케 한 것이 주

---

50) 『후한서』 권32樊宏傳.
51) 『후한서』 권31孔奮傳.

主의 덕이고 術術이었다고 하였다.52) 적미난 시기에 사대부에 의해 하나로 뭉쳐 생사를 함께 한 여러 집단들의 결속력과 신종信從의 모습도 사대부가 보여준 인의仁義의 덕행이 크게 작용하고 있다. 단지 적미군 등 농민집단의 결성에 있어서는 대체로 평등의 상호 존중에 의한 '약約'이 발휘되고 있다. 오기유사奧琦裕司는 농민집단인 적미와 비농민집단(상인, 부류자浮流者)인 여모呂母집단이 합체하면서 각기의 약約이 상승효과를 발휘해 서약집단으로 강맹해졌다고 한 바 있다.53)

의절義節의 기풍은 사대부의 마땅한 행도行道였다. 후한초의 정계는 의절義節 사대부의 풍모가 존경받으면서 정치의 방향에 큰 영향을 주고 있었다. 이러한 사실들은 후한초의 정치 및 사대부사회의 기풍을 이해하는데 중요한 자료가 된다. 또한 이렇게 위민爲民 의행義行하는 관리는 적미난의 과정에서 민民의 경신敬信과 지지를 얻어 후한 건국과정에 큰 공훈을 세울 수 있었고, 후한 초기의 정계를 주도하게 되었다. 아울러 후한 사대부사회의 기풍을 선도해갔다고 할 수 있다. 광무제의 후한 건국과정에서 왕망 정권에 친부하였던 세력들은 거의 제거되고, 대부분 새로운 집단으로 교체되었다. 그들은 대부분 전쟁에 종군한 공신들이었다. 그들이 전쟁에서 얻은 군공은 대부분 절의節義·위민爲民·진취進取의 용기·시혜施惠·덕망에 의해 민의 지지를 받았기 때문에 가능한 것이었다. 공신들은 대부분 장군이면서 동시에 청렴한 학자였다.

---

52) 增淵龍夫, 「漢代における民間秩序の構造と任俠的習俗」(『一橋論叢』 26-5, 1951 / 『中國古代の社會と國家』, 1960), p.126.
53) 奧琦裕司, 「赤眉の世界」, 『中國古代史研究』5 (東京, 雄山閣出版社, 1982), pp.156-7.

III. 적미난과 사대부사회와 후한왕조

후한의 국가권력은 전한에 비해 후퇴하여 호족연합정권의 성격을 지닌다는 견해가 양연승楊聯陞,[54] 서도정생西嶋定生[55] 등에 의해 제기된 이래 많은 영향을 주었다. 심지어 서도정생은 '호족군豪族群의 지배질서의 권력기구'로서 후한이 성립되었다고 하였다. 적미난 시기 후한의 성립 과정에서 호족세력에 많이 의존한 것은 사실이고, 그것이 황제권력의 제약 내지 약화를 가져온 것으로 보기 쉽지만 후한 중기 이후를 제외하면 황제권력이 호족에 제약 받는 듯 한 모습은 거의 보이지 않는다. 전한에 비해 황제권이 약화된 모습도 보이지 않는다. 호족연합정권론에 일찍이 비판적인 견해를 펼친 오정직홍五井直弘은 거대호족이 타도되고, 소호족과 농민이 흡수된 가운데 광무제에게 대립할 수 있는 세력은 전혀 없게 되었고, 후한에서 호족억압정책이 없었던 것은 호족연합정권적인 성격을 지녔기 때문이 아니라 그렇게 할 필요가 없었기 때문이며, 후한의 호족은 국가권력에 의존하여 관료가 되어서야 비로소 그 세력을 확대할 수가 있었다고 하였다.[56]

광무제가 제장諸將으로 활약한 호족 사대부들의 도움을 크게 받은

---

54) 楊聯陞, 「東漢的豪族」(『淸華學報』11-4,1936 / 韓復智編, 『中國史論集』 中冊, 台北, 茂昌圖書有限公司, 1989.1). 단지 이 글의 요지는 호족에 기생하는 형태의 호족연합정권론을 말하고 있는 것이 아니고 외양상 호족이 정권형성에 많이 참여한 면을 지적하고 있을 뿐이다.

55) 西嶋定生, 「國家權力の諸段階」(『歷史學硏究會1950年度大會報告』/『中國古代國家と東アジア世界』, 東京大學出版會, 1983).

56) 五井直弘, 「兩漢交替期の叛亂」(『漢代の豪族社會と國家』, 東京, 名著刊行會, 2001), pp.157-8.

것은 사실이지만 그들의 힘에 눌리거나 밀리는 모습은 전혀 보이지 않는다. 오히려 제장이나 고위 관리들은 아무리 큰 공을 연이어 세웠더라도 재직 중에 사소한 잘못이나 실책에도 걸핏하면 면책되고 있다. 많은 공신이나 고관 가운데 면책이나 실형을 받지 않은 자가 드물 정도이다. 물론 면책 후 다시 기용되는 예가 많지만 어쨌든 황제가 전제권을 유감없이 발휘하고 있는 모습이다. 『후한서』 권33朱浮傳에 "(光武)帝는 二千石 長吏 대부분이 소임을 맡기에 부족하다고 하여 섬미(纖微)의 잘못이라도 있게 되면 반드시 면직시킴에 (빈번한) 교체로 혼란스러워 백성이 편안치 못하였다."고[57] 한 것은 그러한 사정을 잘 말해주고 있다. 그 문제점을 지적한 하서朱浮의 상소와 백관의 동의同議로 이전 보다는 덜해졌지만 「책면責免」이 자주 보이는 것은 이후 명제明帝 장제章帝도 거의 비슷한 양상이다. 단지 군현에서 범법 횡포하는 호족들이 있고, 이들을 군현에서 쉽게 다스리지 못하는 경우가 있지만 그들도 대부분 나중에는 처벌 받고 있다. 이러한 현상은 어느 시대에나 있었고, 특히 후한에서 다른 시대에 비해 많았다고는 볼 수 없다. 건무15년에 자사刺史와 군태수 등에 의해 범해진 「墾田多不以實」과 「戶口年紀, 互有增減」의 이른바 도전度田 부정不正의 사건이 있었고, 이를 검핵하게 하여 그 사실을 파악한 황제가 10여명을 사형에 처하고 있다. 검핵한 관리의 보고서에 "潁川·弘農은 문책할 수 있으나 河南·南陽은 문책할 수 없습니다." 고 하였는데 하남과 남양은 각각 제도帝都근방, 황제의 고향이어서 종실宗室이 많았기 때문이었다.[58] 건국초기에 이미 특권층이 형성되

---

57) 『후한서』 권33 朱浮傳, p.1141, "帝以二千石長吏多不勝任, 時有纖微之過者, 必見斥罷, 交易紛擾, 百姓不寧."
58) 『후한서』 권22劉隆傳, pp.780-781, "是時, 天下墾田多不以實, 又戶口年

어 범법하고 있는 것이지만 이러한 사건을 근거로 호족세력의 위협이라거나 황제권의 구속 내지 약화로 해석할 수는 없다. 일부 특권층의 사리사욕의 폐단은 어느 시대에나 있는 일이다. 더구나 이때는 광무제가 곧바로 범인들을 처형하고 있다. 명제 이후 외척의 발호가 있었지만 그들의 득세 과정을 보면 대체로 황제의 빗나간 은총에 의한 것이었다. 즉 호족세력이 황제권력을 압박하고 제어하는 구조적 여건 속에서 이루어진 것이 아니었다. 이어 전개된 환관세력의 득세와 전횡은 오히려 황제의 전제지배권이 행사되는 과정에서 나온 것이다. 특히 후한에서 내조內朝(황제와 상서尚書, 환관의 의정議政)의 외조外朝(황제와 삼공三公 구경九卿의 의정議政)화化 현상은 황제가 1차로 상서尚書, 2차로 환관을 활용하여 외척 내지 공신 귀족세력을 제압하려는 과정에서 이루어진 것이다.

후한 사대부사회는 유가에서 가르치는 사대부 본연의 행실을 지켜 명절名節을 이루려는 기풍이 주조를 이루었다. 적미난 시기를 거치면서 대의大義 · 위민爲民 · 청절淸節의 사도士道 실천을 보인 이들이 이민吏民의 호응과 지지를 받아 공신이 되고 고관이 되었다. 한편 같은 시기에 수많은 호족의 거병집단들이 제거되었다. 영참營塹 자수自守하던 집단들도 유수에게 대항하였거나 이민의 호응을 얻지 못한 집단들은 전란 과정에서 대부분 제거되었다. 전한 무제 이후 삼보의 능읍으로 사민된 관동 출신 대호족들을 비롯한 호족사회도 경시更始

紀互有增減. 十五年, 詔下州郡檢覈其事, 而刺史太守多不平均, 或優饒豪右, 侵刻羸弱, 百姓嗟怨, 遮道號呼. 時諸郡各遣使奏事, 帝見陳留吏牘上有書, 視之, 云 '潁川 · 弘農可問, 河南 · 南陽不可問'. ----- . 於是遣謁者考實, 具知姦狀. 明年, 隆坐徵下獄, 其疇輩十餘人皆死. 帝以隆功臣, 特免爲庶人."

와 적미군의 연이은 삼보 지역 구략寇掠으로 큰 타격을 받았을 것이다. 또 광무제가 관중을 평정할 때 경보도위 장보張保와 정서征西대장군 풍이馮異로 하여금 관중의 영보營保들을 공격하게 하여 이들을 대거 격파한 바 있다.59) 따라서 후한초의 사대부사회는 황제권력에 대항할 세력도 거의 없었고, 정신적 자세도 반항적인 것이 아니었다. 전 지역이 거의 평정된 이후에도 광무제 말기까지 여러 지역에서 반란이 일어나고 있지만 대개 군도적群盜的 소규모의 것이었다.

전란 중 군공을 세운 제장諸將들에게 연이어 봉후封侯·사읍賜邑·수관授官하였고, 건무11년에 병주목幷州牧 곽급郭伋이 "南陽人만 專用해서는 안됩니다."고 진언하니 황제가 이를 받아들였다고 한 바와 같이60) 초기에는 황제의 동향 출신을 많이 요직에 임명하였었다. 이 곽급은 어양漁陽태수와 영천태수穎川太守에 있을 때 이 지역의 군적群賊을 평정하고 크게 교화를 펴서 백성의 경신敬信이 지대하였었다. 후에 그가 대사공大司空에 임용될 만한 인물이라는 말이 나돌고 아직 정해지지는 않았을 때 정흥鄭興이 진언하길, "도로에 流言이 퍼지길 '조정이 공신을 임용하려 한다.'고 합니다. 공신을 쓰게 되면 人位가 어긋나게 됩니다."고 하였다.61) 공신을 중용하는 것은 국초의 자연스러운 일이고 상례이기도 하다. 특히 당시 공신들은 명장이고 명관으로서 선치善治로 인해 백성의 신망을 많이 받는 자들이 대부분이었다. 그러한 공신의 임용에도 여론의 제지를 많이 받고 있다. 물론

---

59) 『후한서』권38張宗傳, p.1276, "光武以宗為京輔都尉, 將突騎與征西大將軍馮異共擊關中諸營保, 破之."
60) 『후한서』권31郭伋傳, p.1092, "(郭)伋因言選補眾職, 當簡天下賢俊, 不宜專用南陽人. 帝納之."
61) 『후한서』권36鄭興傳, p.1221, "今公卿大夫多擧漁陽太守郭伋可大司空者, 而不以時定, 道路流言, 咸曰「朝廷欲用功臣」, 功臣用則人位謬矣."

공신에 치우친 면이 많았기 때문이다. 중용된 공신들이 많았고, 그들의 세력도 컷을 것이지만 그들은 대개 현신賢臣이었다. 또한 사대부사회의 여론이 치우치게 공신을 중용함을 경계하고 억제하고 있었다. 이후 광무제는 촉蜀을 평정한 후 중원中元2년에 앞으로는 "退功臣하고 進文吏 하겠다."고 선언하였다.62) 전란이 끝나고 이제 제장諸將의 공신들을 활용하기 보다는 실용행정實用行政과 법치에 밝은 문법리文法吏를 등용하여 경세經世하겠다는 포부를 밝힌 것이다. 이제 법과 질서를 중시할 시점이 되었기 때문이다. 그러나 후한의 정치와 사회는 전한 중기 이래 심화되어 온 사대부사회의 성향이 갖는 영향력을 벗어나지 못하였다. 경학을 거의 모두 함께 하는 동류同類의 학사풍學士風, 상호 교유 교결을 통한 당우黨友의 결속이 지속되고 있다.

전란의 비극과 아픔을 겪고 난 후 오히려 사대부사회의 기풍은 혼탁이 제거되어 의절의 청풍이 주조를 이루고 있다. 그들은 임지에서 그간 기능을 상실하였던 수리水利 치수治水기구를 복구하거나 새로 건설하여 수백數百, 수천數千, 3만경萬頃의 농지를 확대하고 있다(두시杜詩『후한서』 권31, 장감張堪 권31, 장우張禹 권44, 하창何敞 권43). 학문으로 이름이 높으면 수백 수천의 제생諸生이 전국 각지에서 모이고, 함께 거처하며, 옮겨 다닌다. 이민吏民들이 사대부의 의행義行에 경복敬服하는 모습들이 열전의 도처에 보인다. 중앙의 태학생은 계속 증가하여 후한 말에는 3만명에 이르렀다. 여영시余英時의 견해에 의하면63) 전국기戰國期 직하선생稷下先生은 사士의 본

---

62) 『후한서』 권2광무제기 中元2년조.
63) 余英時, 「君主禮賢下的 "不治而議論"」(『中國知識人之史的考察』第6節, 桂林, 廣西師範大學出版社, 2004), pp.59-71.

분이 "다스리는 지위에 있지 않으나 의론함(不治而議論)"(『사기』 권46田敬仲完世家)에 있다고 자부하였고, 이러한 전통은 한에 계승되었는데 염철회의와 후한의 청의淸議에서 보이는 재야 사대부의 투철한 의론과 비판 정신은 그러한 전통의 대표적 계승 사례이다. 성제시成帝時 남창南昌의 위위에 있다가 사직하고 귀향한 매복梅福은 재야에 있으면서 자주 상소하는 것을 멈추지 않았다. 왕봉王鳳의 집권 때에 올린 상소문에서 "守職하며 不言하고, 입을 닫아 保身하면 죽는 날에 시체가 아직 부패되지 않은 때에 벌써 이름이 소멸합니다."고 하였다.64) 정치를 의론함은 사士의 명분이었다. 재야의 사대부가 '처사處士'이고, 그 처사는 '횡의橫議'할 수 있었다. 처사로서 태학생의 횡의는 그러한 정신과 전통에서 비롯된 것이었다.65) 이러한 사대부의 전통과 기풍은 적미난을 거치면서 더욱 돈독해진 것으로 본다. 그리고 그러한 기풍이 심화된 가운데 개인의 절의를 평론 평가하는 풍조가 일어난 것으로 생각한다. 이러한 풍조 또한 이전부터 있었지만 후한 사대부사회에 청의淸議로서 더욱 확대된 것이었다. 환관 전횡 시기 은일지사隱逸之士가 많이 나오고 크게 존경받는 것 또한 사대부사회에 의절義節을 사대부 본연의 행으로 숭앙한 기풍이 형성되어 있었기 때문이다. 또한 칭명稱名을 얻기 위한 가식의 행위가 나오고, 예교禮敎주의로 흐르는 경향이 나온 것도 실은 적미난을 거치면서 의절의 정신이 한층 고양되면서 나온 이념화의 산물이라 할 수 있다.

한편 고의古義를 중시하는 유사儒士의 기풍은 염철회의에서 집정

---

64) 『漢書』 권67梅福傳, p.2924, "守職不言, 沒齒身全, 死之日, 尸未腐而名滅."
65) 余英時, 위의 글, pp.59-71.

대부들에 의해 "허언을 분식하여 實을 어지럽히고, 古를 道로 하여 今을 해친다."고[66] 비난 받고 있다. 우영춘于迎春은 이들 양자의 대립을 경술지사經術之士와 사공지사事功之士의 가치 충돌이라는 면에서 해설하고 있다.[67] 그는 문법흥리지신文法興利之臣을 주체로 하는 사공지사와 이상이 풍부하고 정치비판성향인 유사는 서로 합치되기 어려웠다고 하였다.[68] 그런데 후한에서는 이른바 그러한 사공지사의 면모가 별로 보이지 않는다. 이제 유사가 거의 차지한 현령縣令 이상의 관장급官長級 관료계에서 문법리文法吏는 그 속리에 머무르게 되었다. 장제章帝 때 여남汝南태수에 부임한 하창何敞은 문속리文俗吏가 가혹한 행정 처리로써 명예 구함을 싫어하여 관화寬和로 다스렸다. 또한 유술의 대리大吏를 속현에 보내어 효제孝悌 의행자義行者를 현창하고, 억울한 옥사를 춘추지의春秋之義로 판결하니 군에서 원성이 없게 되었으며, 예관禮官을 세우고, 문리文吏를 임용하지 않았다. 또한 그의 재직 기간에 간전墾田이 3만여 경頃 늘어났다.[69] 당시 문리文吏(文法吏)들은 백성을 가혹하게 다루어 고과考課의 치적을 올리려 하였고, 그것으로써 능리能吏의 명예와 진급을 얻고자 하였다. 그러나 군태수 하창何敞의 정치에서 보는 바와 같이 그러한 문리는 이제 군의 속리에서도 배제되고 있다. 물론 하창의 사례는 당시에 일반적인 것은 아니었다. 오히려 유생의 단점인 실무처리능력의 부족으로 인해 중앙이나 지방의 장관들이 속료를 추거推擧 벽소辟召할 때에 유생을 기피하는 일이 많았다. 후한초의 왕충王充은 이에 대해 다음과

---

66) 『염철론』遵道에 "飾虛言以亂實, 道古以害今." (馬非百 注釋, 『鹽鐵論簡注』, 北京, 中華書局, 1984,), p.176.
67) 于迎春, 『秦漢士史』 (北京大學出版社, 2000.11), pp.160-171.
68) 위의 책, p.169.
69) 『후한서』 권43 何敞傳, p.1487.

같이 말하고 있다.

> 今世의 將相은 자신의 무능함을 탓하지 아니하고, 유생이 실무를 학습하지 않은 때문이라고 천시한다. 文吏가 임용된 원인을 생각하지 아니하고, 그 실무처리의 재능을 존중하여 善吏라고 말한다. 文吏가 아니면 우려를 배제할 수 없고, 文吏가 아니면 우환을 해소할 수 없다고 생각한다. 그래서 선거 시에 항상 오랜 경력자를 취하고, 관리를 심사하여 無害者(사무 처리에 뛰어난 자)를 취한다. 유생은 공적이나 경력이 없으면 그 능력만으로는 번잡한 사무를 처리하는 자리에 임명될 수 없다. 까닭에 선거에서 下等에 처하게 되고, 조정에서 그 지위를 잃게 된다.[70]

따라서 하창何敞의 유사儒士 기용은 당시로서는 특기될 만한 것이었다고 하겠다. 그러나 왕충王充이 이러한 현상의 치유책을 다음과 같이 말하고 있다. "유생은 능히 文吏(文法吏)의 事를 할 수 있으나 文吏는 유생의 학을 수립할 수 없다. 文吏의 재능은 확실히 저열하여 유생에 미치지 못한다. 유생이 문서처리의 일을 학습하지 않는 것은 실로 고상하여 익히려 하지 않는 것이다." 유생은 마음만 먹으면 문리의 일을 익힐 수 있다는 논리로 유생의 기용을 강조하고 있다. 후한초에 보이는 실무직의 속리에 문리 임용이 많았던 경향은 유사儒士 중심 사회로 심화되는 가운데 하창何敞의 예나 왕충의 주장에 보이는 바와 같은 논리로 퇴색하게 된 것으로 보인다.

---

70) 『論衡』程材제34 (『論衡全譯』下卷, 貴州人民出版社 1990), p.742.

후한의 정치 사회에서 보이는 이러한 추세는 상당부분 전한 후기의 양상이 이어지면서 심화된 것이다. 또한 적미난 시기를 겪으면서 펼쳐진 사士와 민民의 의행義行과 경신敬信이 어울려지는 가운데 바로 유가의 주된 이념이 크게 구현됨으로써 그러한 심화의 추세가 전개된 것이라 하겠다.

결 론

一

　춘추전국시대는 중국문화의 틀이 잡혀나가던 때이다. 그리고 그 틀의 형성에 관중과 공자가 자리한 위치는 매우 소중하다. 본고에서는 양자의 사상이나 정치 행적이 일맥상통하여 있는 것으로 보았다. 이들에게는 전국시대의 지성인과는 분명히 다른 면모가 있다. 그들은 폭이 넓고 원만하여 치우침이 없다. 제가諸家의 각 면이 어우러져 있으면서 모순 없이 시기와 여건에 따라 적절히 운용된다. 관중과 공자에게는 엄벌주의와 애민愛民과 애민哀憫의 관대함, 엄정과 신형愼刑주의, 명분名分과 실實이 함께 포용되어 있다. 정치인으로서 양인이 펼친 개혁은 여러 면에서 일치하고 같은 맥락에서 이해될 수 있는 것이었다. 강국이었던 제齊는 당시 약소국이었던 노魯가 공자의 개혁에 의해 부강해지며 관중이 제齊에서 이루었던 패업霸業을 이루게 될까 매우 두려워하였다. 이렇게 볼 때 『관자』에서 보이는 잡가雜家나 유서적類書的 측면도 춘추기 지성인이 본래 그렇게 다양한 사상과 학문을 지니고 운용한 면을 말해주는 것으로 볼 수 있지 않을까. 그렇다면 『관자』의 문헌비판가들이 대부분 이를 위작이나 가탁

假託으로 보는 시각을 탈피하여 춘추기의 지성인상과 전국기 제가諸家의 성격을 이해하는데 『관자』를 보다 적극 활용해야 하지 않을까.

　관중이 무력을 통한 패업의 성취를 주장한 것은 궁극적으로 왕업을 이루기 위한 준비의 차원이었고, 법法을 중시한 것은 인의예락을 이루기 위함이었으며, 엄벌 중시는 문교를 이루기 위한 전제前提였다. 그래서 관중의 정치사상과 그 실행은 전국기의 법가와는 다르며, 또한 맹자와 같이 패업覇業을 인정하지 아니하고 왕도王道만이 옳다는 후대 유가의 논설과도 다르다. 또 관중은 무위無爲의 선善을 말하고 있어 도가와 상통하나 전국 도가가 인위人爲의 공업功業을 인정하지 않는 것과는 달리 관중은 인위의 공업을 말하고 행하였다. 관중과 공자가 언제 유儒·법法·도道의 한 입장에서 다른 면을 비판한 바가 없다. 그래서 제자백가로 분파된 이후의 제가의 잣대로 양인을 평가하거나 논정論定하는 것은 나무의 한 가지만을 붙잡고 이것이 나무의 진정한 모습이라고 하는 것과 같다.

　공자 사상의 형성에 관중의 영향이 상당히 컷을 것으로 생각한다. 본고에서는 그렇게 볼 수 있는 소지를 간략히 그 서두를 연 정도로서 지적해보았다. 양자兩者가 중국사상中國史上 차지하는 비중과 위치가 지대至大하다는 점에서 여타의 사항과 관련하여 더 밀도 있는 고찰이 필요하다고 생각한다.

二

　유儒(보씨保氏·악사樂師·고사瞽史)는 본래 학관學官의 하나로 古의 문물제도와 예법 및 사실史實을 전승하고 귀족자제에게 교수하며 우제雩祭(기우제) 교사郊祀등의 제례祭禮와 조의朝儀를 집전하는 것이 그 직분이었다. 또한 고古의 문물제도 예법 및 사실史實과 선왕先王의 치도治道이념을 담아 놓은 것이 육경六經(육예六藝)이었고, 이를 항상 놓지 않고 지니며, 그 이념을 제왕帝王의 학學 내지는 성군聖君의 로路로서 군왕君王에게 제시하여 정도正道로 나아가게 하는 것이 그들의 본분이었다. 그리고 그 치도治道의 이념이란 군주를 비롯하여 만민을 시서예락詩書禮樂 등을 통하여 도덕으로 감화시키고 천도天道에 순응하는 것이었다. 왕도王道와 치도는 곧 『大學』에서 설하는 바, 만민이 심성수양心性修養하여 본래 지니고 있는 명덕明德을 밝히는 것, 밝게 하는 것에 있었다.

그들의 위位는 중위中位(질秩8백 내지 6백석관百石官)에 속하였지만 이렇게 고상하고 품격 높은 임무를 수행하는 자라는 자부심과 자고自高의식을 강하게 지니고 있었다. 군왕君王은 이들을 항상 곁에 두어 대문待問케 하고, 국가의 대사大事 시時의 의론에 참여케 하였다. 즉 이들은 직위서열은 낮았지만 경卿 이상의 고위직과 나란히 국정을 논할 수 있었다. 이러한 전통은 한漢에서도 그대로 이어져 중위직中位職인 간의대부諫議大夫 집사중執事中 간대부諫大夫 박사博士 의랑議郎 등의 소위 언관言官들이 구경九卿 이상의 고위직과 함께 의정에 참여하고 있다. 아울러 이들에게는 대문待問이나 의론議論과 같은 피동적인 참여 외에 자신들의 본분을 지키기 위해 군왕의 행사에 어긋남이 있을 때 죽음을 무릅쓰고 그 잘못을 간언하는 적극적인 활동이 있었다. 이 간언은 본래 유자儒者 만이 아니라 군주에 대한 신하의 책무와 같은 것으로 인식되어 있어서 어느 계통의 신하이든 이를 중시하고 행동화하였으나, 유자의 직분상 간언은 보다 전문의 직무이자 과업이었다.

유儒는 학관學官이었으나 문자가 민간인에게 익혀지면서 육경도 함께 민간에 유전流傳 전습되게 되었다. 그리하여 유儒의 직분 가운데 일부분이 민간에서 행해지게 되었다. 그 대표적인 사례가 곧 공자와 그 학단學團이었다. 이들은 대체로 입사入仕하기 전에는 궁핍한 생활을 하며 학문과 수양에 힘썼고, 아울러 학습한 치도의 이념을 정치현장에 구현하고자 노력하였다. 이러한 처지에서 그들의 여러 직분 가운데 치사致仕의 로路에서 그들의 입지를 공고히 하는 가장 분명한 방편이 곧 간언이었다. 후대로 갈수록 간언은 곧 유자儒者를 대변하는 것처럼 보이고 있으며, 특히 한초漢初까지 별로 대접받지 못하였던 유생이 무제기武帝期로부터 진사進仕의 길이 크게 열리게 된 것은 바로 간언과 대문待問 및 교육의 적임자라는 점에서였다. 무제는 즉위 초 고법古法에 따라 봉선封禪과 교사郊祀의 예를 행하는데 유생을 필요로 한 바도 있었으나 그 보다는 육경에서 말하는 치도의 이념에 따라 성군의 로路를 가고자 하여 유생 입사入仕의 길을 확대하였다. 무제武帝는 즉위하자마자 방정方正 직언直言 극간지사極諫之士를 천거하도록 하였고, 후한에 이르기까지 이 조령詔令은 자주 시행되고 있다. 물론 공손홍과 동중서 등의 적극적인 간언도 크게 작용하였다. 맹자 이후 후한에 이르기까지 유생들의 언행에 의하면 간언의 이념은 한층 교조화敎條化되고 신성시 되어 군왕君王을 압박하고 있다. 군왕은 성도聖道의 길을 가지 않으면 안 되며, 이를 이끄는 간언을 제대로 수용하지 않으면 나라와 백성은 물론이고 군주 자신도 망치는 것이었다.

한대漢代의 언관言官계통의 관서는 간의대부諫議大夫·급사중給事中·간대부諫大夫·의랑議郎·박사博士등이었다. 이 가운데 낭중령郎中令[광록훈光祿勳] 속하의 간의대부諫議大夫[秩8百石]는 무제武帝가 신설하였다. 간의대부諫議大夫는 유아儒雅한 인물로 충원되고, 고전과 구장舊章에 밝아 의론議論과 간언諫言에 참여한다는 점에서 대표적인 문학의 직관이다. 승상 속하의 간대부諫大夫[秩6百石]와 의랑 및 박사는 명경과明經科로 선발되고 있다. 따라서 이들 언관이 유생들로 충원되었음을 알 수 있다. 또한 이 언관은 소위 관련官聯과 통직通職으로서 상호 겸직하는 경우가 많았다. 이를테면 급사중給事中은 황제 최측근의 좌우에서 시종侍從하는 언관인데 간의대부諫議大夫와 박사 및 의랑이 급사중給事中을 겸임하는 사례가 그것이다. 의랑은 현량賢良 방정方正 돈박유도敦朴有道한 자, 제공부연第公府掾, 시박사試博士, 『尙書』『毛詩』『左傳』『穀梁春秋』를 능히 송송誦하는 자 등으로 선임되고 있다. 급사중給事中은 대부분 유생출신으로 임명되고 있다. 박사는 간대부를 거치는 것이 보통이었다. 간대부와 박사는 함께 황제의 명으로 천하 순행의 임무를 수행하고 있다. 무제 이전의 박사는 제자원弟子員을 두지 못하여 교수의 직분을 행할 수 없었고, 단지 비원備員으로서만 있었는데 무제는 박사제자원博士弟子員을 두어 학관으로서 교수의 직분을 수행하도록 하였다. 이들은 대체로 육경六經의 어느 일경一經에 능통한 자가 선임되었으며, 박사와 그 제자 출신들은 대체로 언관계통의 관서로 진사하였다. 단지 지방의 학관學官 출신들은 연사掾史로 진출하는 것이 보통이었다.

　박사제자원博士弟子員의 정원은 무제시武帝時 50명에서 소제昭帝 시時에는 백명, 선제말宣帝末에는 이백명, 원제시元帝時에는 천명, 성제말成帝末에는 삼천명으로 급격히 증가하였다. 전한 말에서 왕망기에는 제자원弟子員을 교수敎授하는 오경박사五經博士가 360인, 제자 원수는 1만8백인이었다. 또한 태상太常에 속한 학관이 있어서 여기에서도 일경一經 이상에 능통한 이들이 여러 관직에 진출하였으며,

군국郡國에도 학관이 설치되어 그 학생과 하급직 가운데 품행과 경經의 능통 여부에 따라 추거推擧 입사入仕하였다. 박사는 제자에 대한 경전의 교수 외에 대문待問·의론議論·간언諫言·의옥疑獄의 판결, 정위사廷尉史에의 보임補任, 급사중給事中의 겸직, 지방풍속의 시찰 등 실로 다양한 직무를 행하고 있다.

유생은 치도의 이념을 간언을 통하여 정치사회에 구현하고자 하였고, 무제는 그들을 고법古法에 따라 언관言官으로 활용하고자 함에 양자의 처지와 뜻이 서로 합치되어 오랫동안 정치현장에서 소외되었던 유생들의 진사進仕의 길이 크게 열리게 되었다. 아울러 동중서의 천인상응론天人相應論, 재이사상災異思想 및 수명론受命論 삼통설三統說 등이 정치계와 학계에 큰 영향력을 행사하면서 간언의 중요성을 더욱 교조화하고 이념화 하였다. 한편 이 논리는 정권획득과 유지의 논리로 실권자에게도 필요한 것이었다. 유가의 정치계에서의 입지立地는 이러한 과정에서 유지되고 있다.

이와 같이 많은 수의 유생출신들이 입사入仕함에 따라 유생의 직관이라 할 수 있는 소수少數의 언관계통의 직職에 이들을 모두 충원할 수는 없었다. 특별한 추거推擧나 승진의 경우를 제외하고는 중앙의 언관계통은 대부분 박사나 태학출신자로 보임되었고, 그 밖의 경로로 진출한 유생들은 결국 연사掾史 즉 행정실무직에 보임되었다. 한편 한漢은 외유내법外儒內法의 정치를 기본으로 하였다. 이에 따라 유생이 진출하는 명경과明經科 외에 명율령明律令과 명치극明治劇이라는 율령조문에 밝거나 번잡하고 어려운 행정사무의 처리능력이 뛰어난 이들을 보임하는 입사入仕경로가 있었다. 이 부문으로 입사한 리吏는 여러 면에서 유생과 대비되어 문리文吏 또는 문법리文法吏·도필리刀筆吏로 칭하였다. 문리文吏는 율령조문과 행정세칙을 숙달하고, 공문서작성과 소송등의 사무처리 능력을 시험받아 진출한 자들이라 당연히 연사掾史의 직무에 뛰어난 재능을 발휘하였다. 반면에 연사직掾史職의 유생儒生은 평소에 육경에만 전념하였고, 치도治道의 이념을 구현한다는 자고自高의식으로 실무의 행정사무를 하천한 것으로 보아 적극 익히려 하지 않았다. 이렇게 판이한 성격의 두 집단이 관서에 함께 자리함에 따라 그 우열논쟁과 상호비판이 성행하게 되었다. 유생은 그 직무처리의 미숙으로 장관으로부터 하대下待받거나 기피되는 현상이 많아지게 되었고, 문리文吏보다 열세에 처하여 있던 것이 후한초 왕충王充의 기사記事에서 입증된다. 연사掾史의 직職에 고상한 치도의 이념은 그렇게 필요한 것이 아니었다. 그러나 문리文吏에게는 도덕의식이 결핍하여 백성을 침탈하거나 수뢰하고 아부하는 관료근성이 많았다. 후한초의 왕충王充은 이러한 양자의 장단점을 상호 보완하여 양리良吏가 되는 길을 모색하고 있다.

이렇게 양자가 상호 비판하는 가운데 자연히 자신의 단점을 개선하고, 경학이 부족한 문리文吏는 경학을, 실무처리에 미숙한 유생은 이를 습득하는 경향이 나오게 되었다. 그러나 유생은 그 독자성과 배타성이 강한 층으로 일부 학자가 말하는 것과 같은 전화轉化의 현상은 후한대까지는 이루어지지 않았다고 보았다. 또 유생보다는 문리의 측에서 그 독자성이 약화되고 있는 것으로 보인다. 그 면에서 상당한 역할을 과한 것이 곧 군국郡國의 (文)학관學官이었을 가능성을 제기하였다. 문리文吏로 출신하여 연사掾史에 있다가 사직하고 군郡의 학관에서 경학經學을 학습한 후 고관으로 나아간 개별적인 사례도 있지만, 그보다는 문리 전체가 그 직무처인 군정郡廷에 설치된 학관에서 퍼지는 경학의 분위기에 영향 받았을 것이라는 점을 지적하였다.

三

춘추전국에서 후한에 이르는 기간에 문무文武가 분화되고 숭문천무崇文賤武의 기풍이 진전되는 과정과 그 배경 및 의미를 살펴보았다.

먼저 문무분화 및 천무賤武의 현상은 춘추기의 상비군 설치에서 비롯된 면이 있음을 지적하였다. 서주기의 전투력 단위는 족읍族邑의 전사戰士들이었고, 그 전사층이 그 족읍을 이끌어가는 지배층이었다. 그들은 평시에는 여러 관직과 생업에 종사하고 전시에는 군정軍政에 들어가 군직軍職 내지 갑사甲士로서 출정하였다. 민정民政에 의탁된 군정의 운영형태였다. 그들은 문무文武를 겸비하였고, 대체로 문사文士와 무사武士로 구분되지 않았다. 족읍의 전사戰士로서 자위를 위해 공동체적 유대의 정신으로 주主에 종종從하는 예적禮的 무사도武士道가 깃들어 있었다.

춘추기 여러 제후국에서 상비군을 창설 내지 증설하게 되면서 전문의 무직과 직업병사도 자연히 증대되었다. 직업 군인의 증대는 자연히 문무 분화를 야기하였다. 문무 겸비의 전통은 이제 부차적인 사항이 되었다. 특히 전국기에 전공포상제와 군공작제로 용력勇力만 갖추면 비천한 이들도 부귀 영달과 신분상승할 수 있는 길이 열리게 되면서, 예적禮的 무사도武士道는 빛을 잃고, 점차 비천시卑賤視 되어 갔다.

이러한 추세에 '문文'에 치우친 가치관을 강조한 유가의 활동이 더해지면서 문文은 이념화 되고, 치도治道의 주요한 이념으로서 자리 잡게 되었다. 문무겸비의 전통은, 문무文武 분화의 전개와 함께 유가의 숭문崇文 활동으로 인해 점차 퇴색되었다. 유가의 그러한 활동은 전쟁이 심화되고 무武가 비천화卑賤化 되는 가운데 전통의 문文의 정신으로서 사회를 구원하고자 하는 뜻이 있었다고 생각한다. 이를 실천 궁행하는 자로서의 자부심과 자긍심이 후한대 유교가 지배 이념이 된 사대부 사회에서 절의를 숭배하는 양상으로 전개되고 있으며, 그 절의는 문文을 고수하는 것에 의해 실현되는 것이었다.

전한前漢 무제武帝는 문무文武(겸비兼備)의 사士를 함께 얻고자 하였으나 유가출신이 문학文學·효렴孝廉·현량賢良·방정方正·극간지사極諫之士·박사博士·경학經學 등의 덕목으로 추거推擧의 대부분을 차지하게 됨에 따라 유가의 문교사상이 갖는 영향력이 증대되었다. 또한 수성시대守成時代라는 인식에서 언무흥문偃武興文이 주 정치노선이었다. 그 결과 일어난 현상 가운데 하나가 태위직太尉職의 겸가관화兼加官化였다. 무직武職의 총수인 태위는 한초 이래 치폐置廢가 반복되고 있으며, 속관屬官과 인수印綬의 수여도 마찬가지였다. 그리고 언무흥문偃武興文의 차원에서 그 직책이 문관文官의 총수라 할 수 있는 승상丞相에 겸임되고 있다. 전한 말 후한에서 대사마大司馬[태위]에게 녹상서사錄尙書事나 영상서사領尙書事의 중책을 겸임시키고 있는데, 이에 대해서는 상서尙書가 백관을 총리하게 되는 과정과 관련하여 그 의미를 고찰해 볼 필요가 있겠다.

전한 말에서 후한의 기간에는 명경과 덕행을 위주로 선거된 문사文士 외에 시부詩賦와 문장의 문재文才를 통하여 출사出仕한 문원지사文苑之士의 활동이 있었다. 『후한서』文苑列傳에 수록된 이들의 활동은 문란한 선거 풍토, 형식적인 예학과 가식적인 외양의 행으로 명경과 덕행이 퇴색되고 있던 시기에 박식과 비유, 그리고 화려하되 절의의 기풍이 있는 풍간諷諫의 멋스러운 시부와 문장을 통해 새로운 문사文士의 면모를 드러내었다. 시정時政의 폐단을 위주로 한 서사敍事의 글들이라는 면에서 후대 서정을 위주로 한 문사와 다르지만 시문을 필수로 하는 후대 문사의 모습이 여기에서 이미 드러나고 있음을 볼 수 있다. 이제 문사는 시문詩文의 능란한 구사를 통해 무사가 쉽게 갖출 수 없는 고아古雅하고 세련된 귀족풍의 미덕을 과시할 수 있게 되었다. 이러한 사정으로 문사와 무사의 사회적 지위의 격차는 더욱 심화되지 않을 수 없었을 것이다. 또한 위진남북조 귀족사회의 문아文雅한 사대부의 모습, 그리고 과거제에서 시문을 최고의 고시考試로 하는 제도의 성립과 관련하여 후한 대 문원지사文苑之士의 활동은 그 연원의 문제를 이해하는데 중요한 실마리를 제공해줄 수 있는 것으로 생각된다.

또한 후한 기에 사대부의 생활과 교류관계에서 절의節義를 존숭하는 풍조가 유행하고 있는 것은 명경과 덕행을 위주로 하는 전통의 문덕文德이 사라져가던 상황에서 그에 대한 새로운 기풍으로서 나온 것이라 할 수 있으며, 위에 기술한 문원文苑의 사士들에게서 보이는 면모도 그 새로운 기풍 가운데 하나이다. 이러한 분위기에서 무武에서 문文으로 변모하는 것을 '절절折節' 혹은 '개절改節'이라 칭하고 있다.

무제기武帝期 이후 전개된 태위직太尉職의 변화, 문원지사文苑之士의 활동과 그 영향, 절의節義 기풍의 유행 등은 모두 언무흥문偃武興文의 정치 기조가 이어지는 가운데 그 영향으로 일어난 현상이라 하겠다. 천무賤武 경향의 심화는 이러한 여러 사정이 전술한 춘추 이래의 추세와 어우러진 가운데 이루어진 것이라고 생각한다.

四

유흠의 위작설僞作說은 청대 금문학자를 거쳐 고힐강顧頡剛에게 부분적으로 계승되었지만 근래에 와서는 『좌전』을 비롯한 여러 고문경전들의 신빙성은 갈수록 커지고 있다. 위작설은 일부분 극복되었다 하겠으나 아직 관련문제가 뚜렷이 해결된 것은 아니다.

본고는 고문위작설古文僞作說에 반대하는 입장에서 『新學僞經考』의 유흠위작설劉歆僞作說과 이에 큰 영향을 받은 고힐강의 회의론이 잘못된 것임을 지적하였다.

금고문문제는 유흠의 위작僞作여부에 초점이 있으나 더 나아가 고대전적 전반의 문헌비판과 육경六經에 의거하여 고대사를 이해하는 데 있어서 우선 해결되어야 할 과제이다. 사마천은 주로 육경에 의거하여 자료 평정을 하였다(「考信于六藝」). 사마천은 고문古文인가 금문今文인가에 따라서 어느 한 면만을 취하거나 방기하는 입장은 아니었다. 어느 자료이든 종횡으로 살펴서 사실성 여부를 판단하였다. 그러나 사마천 이후의 학자들은 대체로 고문인가 금문인가의 여부에 따라 취사取捨하는 경향이 있게 되었다. 특히 전한 후기에 이르러서는 중앙학계가 금문 일변도로 나아갔고, 유흠의 고문 현창은 이러한 사정을 개정하고자 하는 열의에서 나온 것이었다.

유흠은 금문경학이 중앙 학계·정계를 전횡하고 있던 시기에 비서각에 먼지 속에서 쌓여있는 채로 활용되지 못하고 있던 고문 경전과 자료들을 대조, 교정, 정리, 편정하는 작업에 매진하였다. 모두 한초 이래 크게 부족하였던 문헌자료를 보완하여 갖추고자 한 것이었다. 특히 『좌전』을 발견하고 검토한 결과 『춘추』의 훌륭한 전傳이 되는 것임을 알고 조정과 학계에 그 활용을 크게 권장한 것뿐이었다. 그러나 당시『춘추』의 전傳으로서 금문인『공양전』·『곡량전』만 정통으로 고집하던 대다수의 금문학 부류들에 의해 많은 공격을 받았다.

근래 춘추시대를 연구하는데 가장 주된 자료인『좌전』활용에 큰 공을 세운 유흠의 학자로서의 입장과 열의를 올바로 이해하고 평가해야 한다.

강유위康有爲는 공자의「술이부작述而不作」을 부정하고, 공자의「탁고개제托古改制」를 주창하였다. 그러나 사마천은, 공자가『尙書』를 서序하고,『춘추』를 편차編次하였다는 등의 설에 대해 본래 전해져 온 자료를 공자가 편차하였다는 것이지 그 내용을 어떠한 의도로 개작改作 편차한 것은 아니라고 보았기 때문에 그 전적들에 의거하여 상고사上古史를 기술하였다. 물론 그 편차編次 과정에서 일부분 첨삭添削은 있었을 것이다. 이 부분은 고래古來로 인정되어 온 바이다. 그런데『新學僞經考』가『사기』에 보이는 여러 곳의 '고문古文'의 자字를 유흠劉歆이 첨가한 것으로 단정하는 등『史記』에 유흠이 위작한 부분이 상당수 있다고 제시한 것은 지나친 강변強辯으로 그 모순이 쉽게 드러난다.

고힐강은 청대 금문학가의 고문위작설古文僞作說이 지니는 정치적 의도와 일방적 편견을 지적하고 거기에 전면적으로 따를 수는 없음을 명언한 바 있지만, 유흠위작설劉歆僞作說에는 상당부분 동조하고 그 영향으로 고문古文 전체에 대한 회의론을 전개하였다. 그러나 그의 주장 또한 여러 모순과 문제점을 지니고 있어 수긍할 수 없다.

본고의 조그마한 성과가 유흠위작설을 극복하는데 일조가 되었으면 한다.

근래 다량 출토되고 있는 금문金文과 간독簡牘문서들은 상당부분 한대 금문경전이 나오기 이전의 고문경전古文經傳에 속한 것들이어서 금고문논쟁과 관련하여 좋은 자료가 될 수 있다. 『좌전』과 『주례』등의 여러 고문경전의 기사들이 신출토자료의 해독과 이해에 필수 자료가 되고, 또한 그 기사들이 신출토자료에 의해 사실로서 입증되는 성과가 이어지고 있다. 그 성과가 금고문문제의 해명에도 많은 도움을 줄 수 있을 것으로 기대한다.

五

진한의 사회보장과 복리 후생의 여러 시책들은 거의 모두 『주례』나 『관자』의 이념과 제도를 답습하였다. 주대周代의 사회보장 복리 제도가 대부분 전국 진한의 법령에 조문화 되어 있고, 여러 사서史書에 실제 실행되고 있는 사례가 즐비하다. 복리 후생 구호의 시행은 치자治者의 주요 업무가 되고 있다. 군주들은 고래古來의 애민愛民·보민保民·대동大同·애경哀敬·자혜慈惠·호조互助의 이념을 구현하기 위해 관련 법령을 주시시키고, 실행 세칙을 조정하여 수시로 조령詔令을 내리고 있다.

중국고대의 사회보장과 복리 후생의 시행은 국가 내지 위정자爲政者 주도로 이루어지는 방면과 사회 기층의 누층적인 인보隣保조직의 단위 집단별로 이루어지는 자발적인 상부상조, 호혜互惠, 상보相保의 방면으로 구분된다. 후자의 기능도 국가의 제도적 장치를 통하여 구현될 수 있도록 되어 있고, 위정자는 그러한 성과가 이루어질 수 있도록 수시로 조령詔令과 월령月令 등을 통하여 교시教示하고 장려하였다.

전반적으로 보민保民의 주요 대상은 노인, 고독孤獨, 과부寡婦, 유아乳兒, 빈궁자, 병자, 신체불구자, 피재민 등 불우계층이다. 이들에 대한 구호와 시혜施惠 조치는 실로 여러 방면으로 갖가지 수단이 동원되고 있다. 특히 다수 군주들의 열의에 가득 찬 적극적인 구호의 노력이 돋보인다. 이밖에 관리의 일상 휴가와 상사喪事 등 특별한 사정에 따른 휴가, 퇴휴자退休耆에 대한 지원책, 긴급 구호를 위한 식량 비축의 제도, 상평창常平倉, 숙식시설의 설치 등이 펼쳐졌다.

후한 중기 이후 난정亂政과 전란으로 국가의 사회보장, 복리 후생의 시스템이 거의 운영되지 못한 가운데 향리 공동체 자체에서 공동 기금 마련을 통하여 상호부조와 복리 및 부세역賦稅役 부담의 균등화를 위한 갖가지 탄僤(彈, 單, 埤)조직이 흥기興起하였다.

후한 중기 이래 성장한 민중도교科儀道敎 집단인 태평도와 천사도 (오두미도)집단은 사회불균등 현상이 심화하는 가운데 그것은 하늘이 베푼 뜻을 거역하고 기만하는 것이라 하고, 권력과 재화를 가진 자의 시혜施惠와 사회적 균등화가 지니는 당위성을 고취하였다. 그들의 주창은 종래의 사회보장 내지 복리 후생의 이념과 시행 보다 한 차원 높은 강도로 제기되었다. 그 이념은 이미 종교적 신념으로 무장되었고, 사회적 약자로써 이미 겪어 왔던 자들의 울분이 배어 있었다.『태평경』에서의 사회 구호와 시혜의 실천은『주례』등에 비해 개인의 수양修養과 복덕이 된다는 측면이 추가되어 있다. 또한 형벌이 없이 자치로 이루어지는 정치를 최상이라 하고, 재물에 곤궁함이 없으며, 억울한 민民이 없는 사회의 건설을 추구하였다. 이러한 주창들이 과거에 없었던 것은 아니었지만 이에 위배되는 현실을 천의天意에 역逆하는 것이라 하여 그 죄과를 크게 부각시킴으로써 실행의 당위성을 종교적 신앙의 형태로 진전시켰다. 종교적 신념으로 무장된 보민保民과 균분均分, 시혜施惠의 이념은 얼마 후 혁명을 발발

시켰다. 그들은 나름대로 법이 없는 사회와 종교공동체로서의 자치를 구현하고자 하였다. 여행객 누구나 무료로 이용할 수 있는 숙식시설인 의사義舍를 로로路에 설치하여 운영하였다. 죄인에게 고백과 참회 기도를 통한 면죄免罪의 기회를 주었다. 장리長吏를 두지 않고 종교공동체 지역 지도자인 제주祭酒를 통하여 이끌었다. 이러한 모습이 법 없이 이루어지는 자치自治사회의 실현이라고는 볼 수 없겠으나 민民이 편락便樂하고, 힘이 충실해져 웅거할 수 있었다는 것은 나름대로 성공적인 치세治世의 일면이 있다고 하지 않을 수 없다. 보민과 사회복리 후생의 이념이 종교적 신념으로 무장되어 혁명을 일으켰고, 그 와중에서 이루어진 이념의 실천의 일단을 후한말의 민중도교 집단에서 보게 된다.

태평도는 황건란의 실패로 그 전승이 거의 단절되었고, 장로張魯는 항복한 후 그 중심 집단과 함께 관중에 이주되어 조조로부터 낭주후閬中侯 읍邑 만호萬戶에 봉해졌으며, 사천 지역의 천사도 공동체는 별다른 침해를 받지 않음으로써 계승될 수 있었다. 이후 위진남북조 시기를 통하여 사회보장과 복리 후생을 위해 이 집단이 어떠한 입장으로 어떠한 활동을 하였는가를 살펴볼 필요가 있다. 이에 대해서는 후일의 과제로 삼고자 한다.

六

전한 중기 이래 성장한 사대부사회는 가산과 세력의 증대 뿐 아니라 경학에 근면하고 의절義節의 행실을 추구하고 경모하며, 의론하고 교유하는 전통 유사로서의 행을 충실히 따르는 풍토 또한 증대되었다. 전한 말에는 그러한 교유가 교결交結과 당우黨友 붕당의 폐해로, 의론은 당우黨友의 죄로 거핵擧劾되는 모습으로 진전되었다. 왕망의 통치를 거치면서 현실의 세勢에 굴복하여 이에 귀부歸附하고 아부하는 모습이 주조를 이루고, 사士의 도道는 퇴색하였다. 그러나 적미난 시기에 사대부사회는 「思漢」을 기조의 동인으로 하면서도 형세를 관망하며 영참營壁 자수自守하는 보신주의 경향도 많았지만 혁명을 의도하여 적극적 군사행동으로 진출한 자도 많았다. 이들은 종족·빈객·부곡·노비 등 자체의 세력에서 출발하여 주변의 유민과 세민細民을 흡수하며 점차 큰 군사집단을 형성하였다. 각 집단의 성패를 좌우한 것은 무엇보다도 각 집단을 이끄는 제장諸將들이 얼마나 위민爲民·의절義節·용직勇直의 사도士道를 펼쳐서 민民의 경신敬信 수종隨從을 얻는가 하는 것이었다. 수십 배의 군사력으로도 굴복시키지 못한 성城이나 지역이 제장諸將이나 군수 현령의 이러한 사도 시현으로 솔선하여 귀복하고 그것이 인근 지역까지 이어지고 있다. 구략寇掠이 횡행하던 시기에 이러한 사도의 실천은 더욱 귀하고 빛나는 것이었다. 대체로 당시의 제장은 일부 농민반란의 거수渠帥를 제외하고는 거의 경학에 조예가 있는 문사였다. 그들은 군사 방면 뿐 아니라 문치에도 큰 역량을 과시하고 있다. 이 또한 전한 이래 길러진 사도의 영향과 힘이라고 생각한다.

적미난을 거치면서 민民의 지지를 받지 못한 호족 내지 사대부집단들은 상당부분 제거되고 몰락한 것으로 본다. 왕망 집정에 귀부歸附하여 혼탁해진 사대부사회는 적미난을 통해 청소된 일면이 있다. 후한 정부의 성립은 곧 이러한 여건에서 이루어졌고, 그 문사文士 출신 공신층은 대체로 청절淸節을 행하는 이들이 많았다. 전란 과정에서 그들이 얻은 성과 또한 사도의 실천에 의한 것이었다. 따라서 그들은 충직忠直하였고, 황제권을 위협하는 세력으로써 자리 잡지는 않았다. 황제권은 여전하여 이들 제장諸將 출신 사대부들 가운데 책면責免의 징계를 받지 않은 이들이 얼마 없었다. 2천석 이상의 관리가 미세한 잘못으로 좌천되는 일들이 많았다. 따라서 후한을 호족연합정권이라거나 황제권이 호족세력에게 구속된 것으로 보는 시각은 잘못된 것이라고 본다.

광무제는 태학에 유학한 바 있는 경학의 문사文士 출신으로서 사도를 중시하고, 의절義節, 경학의 사士를 중용하였지만 문리文吏를 통해 법과 질서를 이루려고도 하였다. 그러나 후한의 정치와 사회는 전한 중기 이래 심화되어 온 사대부사회의 성향이 갖는 영향력을 벗어나지 못하였다. 저명한 경학자를 쫓아 전국에서 모여드는 제자군諸子群들, 학사풍學士風의 유행, 상호 교유 교결을 통한 당우黨友의 결속이 지속되고 있다. 이제 유사儒士가 거의 차지한 현령 이상의 관장급官長級 관료계에서 문리는 그 속리에 머무르게 되거나 유사의 관장官長에 의해 속리 임용에도 배제되고 있다.

후한의 정치 사회에서 보이는 이러한 추세는 상당부분 전한 후기의 양상이 이어지고 심화된 것이며, 적미난 시기를 겪으면서 펼쳐진 사士와 민民의 의행義行과 경신敬信이 어울려지는 가운데 바로 유가의 주된 이념이 크게 구현됨으로써 그러한 심화의 추세가 전개된 것이라 하겠다.

이상 여섯 방면에서 중국고대 유생의 존재형태와 그 활약상 및 성격·역사적 의의 등에 대해 살펴보았다. 동양의 역사는 실로 유생이 주축이 되어 전개된 면이 많다. 그래서 그들이 펼친 여러 행태에서 동양 사상 중요한 역사적 의미들을 보게 된다. 본고의 성과는 그 일단에 지나지 않는다.

고대 유생의 어려 모습에서 오늘날 지식인 내지 지성인은 취하거나 버려야 할 점들이 있을 것이다. 그러나 필자의 안목에서는, 현대인이 놓쳐버린 아까운 면들이 훨씬 많다고 본다. 요컨대 고대 유생의 모습에서 현대지성인이 회복해서 지녀가야 할 사항들이 많다고 생각한다.

본고의 자그마한 성과가 이 분야 연구진전에 디딤돌이 되고, 나아가 미래 사회를 올바로 이끌어갈 사회 정치인을 도출하는데 기여하였으면 한다.

中文要約

中國古代的儒生與政治

Chapter 1

管仲與孔子
Guan-Zhong and Kong-Zi

序言
Ⅰ. 活用『管子』的 問題
Ⅱ. 孔子的評價管仲與其意味
Ⅲ. 管仲的改革與孔子的改革
Ⅳ. 仁義禮樂與法

　　春秋戰國時代是中華文明基本成型的時期。管仲(?~645BC)與孔子(551~479BC)在這個文明成型之時起到了相當重要的作用。本文認為兩者在思想與政策上有一脈相通的部分。以此二者為代表的春秋時期的知識人與戰國時期的知識人之間存在著相當的差異。春秋期知性人寬容且不偏執。與諸家和諧相容沒有矛盾，并根據時機與條件適時地將其運用古來諸方面的理念與智慧。今管仲與孔子對嚴罰主義和愛民與哀愍，嚴懲與慎刑主義，名分與實都採取了包容的態度。作為政治家來說，兩人所實行的改革在很多方面是一致的。

這樣說來，通過《管子》一書所看到的雜家類書層面上來看，春秋時期的知識人本來就具有多樣的思想和學識并加以運用。因此筆者認為應該跳脫出一部分文獻批評家對《管子》一書乃偽作或假託的視角，積極地利用《管子》來理解春秋時期知識人的特征與戰國時期諸家的性格。

管仲主張通過武力手段來成就霸業是最終為王業成就的準備階段，重視法制是為了實現仁義禮樂，重視懲罰是文教具現的前提。所以不能把他與戰國時期的法家等同。且從其重視以武力手段來實現霸業來看，也不能將他與主張不霸而王道的後代儒家孟子相提並論。

管仲所強調的無為之善與道家想通，但是與道家否定人為的功業不同，管仲認可人為的功業。管仲與孔子沒有以儒・法・道中任何單一的學說為立場來批判其他的學說。因此諸子百家分流之後的諸家來作為標準去評價或判定二人無疑是管中窺豹。

管仲對孔子思想的形成起到了相當的影響。我想後代儒生能夠成為賢能的政治家很大層面上是來自於這種影響。

(關鍵辭) 管仲 Guan Zhong, 孔子 Kong Zi, 『管子』Guanzi, 儒家 the Confucianists, 法家 Legalists school, 王道 Wangdao, 覇道 Badao, 仁義禮智 ren-yi-li-zhi, 道家 Taoist school

中國古代的儒生與言官

　　向君主諫言的文化是古代中國政治文化領域中較為突出的特徵之一。諫言精神與儒家思想之間有何內在聯繫？負責監督與上諫的言官的由來如何？它是怎樣與儒相關聯的？秦漢的言官制度構造是怎樣的？儒生被任命為言官的具體形式為何？與此相比，儒生出身擔當屬於下級實質官職的掾史又呈現了怎樣的面貌？以上幾個論點就是本文所主要研究的課題。

　　儒(保氏‧樂師‧瞽史)作為一種學官，其本來的職責是傳承古代文化制度、禮法及史實，教授貴族子弟，主持雩祭、郊祀等祭禮和朝儀。毋庸諱言，六經(六藝)是承載古代文化制度、禮法及史實，先王的治道理念的總載體。因此，他們的本分便是根據六經的治道理念，向君主傳達帝王之學及聖君之路，以便使君主走向正軌。當然其治道理念是指通過詩書禮樂，即以道德來感化君主及百姓進而使得他們順應天道。如《大學》里所強調的，王道和治道無非是使百姓通過對心性的修養來使其'明'或'得以明'，最後達到其生來就所應具有的'明德'的境界。

　　儒雖然是中級的職位，但是他們認為自己所擔當的卻是高尚的任務，因此使其充滿和自豪感及自高意識。君王使臣讓儒者在左右侍從，以便使其能夠參與國家大事的論議。換句話說，他們雖然地位不高，但卻可以與卿大夫以及其以上的高級官僚共同議政。他們除了待問或論議之類的被動參與，他們還會在君王犯錯之際，為了固守自身本分而冒死諫言。其實諫言不僅是儒者，也被其餘的臣子所重視并予以實踐。其中儒者的諫言成為了其專門的職務及課業而更加受到了重視。

隨著文字流入民間，六經也逐漸在民間社會內部傳習。從而使儒的部分職能在民間被實踐，其中孔子及其學團就是最具有代表性的例子。他們大部分人在入仕之前經歷過窮乏的生活，因而格外重視學問和修養。與此同時，努力將所學到的治道理念得以在政治層面上予以實現。在這種情況下，他們雖然擔當著不同的職責，但是對於他們來說，鞏固自己仕途的最有利的行動就是諫言。隨著時代的變遷，諫言更是被視為儒者的代言詞。特別是漢初期待遇并不佳的儒生，從漢武帝時期以後，他們的進仕之路因諫言、待問和教育的職責而豁然開朗。武帝即位之初依據古法進行和封禪和郊祀的行為來看，其需要儒生。且與其相比，武帝想要按照六經中所說的治道理念走向聖君之路的過程中擴大了儒生的進仕之路。其間，公孫弘與董仲書等人的積極的諫言也起到了很大作用。到了後漢年間所出現的儒生之言行，可發現諫言之理念露出教條化、神聖化的趨勢，以此來壓迫君王。

漢代屬於言官系統的官員有諫議大夫、給事中、諫大夫、議郎、博士等。其中，諫議大夫(秩八百石)屬於郎中令，是由武帝初置的。諫議大夫通常由儒雅的人物擔當，他們精通古典舊章，故能參與議論和諫言。從這個意義上來說，他們屬於典型的'文學類官員'。直屬于丞相的諫大夫(秩六百石)、議郎和博士，通過明經科來選拔的。由此可推斷，言官是以儒生來擔當的。此等言官通常兼職於所謂'官聯'和'通職'。譬如說，給事中是在皇帝的左右身邊直接侍從的言官，即諫議大夫、博士及議郎兼於給事中一職。賢良方正、敦朴有道之人，第公府掾、試博士，以及精通《尚書》、《毛詩》、《左傳》、《穀梁春秋》之人等被選拔為議郎。擔任給事中一職者大部分為儒生出身。博士通常從事過諫大夫一職。武帝以前，博士不能置弟子員，故不得履行教授的職責，只能作為備員。但自從武帝設置了博士弟子員，使得他們可以作為學官，行使教授職責。他們至少精通六經中的一經，才能被選任。博士及其弟子出身者大部分進仕爲言官。但是地方出身的學官通常只能就任掾史。

還有，屬於太常的學官，精通一經以上者就可以擔任此種官職。郡國也設置學官，其能否被推舉入仕取決於他的品行和是否精通經文。博士除了對弟子教授經傳以外，還有類似於待問、議論‧、諫言、疑獄的判決，補任廷尉史，兼職給事中，視察地方風俗等等多樣的職務。

儒生希望通過諫言在政治社會各領域實現治道的理念實現。武帝依照古法任用他們爲言官，使得兩者的處境及意向相合一致，從而相當長的時間在政治領域被疎離的儒生們得以擴展自己的進仕之路。

隨著如此多數量的儒生選擇入仕，結果就是所謂儒生職官的少數言官系統職位容納不了他們全部。除了特別推舉或是晉升，中央政府的言官系統職位大部分被博士及太學出身者所補任。而通過其他途徑入仕的儒生，結果只能被補任爲掾史(行政實務職)。

漢朝的基本政治理念是外儒內法，因此除了儒生入仕的明經科以外，還有明律令和明治劇等入仕途徑。與儒生相比，通過這種途徑入仕的官吏被稱爲文吏、文法吏，或者刀筆吏。文吏精通律令條文和行政細，且通過了擬寫公文和訴訟事務處理能力等各方面的檢驗而被選任，理所當然會在掾史職務上發揮出色的才能。.與此相對，擔當掾史一職的儒生平素專念六經，而且抱著實現治道理念的自高意識而不努力學習行政實務，甚至於貶視它。如此相異性質的兩個集團在處於同一官署時，自然而然地盛行起了對彼此優劣的論爭和互相批判。儒生因不熟悉處理公務而被長官下待或忌避的現象逐漸增多，使得他們與文吏相比處于劣勢。事實上，掾史之職並不需要高尚的治道理念。不過，因爲文吏缺乏道德意識，結果暴露了侵奪百姓、受賂金錢、阿諂上級的官僚主義。後漢初期，王充深刻地認識到兩者的利弊，希望通過兩者的互補來探索培養良吏之策。

如上所述，兩者在互相批判的過程中，自然而然的出現了改善自身弱點的新現象。對經學不了解的文吏習得經學，對行政處理出熟悉的儒生習得實務。不過，由於儒生的獨立性和排他性相當強烈，因此如很多學者所主張的一樣，這種向文吏轉化的現象在後漢時期尚未出現。而與此相反，文吏的獨立性與儒生相比相對較弱。從這個方面來看，本文的最後提出了在郡國的學官，受到經學風潮的影響，而進行的改變的重要性對中國古代儒生與官僚的研究提供了一個新的視角。

(關鍵辭) 儒生 Confucian scholar, **保氏** baozhi, **師氏** shizhi, **樂師** leshi, **諫言** remonstrance, 言官 debate office, **文學** literature official, **文法吏** skillful in literature-law official, **外儒內法** outward-law inward-Confucian, **六經** six scriptures, **明律令** be learned in the law, **掾史** lower official in charge of actual affairs

中國古代文武史序說

An Introduction of the History of Literary and Military in Ancient China

---

序言
Ⅰ. 春秋戰國期文武分化的事情與背景
Ⅱ. '文'的理念化與其性格
Ⅲ. 漢代偃武興文政治的展開與其影響
Ⅵ. 文苑之士的活動與其意味

文的本義是'紋', 為多樣現象之意。'文'的語義從殷、周至漢, 經過了多次的轉義, 但由此或許能推測出中國古代文化主要特質中的一個方面。相對于天文, 人文包括了所有人間事物的面貌,而這'人間事'的代表便是 - 經書、典章、禮樂、法律, 以及制度。因此'文'即是人文, 當它在學習中占據了代表地位的同時, 就又被賦予了'學問'或'好學'的意思。依據文的內容和目標, 它還有優秀的品性或人格的意思。武也包含在人文之內, 但經過以上各種的轉義以後, '武'區別于'文', 成了與'文'對立的名稱。特別是在人文調和順應於天之現象(天文)和其秩序的思想成爲中國古代之治道及倫理道德的基盤之後。

'武'一向被認爲與文一樣, 是當政者所必須兼備的。春秋時期, 君主與士大夫兼修文武, 戰時, 則仍作為將軍、戰士而出征。因此當時的士, 也許指的就是文武兼備的所謂'文武之士'。中央政府的師氏和專門武職司馬也被設置爲六官之一. 由此來看, 并不是沒有文武官員的區別, 但是以司馬一職所執行的種種職責來看, 我認爲他們不論文士、武士, 都是不加區別而被任用的。依據春秋時期孔子的觀點, 士大夫是以'治人’的身分通過研究鉆研六經而習得仁義禮智，敎民以‘德性’的階層。如果說這便是孔子所指出的文比武更爲重要的話，孟子則更加强烈地主張崇文，貶低武力。

我認爲戰國時期隨着戰爭的白熱化，武的地位一步步地提高，導致了文的理念化和其反復被强調。依照歷來的文武觀，孟子這種的態度和行爲雖爲崇文，但是筆者認爲他對于維護人文精神，并使得這樣的實踐者不斷輩出的方面有相當積極的意義。這亦是戰國時期文士與武士的明顯區別.

前漢時期，文學出身者被任用爲官吏的比重非常高。而到了後漢時期，以武勇被任用爲將軍、都尉等武職的事例就更少了。雖然武帝想得到文武兼備之士，但是推選制度卻是以文學、孝廉、賢良、方正、極諫之士、博士、明經等爲德目，因此儒家出身的人遂漸占所有被推舉的大部分，儒家文敎思想的影響力也因此增大了。在所謂‘守成時代’的認識之中，‘偃武興文’成爲主要的政治路線。其所導致的現象中之一就是太尉職的‘兼加官’化。漢初以來，武職總帥太尉的立廢不斷反復，屬官及印綬的授與也是如此。且在‘偃武興文’的思想下，文官之總首丞相可兼任武職總帥太尉。從前漢末至後漢，大司馬可兼任錄尚書事、領尚書事的職位。結合尚書成爲總理百官的過程，我們有必要對此問題加以考察.

前漢末到後漢時期除了以明經和德行爲主來選舉文士以外，還有通過詩賦和文章的文才出仕的　文苑之士的活動。『後漢書』文苑列傳中收集了這些人的活動，混亂的選舉風土，由於形式上的禮學和假式的外樣行爲導致明經和德行褪色的時期所殘存的博識和比喩，以及通過華麗的節義風氣的諷諫的優美詩賦和文章，展示出了新的文人形象。以時政弊端爲主的敍事詩與後代以抒情爲主的文士有所不同，但是詩文必修的後代文士的形象在這裏已經得以呈現。這時的文士可以通過對詩文嫻熟的構思，來炫耀武士所無法企及的古雅和洗練的貴族風氣。這種情況下文士和武士之間社會地位的差異不可避免地更加深化了。魏晋南北朝時期的貴族社會的文雅的仕大夫形象，科舉制中詩文考試制度的形成和與之相關的後漢的文苑之士活動的淵源問題，可以爲上述問題提供重要的線索.

　　武帝期以後太尉職的變化是由於文苑之士的活動和其影響，節義風氣的流行等所有偃武興文的政治基調的影響所引起的。筆者認爲諸如賤武傾向的深化等，則是自春秋以來的所形成的這種趨勢的融合過程中所形成的.

(關鍵辭) 儒生 Confucian scholar, 保氏 baozhi, 師氏 shizhi, 樂師 leshi, 諫言 remonstrance, 言官 debate office, 文學 literature official, 文法吏 skillful in literature-law official, 外儒內法 outward-law inward-Confucian, 六經 six scriptures, 明律令 be learned in the law, 掾史 lower official in charge of actual affairs

『左傳』僞作說問題小考

A Little Study on the Problem in the Opinion of the Forgery in
Zuo-chuan

序言
Ⅰ. 劉歆的古文經傳顯彰的事由
Ⅱ. 『新學僞經考』的僞作說批判
Ⅲ. 顧頡剛的議論與其問題點

　　本文從否認『左傳』是僞作的角度，指出了康有爲在『新學僞經考』中主張的"劉歆僞作說"與受此影響的顧頡剛的懷疑論是錯誤的。

　　劉歆唱導古文顯彰運動的背景與目的純粹是學問熱情，很難將其看作是有政治意圖的。他想擺脫當時只用今文經傳的經學，積極利用新發現的古文諸資料，解決了漢初以來一直對經學的理解與發展起沮礙和影響的經傳不全之現象，使得可以正確的理解經義。尤其是他驚喜的發現《左傳》可以作爲解釋『春秋』的傳，主張積極的予以利用。

　　劉逢祿·康有爲等清代今文學者認爲，推進立學官『左傳』等古文經傳運動是與王莽政權勾結的劉歆的政治意圖。康有爲在『新學僞經考』中甚至主張劉歆在『史記』等書中也多處添加了'古文'的字句和句節，以此歪曲事實。然而這種說法過於牽強附會，且核對的結果是原文本就如此，并非爲劉歆所添加的。

　　盡管顧頡剛指出了清代今文學家的古文僞作說的政治意圖和偏見，認爲不能全面接受他們的主張，但他還是在很大程度上贊同劉歆僞作說的主張，從而對全體古文典籍提出質疑。然而他的主張也有諸多矛盾與問題，故亦難以令人認同。

原本今古文問題焦點在於是否是劉歆的偽作，但其外延涉及到對古代典籍的批判，以及依據六經來理解古代史的問題。

司馬遷主要依據六經評定資料(「考信于六藝」)。并不是依據是否古文還是今文來取捨的。然而司馬遷以後的學者們大部分有依據古文和今文與否來取捨的傾向。特別是到了前漢後期，中央學界出現了向今文一邊倒的現象，劉歆顯彰古文的目的就是為了改正這種現象。

我希望本稿的論證對克服劉歆偽作說有所幫助.

(關鍵辭)『左傳』 *Zuo-chuan,* 古文 archaic texts, 今文 recent texts, 『新學偽經考』 *Xin-xue wei-jing kao,* 劉歆偽作說 the opinion of Liu-xin's forgery, 司馬遷 Simaqian, 劉向 Liuxiang, 王莽 Wangmang, 康有爲 Jiang you-wei, 顧頡剛 Gu jie-gang

Chapter 5

秦漢的社會保障制度和太平道

The Social Security System and Taiping-dao in Qin-Han Periods

序言
Ⅰ. 國家的保民、施惠策與隣保的社會保障制度
Ⅱ. 秦漢時期的社會保障體制與法令
Ⅲ. 太平道與天師道的保民、福利理念與其活動及意義

　　秦漢時代的社會保障和各種福利措施幾乎都是沿襲了『周禮』和『管子』的理念和制度。福利救護制度的實行成爲統治者的主要任務。君主們爲了實現自古以來所强調的爱民、保民、大同、哀敬、慈惠、互助的理念，而注重於相關法令的實行，并隨時頒發詔令來調整實施細則。

　　中国古代的社會保障和福利制度的實行，一方面由国家及當政者主導來實現，另一方面是由社會底层自發的隣保組織形式的相扶相助、互惠、相保來實現。後者的機能也可以通過国家的制度來實現，當政者爲了推進該成果，随時通過頒發詔令和月令來教示和獎勵。

　　一般保民的主要對象是貧苦階層。對這一階層的救護和施惠措施從多個方面，採用各種手段來進行。此外還設置了諸如官吏的日常休假和喪事等各種意外情況的休假制度，對退休人員的支援政策，爲緊急救護而設的食糧儲備制度，常平倉，宿食設施等。

　　後漢中期以後由于乱政和战乱，導致了国家的社會保障和福利制度等系統幾乎不能正常運營，鄉里共同体爲了實現福利和賦税役的負担均等化，通過自發籌備共同基金和相互扶助方式，興起了很多名爲僤(彈，單，墠)的組織。

後漢中期以來成長起來的民間道教集团太平道和天師道(五斗米道)集团，宣揚社會不均等現象是對上天旨意的抗拒和欺滿，鼓吹持有權利和財物的人應該施惠，以及社會應當為均等化的理念。他們的主張超出了自古以來的社會保障和福利的理念。他們的理念已經被宗教信念武裝，滲透着身為社會弱者的郁憤。『太平經』的社會救護和施惠的實踐與『周禮』相比增加了個人修養和福德方面的内容，崇尚實現没有刑罰的自治政治体制，追求建設没有貧窮、没有冤民的社會。

　　這種提議在過去雖然也曾有出現，但與此向悖的是，其違背天意并通過實行夸大罪過的義務性的宗教信仰的形態來發展。這種宗教信仰武裝的保民和均分、施惠的理念，没多久就導致了革命。他們倡導没有法制的社會，實現宗教共同体的自治。設置并運營了比傳舍和里舍更公益化的公共設施義舍，罪犯可以通過告白和懺悔祈禱獲得免罪的機會。不設長吏，由宗教共同体的地區領導者祭酒統領。這樣的局面不能將其看做是實現了没有法治的自治社會，而是民衆便樂，力量强大到可以雄據，不可否認這是成功治世的一面。保民和社會福利理念被宗教信仰武裝成，而引起革命，透過後漢末期民衆道教集团可以看到一段在其旋涡中所形成理念的實踐。

(關鍵辭) 保民 preservation of the people, 福利厚生 social welfare, 隣保組織 social collective security system in the neighborhood, 『周禮』 *Zhou Li*, 『管子』 *Guan-Zi*,, 太平道 Taiping-dao, 天師道 Tianshi-dao, 張魯 Zhang-lu, 義舍 Yi-she, 俾組織 Shan system

Chapter **6**

赤眉亂時期的士大夫社會與後漢王朝

Gentry-Society in Chi-mei Rebellion Periods and Later-Han Dynasty

序言
Ⅰ. 赤眉亂時期士大夫社會的對應與其動因
Ⅱ. 士大夫的義節與民的敬信隨從
Ⅲ. 赤眉亂與士大夫社會與後漢王朝

　　前漢中期以後成長起来的士大夫社會在家産和勢力增强的同時，他們還勤勉于經學，追求敬慕講義節的品行，更加崇尚議論和交游等傳統儒士的操行。前漢末年，還種交游由于和黨友、朋黨交結的弊害，議論發展成爲舉劾黨友罪名的形式。經過王莽統治下更屈服于現實的勢力，歸附阿附成爲當時社會的主流，士之道開始敗落。赤眉之亂時期的士大夫社會雖然以‘思汉’为基本動因，但是觀望形勢營壁自守的保守主義倾向還是很多。但是意圖革命積極搞軍事行動的人也有很多。他們從種族、賓客、部曲、奴俾等自身的勢力出發，又吸納了周圍的游民和细民，逐漸形成了龐大的軍事集團。各集團成敗决于諸將领是否能够遵守‘爲民’、‘義節’、‘勇直’的士道，并以此來得到民衆的敬信和隨從。數十倍的軍事力量無法征服的城區，但是依靠諸將、郡守、縣令所顯示出來的士道，這種影响就能够波及到臨近的地區。寇掠橫行的時代，實踐這樣的士道，尤爲珍貴。除了一部分農民叛乱的渠帥以外，大凡當時的將領幾乎都是研究經學的文士。他們在軍事方面和文治方面均有很深的造詣，這也是前漢以來士道得以盛行的根源。

　　赤眉之亂以後，相當一部分的豪族及士大夫集團因爲不能得到民衆支持而没落下去。歸附于王莽政權的，渾濁的士大夫社會經過了赤眉之亂被淨化了。後漢政權的成立就是在這樣的條件下實現的，文士出身的功臣大多有清潔的操行。這是戰亂的過程中得到的成果，同時也是爲了實踐士道的結果。文臣的忠直也大大削弱了威脅皇權的反動勢力，皇權得到了維護，出身士大夫的將領也大多受到責免懲罰。而俸祿兩千石以上的官員因很小的過失被貶官的也大有人在。所以本文認爲後漢是豪族聯合政權，或皇權受豪族勢力拘束的說法是不對的。

　　光武帝重視太學，重用精通義節、經學的文士，希望通過文吏來維護法治和秩序。但是後漢的政治和社會依然不能擺脫前漢中期以來愈加深化的士大夫社會傾向的影响。著名的經學者被驅逐，導致全国各地匯聚諸子群和學士風得到流行，因此他們能夠通過互相交游、交結而結成朋党。在儒士幾乎占据縣令以上官長級官僚界，文吏或居于属吏，或依靠儒士官長任命為屬吏，但都逃不開被排擠的現象。

　　後漢的政治社會所反映的這種趨勢主要是前漢後期的延續和深化。經歷了赤眉之亂時期的士和民對義行和敬信的崇尚，使得儒家思想理念得以實現，并逐漸深化。

(關鍵辭) 赤眉亂 Chi-mei Rebellion, 思漢 look back to the Former-Han Dynasty, 士道 Gentry Dao, 義節 fidelity, 豪族 a powerful family, 文(法)吏 skillful in literature-law official, 儒士 a Confucian gentry, 經學 the scripture studies, 劉秀 Liu-xiu), 更始政權 Geng-shi government., 敬信 veneration and trust

참고문헌

제 1 장

가. 원사료

『史記』, 『漢書』, 『周禮』, 『國語』,
『春秋左傳』, 『管子』, 『論語』, 『鹽鐵論』,
『商君書』, 『說苑』, 『論衡』, 『孟子』,
『荀子』, 『呂氏春秋』, 『墨子』, 『淮南子』,
『春秋公羊傳』, 『後漢書』

- 『管子輕重篇新詮』(馬非百, 北京, 中華書局, 1979)
- 『管子全譯』(謝浩范·朱迎平, 貴州人民出版社, 1996)
- 『史記志疑』(梁玉繩, 中華書局, 北京, 1981)
- 『墨子校釋』(王煥鑣, 浙江文藝出版社, 1984)
- 『漢官六種』(孫星衍 等輯, 中華書局, 1990)

나. 연구논저

- 關鋒·林聿時, 「管仲遺著考」(『中國哲學史論文初集』, 科學出版社, 1959)
- 金谷 治, 『管子の研究』(岩波書店, 1987)
- 李居洋, 「對考證『管子』的一点看法」(『管子研究』第一輯, 山東人民出版社, 1987.11)
- 羅根澤, 『『管子』探源』(中華書局, 1931/『羅根澤說諸子』, 上海古籍出版社, 2001.12)
- 馬非百, 「論管子輕重」(『管子輕重篇新詮』, 中華書局, 1979)

. 葉世昌,「『管子』的著作年代兩議」(『管子研究』第一輯, 山東人民出版社, 1987.11)

. 牛力達,「『管子』書各篇斷代瑣談」, 앞의 『관자연구』제1집.

. 胡適,『中國古代哲學史』(安徽敎育出版社,1999) / 初本 ;『中國古代哲學史大綱』(上海商務印書館, 1919)

. 郭沫若,「宋鈃尹文遺著考」(『郭沫若全集 歷史篇1』, 北京, 人民出版社, 1982)

. 馮友蘭,『中國哲學史新編』第一册 (人民出版社, 1982.1 / 초판 ; 1964.6)

. 趙守正,「『管子』斷代」(『管子研究』第一輯, 山東人民出版社, 1987. 11)

. 羅根澤,「『管子』探源」(『羅根澤說諸子』, 上海古籍出版社, 2001. 12).

. 蔡德貴,「『管子』是齊學和魯學的融合」, 앞의 『管子研究』第一輯.

. 楊柳橋,「管子與孔子仁學的思想體系」, 앞의 『管子研究』第一輯,

. 閻步克,「樂師與"儒"之文化起源」(『北京大學學報(哲社科版)』, 1995-5)

. 福井重雅,「秦漢時代における博士制度の展開--五經博士の設置をめぐる疑義再論」(『東洋史硏究』54-1, 1994.6)

. 葛志毅,「漢代的博士與議郞」(『史學集刊』72, 1998-3)

. 許倬雲,「秦漢知識分子」(『求古編』, 臺北, 1988)

. 板野長八,『儒敎成立史の研究』(岩波書店, 1995. 7)

제 2 장

가. 원사료

『周禮』,　『說苑』,　『史記』,　『漢書』,

『後漢書』,　『墨子』,　『禮記』,　『國語』,

『說文解字』,　　『呂氏春秋』,　　『爾雅』,　　　『論衡』,
『論語』,　　　　『四書集註』,　　『鹽鐵論』,　　『孟子』,
『春秋繁露』,　　『淮南子』,　　　『宋史』

- 『墨子校釋』(王煥鑣, 浙江文藝出版社, 1984)
- 『漢官六種』(孫星衍 等輯, 中華書局, 1990)

나. 연구논저

- 閻步克,「樂師與"儒"之文化起源」(『北京大學學報(哲社科版)』, 1995-5)
- 福井重雅,「秦漢時代における博士制度の展開---五經博士の設置 をめぐる疑義再論」(『東洋史研究』54-1, 1994.6)
- 葛志毅,「漢代的博士與議郎」(『史學集刊』72, 1998-3)
- 許倬雲,「秦漢知識分子」(『求古編』, 臺北, 1988)
- 板野長八,『儒教成立史の研究』(岩波書店, 1995.7)
- 卜憲群,「漢代的文吏與儒生」,『秦漢史論叢』第7輯, 中國社會科學 出版社, 1998.6.
- 閻步克,『士大夫政治演生史稿』(北京大學出版社, 1996.5)

제 3 장

가. 원사료

『史記』,　『國語』,　　『左傳』,　　　『周禮』,
『漢書』,　『後漢書』,　『三國志』,　　『論衡』,
『說苑』,　『孟子』,　　『荀子』,　　　『論語』,
『新語』,　『新書』,　　『大戴禮記』

- 『漢官六種』(孫星衍 等輯, 中華書局, 1990)
- 『睡虎地秦墓竹簡』(睡虎地秦墓竹簡整理小組, 北京, 文物出版社, 1978)

나. 연구논저

. 加藤繁,「支那の封建制度について」(『社會經濟史學』7-9, 1937.12)
. 宮川尚志, 『六朝史研究(政治 社會篇)』(東京, 日本學術振興會, 1956.2)
. 許兆昌, 『先秦史官的制度與文化』 (哈爾濱, 黑龍江人民出版社, 2006)
. 李禹階·汪榮,「漢初儒士的群體認同與價值取向探析」(『重慶師院學報(哲社科版)』, 2003-1)
. 汪榮,「漢初儒士的用世踐履價值取向淺探」(『歷史研究』19, 2003-1)
. 丁運霞 「淺論西漢尚武之風」(『昭通師範專科學校學報』28-2, 2006. 4)
. 王貴民, 『商周制度考信』(臺北, 明文書局, 1988)
. 박건주,「周의 중앙군단과 鄕遂制度 試論」(『전남사학』6, 1992)
. 閻鑄,「春秋時代的軍事制度」(『社會科學戰線』1980-2)
. 徐鴻修,「西周春秋軍事制度的兩個問題」(『先秦史研究』, 山東大學出版社, 2002)
. 李元,「論春秋時期的民兵制度」(『中國史研究』1987-3)
. 施偉靑,「論西周春秋的'士'」(『中國古代史論叢』, 長沙, 岳麓書社, 2004)
. 顧頡剛 講授, 『春秋三傳及國語之綜合研究』(成都, 巴蜀書社, 1988)
. 白川靜, 『字統』(東京, 1984)
. 李晟遠,「古代 中國의 樂과 史」(『동양사학연구』98, 2007.3)
. 趙誠 編著, 『甲骨文簡明詞典---卜辭分類讀本』 (北京, 中華書局, 1999/1988)
. 박건주,「漢代의 正卒과 지방상비군」(『전남사학』11, 1997.12)
. 臧知非,「儒學與漢代社會實踐的綜合考察---讀晉文"以經治國與漢代社會"」(『徐州師範大學學報哲社科版』29-2, 2003.4)
. 박건주,「中國古代의 儒生과 言官」(『中國史研究』12, 2001.2)
. 張金光, 『秦制研究』(上海古籍, 2004)

. 李開元,『漢帝國的建立與劉邦集團---軍功受益階層研究』(北京, 三聯書店, 2000)

. 閻步克,『察舉制度變遷史稿』(沈陽, 遼寧大學出版社, 1997)

제 4 장

가. 원사료

『春秋左傳』, 『國語』, 『尙書』, 『史記』,
『漢書』, 『後漢書』, 『三國志』, 『周禮』,
『春秋公羊傳』,『春秋穀梁傳』, 『大戴禮記』, 『白虎通義』

. 『史記論纂輯釋』(張大可 輯釋, 西安, 陝西人民, 1986)

. 『新學僞經考(上, 下)』(上海, 商務印書館, 1936, 初版)

나. 연구논저

. 鎌田正,『左傳の成立と其の展開』(東京, 大修館書店, 1963)

. 郭丹,「『左傳』與兩漢經學」(『經學研究論文選』, 上海, 上海書店, 2002.6)

. 顧頡剛,「今古文問題」(『顧頡剛古史論文集』第三册, 北京, 中華書局, 1996.4 /『淸華學報』6-1, 1930.6 / 修正本 ;『古史辨』第 5 册, 海古籍出版社, 1982.9)

. 錢穆,「劉向·歆父子年譜」(『兩漢經學今古文評議』, 北京, 商務印書館, 2001 /『燕京學報』7, 1930.6)

. 徐中舒,「左傳的作者及其成書年代」 (『徐中敍歷史論文選集(下)』, 北京, 中華書局, 1998)

. -------- ,「經今古文問題綜論」(『記念顧頡剛學術論文集(上册)』, 成都, 巴蜀書社, 1990)

. 錢穆,『兩漢經學今古文平議』(北京, 商務印書館, 2001)

. 沈文倬,「從漢初今文經的形成到兩漢今文『禮』的傳受」(『紀念顧頡

　　剛學術論文集(上)』, 北京, 中華書局, 1998)

. 湯志鈞, 「『古史辨』和經今文」 앞의 『紀念顧頡剛學術論文集(上)

. -------- , 『近代經學與政治』 (北京, 中華書局, 2000)

. 馮曉庭, 「宋初古文學家的經學觀析論」 앞의 『經學研究論文選』

. 蔡長林, 「淸代今文學派發展的兩條路向」, 앞의 『經學研究論文選』

. 王和, 「『左傳』的成書年代與編纂過程」 (『中國史研究』2003-4)

. 飯島忠夫, 「漢代の曆法より見たる左傳の僞作」 (『東洋學報』2-1,
　　同2-2, 1912)

. 新城新藏, 「歲星の記事によりて左傳國語の製作時代と干支紀年法
　　の發達とを論ず」 (『藝文』, 1918.11)

. 橋本增吉, 「左傳の製作年代に就いて(1)~(4)」 (『史學雜誌』31-1, 同
　　31-2, 同31-7, 同31-8, 1920.1~8)

. 富谷至, 「西漢後半期の政治と春秋學---『左氏春秋』と『公羊春秋』
　　の對立と展開」 (『東洋史研究』36-4, 1978)

. 錢穆, 「兩漢博士家法考」, 앞의 『兩漢經學今古文評議』

. 徐中舒, 「左傳的作者及其成書年代」, 『徐中舒歷史論文選集(下)』
　　(北京, 中華書局, 1998)

. 徐中舒, 「經今古文問題綜論」 (『記念顧頡剛學術論文集(上冊)』 (成
　　都, 巴蜀書社, 1990)

. 顧頡剛, 「我是怎樣編寫『古史辨』的?」 (『古史辨』卷一, 上海古籍,
　　1982.11)

. 顧頡剛, 「古史辨(第一冊)自序」 (『古史辨』卷一, 上海古籍, 1982.11)

. 顧頡剛 遺作, 「"周公制禮"的傳說和『周官』一書的出現」 (『文史』第
　　六輯, 1979, 6)

. 顧頡剛, 「論孔子刪述六經說及戰國著作僞書書」, 앞의 『古史辨』第
　　一冊.

. 顧頡剛, 「今古文問題」, 앞의 『顧頡剛古史論文集』第三冊

. 湯志鈞, 「『古史辨』和經今文---紀念顧頡剛先生」 (앞의 『紀念顧頡剛
　　學術論文集(上)』)

제 5 장

가. 원사료

『尚書』, 『周禮』, 『管子』, 『禮記』
『國語』, 『春秋左傳』, 『論語』, 『苟子』,
『史記』, 『漢書』, 『後漢書』, 『三國志』,
『風俗通義』

. 『鹽鐵論簡注』 (馬非百 注釋, 北京, 中華書局, 1984)
. 『江陵張家山二四七號墓出土漢律令の研究 譯注編』(冨谷 至 編, 京
　　　都大學人文科學硏究所硏究報告, 京都, 朋友書店, 2006)
. 『太平經合校』 (王明 編, 北京, 中華書局, 1980)
. 『漢官六種』 (孫星衍 等 集, 北京, 中華書局, 1990)
. 『隸釋 隸續』 (北京, 中華書局, 1985)
. 『睡虎地秦墓竹簡』(睡虎地秦墓竹簡整理小組, 北京, 中華書局,
　　　1978)
. 『張家山漢墓竹簡(釋文修訂本)』 (整理小組, 北京, 文物出版社,
　　　2006.5),

나. 연구논저

. 王衛平, 「論中國古代傳統社會保藏制度的初步形成」(『江海學刊』
　　　2002-5)
. 王文濤, 『秦漢社會保障研究--以災害救助爲中心的考察』 (北京, 中
　　　華書局, 2007)
. 黃士斌, 「河南偃師發現漢代買田約束石卷」(『文物』1982-12)
. 孫達人, 「『太平淸領書』和太平道」 (『中國農民戰爭史論叢』第二輯,
　　　河南人民, 1980)
. 俞偉超, 「中國古代公私組織的考察--論先秦兩漢的單-僤-彈」(北京,
　　　文物出版社, 1982)

. 王子今,「三國孫吳鄕村家族中的"寡嫂"和"孤兄子"--以走馬樓竹簡
　　　爲中心的考察」(『簡牘學硏究』4(甘肅省文物考古硏究所 등,
　　　2004. 12/2009.1)

. 趙蘭香,「漢代西北邊塞吏卒與內郡官吏的休暇制度異同考述」(『簡
　　　牘學硏究』4, 위와 같음)

. 王衛平,「論中國古代慈善事業思想基礎」(『江蘇社會科學』, 1992)

. ---------,「大同理想與先秦時期的社會保障思想」(『蘇州科技學院校
　　　報(社科版)』, 2004-8)

. 穆森·田志剛,「論『管子』的社會保障思想」(『稅務與經濟』, 2005.6)

. 衛興華,「中國社會保障制度硏究』(中國人民大學出版社, 1994)

. 王文素,『中国古代社會保障硏究』, 中国財政經濟出版社, 2009.5

. 郭亞雄,「中國古代社會保障思想及其行爲探究」(『江西財經大學學
　　　報』, 2005.5)

. 張仁璽,「齊魯先秦諸子的社會保障思想」(『東方論壇』, 2003.2)

. 王子今 等,『中國社會福利史』(北京, 中國社會科學出版社, 2002)

. 王子今,「秦漢時期的社會福利法規」(『浙江社會科學』2002-4)

. 劉厚琴,「漢代社會保障体制及其特征」(『開封大學學報』2004-4)

. 王子今,「兩漢救荒運輸略論」(『中國史硏究』1993-3).

. 金錫佑,「荒政 연구의 대상--漢代 荒政史 연구를 위한 예비적 검토-」
　　　(『중국사연구』32, 2004, 10)

. ---------,「漢代 荒政史의 연구 현황과 과제」(『중국사연구』30, 2004.
　　　6)

. 김병준,「後漢時代 里父老와 국가권력 --『漢侍廷里父老僤買田約束
　　　石卷』의 분석을 중심으로-」(『동양사학연구』35, 1991.1)

. 박건주,『중국고대사회의 법률』(서울, 백산자료원, 2008)

. ---------,『管仲과 孔子』(『전남사학』18, 2002.6)

제6장

가. 원사료

『史記』, 『漢書』, 『後漢書』, 『三國志』,
『周禮』, 『鹽鐵論』, 『荀子』, 『孟子』

나. 연구논저

- 宇都宮清吉, 『漢代社會經濟史研究』(東京, 弘文堂, 1955)
- 許倬雲, 「西漢政權與社會勢力的交互作用」(『中央研究院歷史語言 研究所集刊』35, 1964)
- 增淵龍夫, 漢代における民間秩序の構造と任俠的習俗」(『中國古 代の社會と國家』, 東京, 弘文堂, 1960),
- 余英時, 「東漢政權之建立與世族大姓之關係」 (『新亞學報』1-2, 1956)
- 藤川和俊, 「銅馬軍と後漢軍團」(『中國古代史研究』7, 東京, 研文出 版, 1997)
- 余英時, 『論士衡士』(上海文藝, 1999
- 余英時, 『中國知識人之史的考察』(『余英時文集』권4, 桂林, 廣西師 範大學, 2004)
- 孟祥才, 「論秦漢的遷豪、徙民政策」(『先秦秦漢史論』, 濟南, 山東大 出版社, 2001)
- 于迎春, 『秦漢士史』(北京大學出版社, 2000.11)
- 木村正雄, 『中國古代農民叛亂の研究』(東京大學出版會, 1979 ; 1983)
- 木村正雄, 「前後漢交替期の農民叛亂」, 앞의 『中國古代農民叛亂の 研究』, 1983
- 藤川和俊, 「銅馬軍と後漢軍團」(『中國古代史研究』7, 東京, 研文出 版, 1997)

· 余英時,『中國知識人之史的考察』(『余英時文集』권4, 桂林, 廣西師
　　範大學, 2004)

· 五井直弘,「中山の人々」(『中國古代國家の形成と史學史』第6章,
　　東京, 名著刊行會, 2003)

· 增淵龍夫,「漢代における民間秩序の構造と任俠的習俗」(『一橋論
　　叢』26-5, 1951 /『中國古代の社會と國家』, 1960)

· 奧琦裕司,「赤眉の世界」,『中國古代史研究』5 (東京, 雄山閣出版社,
　　1982)

· 楊聯陞,「東漢的豪族」(『淸華學報』11-4,1936 / 韓復智編,『中國史論
　　集』中册,　台北, 茂昌圖書有限公司, 1989.1)

· 西嶋定生,「國家權力の諸段階」(『歷史學研究會1950年度大會報告』
　　/『中國古代國家と東アジア世界』, 東京大學出版會, 1983)

· 五井直弘,「兩漢交替期の叛亂」(『漢代の豪族社會と國家』, 東京,
　　名著刊行會, 2001)

· 余英時,「君主禮賢下的"不治而議論"」(『中國知識人之史的考察』第
　　6節, 桂林, 廣西師範大學出版社, 2004)

· 于迎春,『秦漢士史』(北京大學出版社, 2000.11)

수록문 출처

찾아보기

저자소개

박건주(朴健柱)

전남 목포 출생
전남대 사학과, 동 대학원 석사
성균관대 대학원 사학과 박사 (문학박사, 동양사)
성균관대, 전남대(현), 순천대, 목포대, 조선대 강사
동국역경원 역경위원, 전남대 종교문화연구소 전임연구원 역임

저서 『중국 초기선종 능가선법연구』, 『달마선』, 『중국고대사회의 법률』,
　　　『초기선종 동산법문과 염불선』, 『禪宗史上 왜곡의 역사와 간화선』
역서 『아시아의 역사와 문화1 : 중국고대사』, 『풍토와 인간』, 『능가경역주』,
　　　『능가사자기』, 『절관론 역주』, 『티베트밀교 무상심요법문』,
　　　『위없는 깨달음의 길, 금강경』, 『하택신회선사어록 : 돈황문헌역주1』,
　　　『북종선법문 : 돈황문헌역주2』, 『집고금불도논형(고려대장경)』,
　　　『보리달마론』, 『註心賦 역주』 등

중국고대의 유생과 정치

초판 인쇄 2016년 4월 15일
초판 발행 2016년 4월 30일

저   자| 박건주
펴 낸 이| 하운근
펴 낸 곳| 學古房

주   소| 경기도 고양시 덕양구 통일로 140 삼송테크노밸리 A동 B224
전   화| (02)353-9908 편집부(02)356-9903
팩   스| (02)6959-8234
홈페이지| http://hakgobang.co.kr
전자우편| hakgobang@naver.com, hakgobang@chol.com
등록번호| 제311-1994-000001호

ISBN   978-89-6071-575-2   93910

값 : 25,000원

이 도서의 국립중앙도서관 출판예정도서목록(CIP)은 서지정보유통지원시스템 홈페
이지(http://seoji.nl.go.kr)와 국가자료공동목록시스템(http://www.nl.go.kr/kolisnet)
에서 이용하실 수 있습니다. (CIP제어번호 : CIP2016009474)